정치하는 교회
투표하는
그리스도인

정치하는 교회
투표하는 그리스도인

2012년 대선과 한국 개신교회의 정치 참여

김근주, 김민웅, 김응교, 김지방, 김형원, 김회권, 남기업, 백승종
양희송, 이인영, 정대화, 정윤수, 조희연, 차정식, 최규창, 최병성

Holy
WavePlus

차 례

기획의 글 _ 6

제1부   성서에 나타난 정치의 이념과 가치_ 15

■ 1장_기독교인은 왜 정치에 참여해야 하는가_김형원   17

■ 2장_구약성서에 나타난 하나님의 공평과 의와 인애의 정치_김회권   37

■ 3장_예수가 정치를 만났던 자리_차정식   63

■ 4장_조상 다윗같이 정직히 행하여_김근주   77

제2부   한국 교회의 정치 참여 실패와 그 분석: 2007년 대선을 중심으로_ 101

■ 5장_개신교는 왜 2007년 대선에서 이명박 정부를 택했는가?_양희송   103

■ 6장_정치판에 들어선 한국 교회의 풍경_김지방   113

■ 7장_나꼼수 현상을 통해 본 한국 개신교회의 정치적 현주소_최규창   127

Ecclesia
Politica

제3부 2012년 대선, 우리는 이런 대통령을 원한다_ 151

■8장_진정한 소통과 공감을 위하여_정윤수 153

■9장_절취와 반복에 대해서: 시인이 호명하는 대통령_김응교 173

■10장_박정희 시대의 허구적 이미지들과 진정한 맨살_조희연 191

■11장_하나님은 또 한 명의 노아를 찾습니다_최병성 209

■12장_정의로운 부동산 정책_남기업 227

■13장_우리 역사 속의 리더십: 세종대왕 vs. 박정희_백승종 243

■14장_국민의 고단한 삶을 이해하는 공감과 포용의 리더십_정대화 255

■15장_한국 사회를 통합할 수 있는 정치적 리더십_이인영 275

■16장_한반도의 화해, 평화, 통일의 리더십_김민웅 293

기획의 글

"모든 것이 정치지만 그러나 정치가 전부는 아니다"(Everything is Politics, but Politics is not Everything)란 구호는 정치의 본질, 권능, 한계를 정확히 갈파하고 있는 말입니다. 현대 민주주의 국가에서 정치의 간섭과 제한을 받지 않는 인간 삶의 영역은 존재하기 어렵습니다. 국가의 목표와 전략과 같은 거대 담론에서부터 우리가 타고 다니는 지하철 요금 액수와 같은 일상의 삶에 이르기까지 전부 정치의 결정을 따릅니다. 그런 점에서 정치란 거대 괴물 리워야단과 같습니다. 그것은 우리 삶 전부를 다스리는 주술적 존재입니다. 정치란 결코 무시하거나 소홀히 할 수 있는 영역이 아닙니다. 정치는 대단히 중요합니다. 그러나 동시에 바로 그런 이유 때문에 우리는 정치에 대해 어떤 신성과 마성을 부여함으로써 정치를 우상의 제단에 모시려는 시도에 대해서 끊임없이 경계하고 조심해야 합니다.

조금 다른 이야기를 해보고 싶습니다. 지금 한국 개신교는 큰 위기에 봉착해 있습니다. 한때 세계 교회가 경이로운 눈길로 바라볼 정도로 파죽지세로 교세 성장을 경험했던 한국 개신교가 아주 짧은 시일 내에 큰 위기에 봉착한 데는 여러 이유가 있을 것입니다. 저는 그 이유 중 하나를 한국 개신교의 정치적 실패, 좀 더 정확히 표현하자면 현실 정치 참여의 실패라고 규정하고 싶습니다. 특별히 보수적인 대형 교회를 중심으로, 정치적으로 보수를 가장한 극우 혹은 수구 집단과 보조를 같이 하는 한국 개신교의 정치적 행보가 우리 사회의 비판적 지식인들, 그리고 의식 있는 젊은 층으로

하여금 교회에 대해서 염증을 넘어서 환멸을 느끼게 만들었다고 봅니다.

앞서 말씀드린 것처럼, 정치란 근본적으로 인간 삶의 모든 영역을 주관하는 괴물과 같은 실체이기에 당연히 종교도 그 영향력 안에 있을 수밖에 없습니다. 문제는 종교가 정치와 상호 변증법적인 관계 속에서 주체적이고 능동적으로 정치의 영역에 참여하여 정치 자체를 변혁시키고, 또 정치를 통해 인간 삶의 제 영역을 변혁시키는 역할을 감당함으로써 결국은 종교 본연의 세상을 이롭게 하는 목적을 달성해야 하는데, 오히려 한국 (보수)개신교회는 그 특유의 우파적인 인식과 태도로 인해 정치 자체는 말할 것도 없거니와 정치의 영향력 안에 있는 이 땅의 민초들의 삶 자체의 진보와 개선에도 거의 기여를 하지 못했다는 것입니다. 그리고 이런 퇴행적인 행위의 누적이 결국은 이 땅의 민초들로 하여금 사회의 불의한 현존 질서를 파수하는 데만 여념이 없어 보이는 개신교회로부터 마음과 등을 돌리게 하는 주요한 단초가 된 것입니다.

좀 더 노골적이었느냐 그렇지 않았느냐의 차이는 있을 수 있겠지만, 사실상 지난 반세기 가까운 시간을 종단하면서 한국 (보수)개신교회가 보여준 정치적 태도와 주장은 놀라울 정도로 일관된 것이었습니다. 지난 반세기 동안 한국 개신교회는 (1) 정교분리라는 구실 하에 부당한 정치권력에 굴종했고 (2) 국가조찬기도회를 내세워 실제로는 불의하고 부패한 정권을 종교적으로 정당화시킴으로써 그에 대한 반대급부로 상당한 이익을 획득했고 (3) 설교와 간증이라는 수단을 이용하여 자신이 지지하는 보수적 정치 세력을 미화하고 영웅화하는 일에 적극적이었으며 (4) 그 대표적인 예가 장로 대통령 만들기를 위해 기독교 고유의 예전인 예배와 집회를 오용하는 일에 아무런 양심의 가책도 느끼지 못했고 (5) 가장 최근에는 뉴라이트 운동이나 기독당 설립 운동을 통해 현실 정치 세력의 홍위병 내지 직접적인 정치 세력화를 시도하는 일을 마다하지 않았습니다. 그리고 이런 모든 행위의 배후에는 건강하고 바람직한 정치적 가치나 이념에 대한 철저한 각성과 복무의 태도가 아니라, 실제로는 현실의 지배 세력과 결탁하여 교회가 자신들의 정치적·사회적 기득권을 지키기 위한 저급한 욕망의 배설만이 자리하고 있었던 것입니다. 한마디로 요약해서, 그간 한국 개신교회는 한편으로는 저급한 수준의 정치 이해와 참여를 통해서 정치의 엄중성, 역동성을 간과하면서도, 다른 한편으로는 바로 이런 수준의 정치 참여에 몰입함으로써 정치를 우상화하는 역설적 이중성을 민낯 그대로 노출했습니다. 그리고 그 결과 이 땅의 정치적 현실에 고뇌하고 아파하는 사람들의 눈 밖에 난 것입니다. 개인적으로 저는 이것이 오늘날 한국 개신교회가 이 땅에서, 특별히 지식인 그룹에서 미움을 받는 주요한 이유 중 하나라고 판단하고 있습니다.

그렇다면 한국 (보수)개신교회를 지배하는 이런 정서와 태도는 과연 어디서 온 것일까요? 저는 그것의 뿌리가 아주 멀리는 주후 4세기부터 시작된 콘스탄티누스주의에서 비롯되었다고 생각합니다. 여기서 콘스탄티누스주의란 주후 4세기에 로마 황제의 자리에 등극한 콘스탄티누스가 로마 제국과 기독교를 절묘하게 결합하여 만들어낸 정치적·종교적 가치 체계 일체를 뜻합니다. 콘스탄티누스가 자신의 황제권을 강화하기 위한 효과적인 수단으로 기독교의 후원자 역할을 자임한 후, 기독교는 기존의 현실 세계에 대한 저항적 정신과 태도를 상실한 채 제국을 위한 종교, 나아가 제국 자체의 종교로 변질되었습니다. 이 시기 이후 교회는 국가로부터 하사받은 기득권을 지키고 또 제국의 방위와 통치에 대한 책임을 국가와 함께 공유하면서 그런 자신들의 선택과 행동을 변호하기 위한 신학적 논리들을 개발하기 시작했습니다. 사실상 콘스탄티누스 시대는 예수에게 갑옷을 입히고 칼과 방패를 쥐어 전쟁터로 내몬 역사적 분기점이라고 해도 과언이 아닙니다. 또한 콘스탄티누스의 등장으로 인해 황제가 교회의 교리 정립에 간여하게 되었고, 그 결과 황제가 믿는 것이 곧 정통이 되었습니다. 다른 말로 한다면 이때부터 로마 제국이 믿는 것, 로마 제국의 기득권을 지키는 데 더 유리하고 효율적인 것이 정통이요 진리인 시대가 개막된 것입니다. 신학자 하비 콕스는 이 시대의 교회가 이런 변신을 할 수 있었던 근본 이유는, 교회가 "제국 선망"이라는 심리적 질병에 감염되어 있었기 때문이라고 갈파합니다. 즉 교회가 세속의 정치적 힘과 그 질서가 가지는 유형의 기득권에 대한 동경심을 가지고 있었기에 이런 현상이 벌어졌다는 것입니다. 결과적으로 교회는 초월적이고 묵시적인 정치적 역동성을 모두 상실하고 세속 국가인 로마 제국의 하부 조직의 일원이 되었습니다. 그리고 이런 교회의 정치적 실패는, 교회가 국가와 사회의 지배 이데올로기와 이익을 종교적으로 옹호하고 거기에 대한 답례로 국가와 사회의 지배 질서로부터 떡 부스러기를 얻어먹는 동시에 자신들이 획득한 떡 부스러기를 사수하기 위해 혈안이 되어 있는 우리 시대의 한국 (보수)개신교회의 정치적 태도 안에 고스란히 부활하고 있습니다. 저는 그것의 가장 대표적이고 극단적인 모습이 지난 2007년의 한국 개신교회의 MB 대통령 만들기였다고 생각합니다.

그럼 이런 식의 현상적·물질적 이해관계를 매개로 하여 정치와 종교가 탄탄하게 엮여 있는 황제 숭배의 정치 또는 제국의 정치에서 탈피하여, 어떻게 한국 개신교회가 올바른 성경적 정치를 추구할 것이며, 또 어떻게 그것을 현실 정치 안에서 점진적으로 구현해갈 수 있을까요? 이 대목에서 잠깐 로마 황제의 정치와 예수님의 정치를 비교해보는 것이 상당한 의미가 있다고 보입니다. 신약성서 복음서는 예수님의 정치와 로마 황제로 대표되는 세상 권력의 정치를 다각도로 비교하고 대조합니다. 이를 위해서 복음서가 사용하고 있는 아주 흥미로운 문학적·신학적 기법 중 하나가 예수님의 십자가 죽음 사건을 로마 황제의 대관식 장면에 빗대어 묘사하는 것입니다. 예수님 시대의 로마 황제의 즉위식 순서(장면)는 통상 다음과 같습니다.

(1) 근위대(6천 명)가 황제의 관저에 모인다. 차기 황제가 근위대 중앙으로 인도된다. (2) 근위대가 유피테르 카피톨리노스 신전에서 자줏빛 예복을 가져와 차기 황제에게 입힌다. (3) 근위대가 큰 소리로 환호성을 지르며 차기 황제를 승리자로 맞이한다. (4) 근위대가 거리에서 행진을 시작한다. 중앙에는 차기 황제가 따라간다. 그의 뒤로는 황제의 판테온 입성을 죽음으로 기념할 희생 제물인 황소 한 마리가 끌려간다. 황소 옆에는 도살용 도끼를 든 노예가 따라간다. (5) 행렬은 로마에서 가장 높은 언덕인 카리톨리노 언덕(머리 언덕)까지 이른다. 이 언덕 위에는 유피테르 신전이 있다. (6) 차기 황제는 신전 제단 앞에서 노예로부터 몰약이 섞인 포도주 잔을 받는다. 황제는 황제직을 수락한다는 의미로 포도주 잔을 받았다가 그냥 돌려준다. 그러면 노예도 그 잔을 마시지 않고 제단이나 황소에게 뿌린다. 포도주를 뿌린 직후 황소는 희생 제물로 도살된다. (7) 차기 황제 오른쪽으로는 제국의 2인자가, 왼쪽으로는 제국의 3인자가 붙어 선다. 황제는 그들은 함께 유피테르 신전의 보좌로 올라간다. (8) 군중이 새롭게 왕위에 등극한 황제에

게 환호를 보낸다. 이때 신들이 승인의 징표로 비둘기 떼나 일식 같은 신호를 보낸다.

이번에는 신약성서 복음서가 묘사하는 예수님의 수난과 처형 장면을 살펴보겠습니다.

(1) 예수님이 예루살렘에 위치한 로마 총독의 관저로 끌려가신다. 그 곳에는 (약 200명 정도의) 로마 근위대가 운집해 있다. (2) 로마 근위대가 예수님에게 가시 왕관과 홀(낡은 막대기)과 자줏빛 옷을 준다. (3) 근위 대는 예수님에게 "유대인의 왕"이란 호칭을 부르며 조롱하는 방식으로 경의를 표한다. (4) 예수님의 처형을 위한 행진이 시작된다. 황소 대신 예수님이 직접 제물이 되기 위해 걸어간다. 근위대가 구레네 사람 시 몬을 붙잡아 예수님을 매달 십자가를 짊어지게 한다. (5) 예수님이 골 고다 언덕(머리 언덕)에 오른다. (6) 근위대는 예수님에게 신 포도주를 먹이려고 하나 예수님은 거절한다. (7) 예수님을 처형할 때 오른편과 왼편에 한 명씩 두 강도가 함께 처형된다. (8) 예수님이 운명할 때 하 늘이 어두워진다.

이 비교를 통해서 대번에 우리는, 복음서의 저자들이 예수님의 십자가 처형 장면을 일부러 로마 황제의 즉위식 장면에 맞추어 정교하게 고안된 내러티브로 묘사하고 있음을 알 수 있습니다. 로마 황제가 로마의 머리 언 덕에서 세상 제국의 황제 자리에 등극했듯, 예수님은 예루살렘의 머리 언 덕에서 죽음과 부활을 통해 온 우주의 황제 자리에 등극하셨습니다. 나아가 복음서 기자들은 이런 묘사를 통해서 실은 예수님의 정치와 로마 황제의 정치를 적나라하게 대조하고 비교하는 것입니다. 즉 로마 황제로 대표되는 세상의 정치는 한 사람의 정치적 욕망을 위해 모든 사람의 생명과 권리를 짓밟고 제거하는 식의 무한 경쟁에서 승리한 방식으로 나타나는 것이라면, 예수님의 정치는 모든 이의 유익과 복지를 위해서 자신의 존재 전체를 십자가의 희생 제물로 바치는 것입니다. 그리고 이런 상이한 두 정치 체제의 비교는 예수님이 십자가에서 처형될 당시, 십자가 밑에서 그 장면을 지켜보던 로마의 백부장(황제 숭배의 상징적 존재)이 예수님을 가리켜 (당시 오직 로마 황제에게만 적용되던 호칭인) "이분이야말로 진정한 하나님의 아들이셨다"라고 고백하는 장면에서 절정에 이릅니다(막 15:39). 요약하자면, 세상의 정치는 자신의 이익과 욕망을 관철시키기 위해서 남의 것을 탈취하고 착취하는 방식으로 나타난다면, 예수님의 정치, 곧 예수님을 머리로 고백하는 교회의 정치란 타자의 유익을 위해서 끊임없이 자신의 욕망과 이익을 부인하는 가운데 자신의 존재를 제물로 바치는 정치가 되어야 마땅합니다. 기본적으로 이 책은 이런 성경적 정치의 본질을 탐구하는 동시에, 성경적 정치가 이 땅의 현실 정치에서 어떻게 구체적으로 모색되어야 하는가를 고민해볼 목적으로 쓰였습니다.

이 책은 크게 세 부분으로 나뉘어 있습니다. 제1부에서는 성서에 나타난 정치의 이념과 가치에 대해서 살펴보았습니다. 제2부에서는 한국 개신교가 성서의 정치에서 일탈하여 실패한 사례와 원인을 살펴보되, 특히 지난 2007년 대선을 중심으로 구성해보았습니다. 제3부에서는 한국인인 우리 모두에게 대단히 중요한 의미로 다가온 금년 2012년 대선에서, 개신교

를 비롯한 뜻있는 종교인들, 나아가서 모든 시민이 어떤 가치와 철학에 입
각해 지도자를 선택할 것인가에 역점을 두고, 우리 시대와 사회가 필요로
하는 리더십의 요건에 대해서 다각도로 모색해보았습니다. 몹시도 바쁘신
가운데 이번 대선의 중요성을 누구보다 잘 이해하시고, 금쪽 같은 시간을
쪼개서 귀한 글을 써주신 김근주, 김민웅, 김응교, 김회권, 백승종, 정대화,
조희연, 차정식 교수님, 김형원, 최병성 목사님, 정윤수 선생님, 양희송 실
장님, 김지방 기자님, 남기업 소장님, 최규창 이사님, 민주당 이인영 의원
님께 깊은 감사를 드립니다. 모쪼록 이 책이 지난 2007년의 개신교의 참
담했던 정치적 실패를 딛고, 2012년에 새로운 정치적 역할의 모색을 고민
하는 많은 의식 있는 기독교인들에게 훌륭한 안내서가 되기를 간절히 바
랍니다.

2012년 9월

새물결플러스 발행인 김요한 목사

제1부

성서에 나타난 정치의 이념과 가치

Ecclesia
Politica

1장_기독교인은 왜 정치에 참여해야 하는가?

김형원
(기독연구원 느헤미야 원장)

기독교인의 정치적 무관심

2009년 7월 「시사저널」이 전국 성인 남녀 1,000명을 대상으로 조사한 바에 의하면 33개 직업군 중에서 사람들이 가장 신뢰하지 않는 직업인은 정치인으로 나타났다. 취업 포탈 "스카우트"가 2011년 11월 2030세대 대학생과 직장인 1,034명을 대상으로 실시한 또 다른 조사에 의하면 전체 응답자 54.5%가 정치인하면 "부정부패"를 떠올렸다. "당리당략" (9.2%), "욕심쟁이"(6.1%), "무법천지"(3.0%)도 정치인과 관련 있는 단어로 꼽혔다. 긍정적인 이미지를 말한 사람은 단 한 사람도 없었다. 이런 결과는 우리나라 사람들이 가지고 있는 정치에 대한 부정적 이미지와 혐오를 반영한다. 이러한 정치 혐오증 탓인지 우리나라의 투표율은 매우 낮다. 특히 젊은 층일수록 더욱 냉소적이다. 2012년 4월 11일 제19대 총선의 투표율은 54.3%에 불과했다. 이것은 OECD 국가 중에서 최하위에 속하는 수치다(2000년에서 2009년까지 OECD 국가 전체의 평균 투표율은 71.4%다). 세대별 투표율은 젊은 세대일수록 투표에 무관심하다는 사실을 어김없이 보여준다. 20대 41.5%, 30대 45.5%, 40대 52.6%인 반면, 50대는 62.4%, 60대 이상은 68.6%가 투표에 참여했다.

인터넷에 난무하는 정치적 논쟁과 트위터와 페이스북에 넘쳐나는 정치에 관한 글들만 보면 사람들이 나름대로 정치에 지대한 관심을 가지고 있는 것처럼 보이지만, 이런 현상이 직접적인 정치 참여로 연결되는 것 같지는 않다. 왜 이런 이중적인 태도가 나타나는 것일까? 정치는 더러운 것이며, 내가 관심을 가지고 참여한다고 해도 별로 바뀔 것 같지 않으며, 여야를 막론하고 모든 정치인들은 신뢰하기 어렵다고 양비론적으로 생각하기 때문이 아닐까? 이러한 태도로 인해 결국 정치는 다시 가장 신뢰할 수 없는 사람들(정치인)의 손에 맡겨지고, 국민들은 냉소적인 태도로 방관만 하는 악순환이 계속된다.

기독교인이라고 이런 흐름에서 자유로운 것 같지는 않다. 보수적인 기독교인일수록 정치는 세속 영역에 속한다는 생각이 강하기 때문에 더욱이 정치를 멀리하려는 태도를 갖게 된다. 정치를 냉소적으로 보는 사회적인 흐름에 이러한 이원론적 태도까지 더해지니 "거룩한 사람들"은 정치와 거리를 두어야 한다는 생각이 강화된다. 그러나 이런 냉소적이고 이원론적인 태도로 인해 악한 정치인들이 더욱 득세하고, 그로 인해 국민들의 삶이 더욱 어려워지는 악순환이 계속되는 결과가 발생한다. 모든 국민에게는 정치에 참여할 권리와 더불어 의무가 있다. 마찬가지로 한

나라의 국민으로 살아가는 기독교인에게도 정치에 관심을 가질 책임과 권리, 올바른 정치인이 세워지고 정의의 정치가 구현되도록 노력해야 할 책임과 권리가 있다. 우리는 "어떻게" 정치에 참여할 것인가를 생각하기 전에 먼저 "왜" 정치에 참여해야 하는지 정리해야 한다. "왜"가 분명할수록 정치에 참여하려는 동력이 더욱 강하게 작동할 것이기 때문이다.

정치 참여를 반대하는 견해와 올바른 성경적 입장

많은 기독교인이 교회와 기독교인이 세상 속에서 해야 할 일을 좁게 생각하는 경향이 있다. 그들은 교회와 기독교인의 주된 사역이 사람들을 영원한 멸망에 처하지 않도록 구원해줄 복음을 전하는 것이라고 생각한다. 어차피 망하게 될 이 세상을 개선하려는 시도는 허무한 것이며, 사회적 문제를 바로잡는다거나 정치에 참여하여 좀 더 나은 세상을 만들려는 시도들은 모두 부질없는 짓이라고 생각한다. 오히려 이런 일들에 관심을 쏟는 것은 우리가 집중해야 할 영적인 일을 방해할 것이라고 믿는다.

어떻게 기독교인이 정치적 문제에 참여할 것인지를 생각하기 위해서는 먼저 이런 인식의 장벽을 넘어서야 한다. 앞으로의 논의에서는 정치적 비참여를 주장하는 목소리를 들어보고 거기에 대한 바른 성서적인 입장을 살펴볼 것이다.

두 왕국 이론에 근거해서 기독교인의 사회적·정치적 참여에 반대하는 입장

이 주장은 하나님의 나라와 세상의 나라가 다르다는 데 근거를 둔다. 예수님은 자신의 왕국이 이 세상에 속한 것이 아니라고 말씀했으며(요 18:36) 사도 바울 또한 우리의 시민권이 하늘에 있다고 말했다(빌 3:19-20). 그러므로 우리는 두 왕국 모두에 충성을 바칠 수 없다. 세상 왕국에 충성을 바치는 것은 하나님의 적이 되는 것과 마찬가지다(요 15:19; 롬 12:2; 갈 1:4). 기독교인은 로마서 13장의 말씀대로 정부에 복종해야 하지만, 정부의 일에 관여하거나 반대하는 정치적인 행위에 참여해서는 안 된다.

하지만 이런 주장은 정말로 성서적 근거가 있는 것일까?

우리가 이 세상에 속하지 않은 것은 사실이다. 우리는 세상을 사랑해서도 안 되고 세상의 철학과 가치관을 따라서도 안 된다(요일 2:15). 그러나 예수님은 우리가 세상 밖으로 나가기를 원하지도 않으셨으며, 세상일에 전혀 관여하지 말라고도 하시지 않았다. 오히려 예수님은 우리를 세상으로 보내셨다(요 17:15). 우리는 세상에 속해서는 안 되지만(not of the world), 세상 안으로 들어가야 한다(but in the world). 그래야 빛과 소금의 역할을 제대로 할 수 있다.

우리는 이웃을 사랑하라는 명령을 받았다(마 22:39). 이웃을 사랑하지 않고 하나님을 사랑할 수는 없다고 요한도 말한다(요일 4:20-21). 또한 예수님의 말씀과 행동의 모범을 통해서 볼 때, 우리가 이웃을 사랑하는 방식은 복음을 전하는 방식뿐만 아니라 육적·사회적·물질적인 전 영역을 포괄하는 것이어야 한다. 예수님은 복음을 전했을 뿐만 아니라 아무 조건 없이 떡을 주기도 하셨고 병자를 고치기도 하셨다.

더 나아가서 우리는 주님의 본을 따라 이웃의 특정한 필요를 사랑으로 채워주기 위해서는 때때로 정치적인 행동도 필요함을 발견한다. 선한 사마리아인의 비유를 예로 생각해보자. 사마리아인은 여행 중에 강도에게 폭행을 당해서 죽어가는 사람을 발견했다. 그는 이 곤경에 처한 자의 상처를 싸매고 응급 치료를 한 다음 주막으로 데려갔다. 그러고는 지속적인 치료까지 부탁했다. 여기까지가 예수님이 말한 비유의 내용이다.

한번 이 이야기의 후속편을 있음직하게 구성해보자. 만약 사마리아인이 다음번 여행길에 다시 강도 만난 사람을 발견한다고 해보자. 그는 어떻게 할까? 아마도 그는 선한 사람이기에 그냥 지나치지 않고 다시 치료를 해줄 것이다. 위험도 감수하고 시간도 지체하며 비용도 지불해야 하는 행위다. 그러나 선한 사람이기 때문에 기꺼이 그렇게 할 것이다. 몇 달 후 같은 사마리아인이 또다시 그 길로 여행하는데 이번에도 강도 만난 또 다른 사람을 발견한다면 어떻게 할까? 과거처럼 묵묵히 치료와 돌봄을 베풀기만 할까? 혹시 이런 의문이 들지 않을까? "왜 이 길에는 강도 만난 사람이 이렇게 많은 것일까? 강도가 많이 출몰하는 지역이기 때문일 것이다." 뒤이어 이런 의문도 생길 것이다. "이 길에 강도가 많다는 사실을 나도 아는데, 이 지역의 경찰이나 관리들은 모르는 것일까?"

혹시나 하는 마음에 마을로 내려가서 경찰서에 신고를 할 것이다. 이렇게 근본적으로 문제를 해결하는 것이 더 많이 생길 피해자를 줄이는 길이라고 생각하는 것은 당연하다. 이것이 사랑의 또 다른 표현이라고 생각하기 때문이다. 경찰은 사마리아인의 신고를 받고 잘 조치하겠다고 약속하고 그는 경찰의 말을 믿고 여행길을 재촉한다.

업무를 마치고 집으로 돌아가는 길에 같은 장소를 다시 지나가게 된 선한 사마리아인. 그런데 어찌된 일인가? 강도 만난 사람이 또 있지 않은가! 분명히 자신이 경찰서에 신고했고 경찰은 잘 조치하겠다고 약속까지 하지 않았던가? 그는 다시 경찰서로 가서 자초지종을 물었다. 잘 조치하겠다는 대답을 반복하는 경찰. 하지만 그 약속에는 왠지 성의가 없는 느낌이다. 경찰서를 나오는 그에게 건물 앞에서 장사하던 사람이 다가와 넌지시 말한다. "경찰에 신고해봐야 아무 소용없어요. 강도들이 경찰과 결탁되어 있거든요."

비로소 사마리아인은 원인을 알았다. 자신과 직접적으로는 상관없는 일이지만 그는 사랑의 마음으로 문제를 근본적으로 해결하기 위해 조사를 좀 더 진행해본다. 그 결과 다음과 같은 사실을 알게 된다. 일반 경찰이 강도와 결탁해 있을 뿐만 아니라, 경찰 서장도 대통령과의 인맥으로 낙하산을 타고 들어온 인사이며, 서장 역시 강도와 공모 관계가 깊다는 것을 말이다. 결국 선한 사마리아인이 깨달은 것은 강도 만난 사람을 진정으로 돕기 위해서는, 또한 앞으로 더 이상 강도 피해를 입는 사람이 나오지 않기 위해서는 대통령의 통치 방식에까지 관여해야 한다는 사실이다. 작은 사랑의 행위로 시작된 일이 결국에는 구조적인 변혁을 요청하는 데까지 이른 것이다. 강도 만난 사람을 돕는 것만이 사랑인가? 그것만 하면 사랑이 완성되는가? 문제의 뿌리가 있다면 그 뿌리까지 뽑는 것이 진정한 사랑의 행위가 아닌가? 이런 상황에서 개인적인 영역과 구조적·제도적인 영역을 나누는 것이 무슨 의미가 있는가? 이 모든 것이 사랑에 기초한 것이며 사랑을 표현하는 방식이 아닌가? 이처럼 이웃을 사랑하라는 주님의 명령에 순종하는 것은 사회적이고 정치적인 행동까지 포함한다.

그리스도를 사랑하고 그에게 충성을 바치는 것과, 세상으로 들어가 사람들을 섬기는 것은 전혀 충돌하지 않는다. 우리의 최고의 헌신이 주님에게로 향하고 있는 한, 주님이 기뻐하는 일을 하는 것이 그리스도를 사랑하는 한 방법이다. 19세기 대부흥 운동을 이끈 찰스 피니는 부흥사인 동시에 노예 제도 폐지를 위해 노력했던 정치 사회 개혁가였다. 그는 영적인 부흥과 정치 사회적 개혁을 동시에 이끌면서 이 둘은 동전의 양면이라고 생각했다. 하나님을 향한 사랑과 이웃을 향한 사랑이 하나라고 믿은 것이다.

우리는 영과 육을 날카롭게 구분하는 주장을 배격해야 한다. 하나님은 영과 육을 포함한 세상 전체를 통치하시며 그 모든 것에 관심을 가지신다. 그렇다면 그분의 자녀인 우리 또한 그분과 동일한 마음을 가져야 하지 않을까?

기독교인의 최고 관심사는 복음 전도여야 한다는 주장(마 28:18-20; 잠 11:30)

이런 주장을 하는 이들은 우리의 시간이 한정되어 있기 때문에 복음 전도 외의 다른 것에 신경 쓸 여유가 없다고 생각한다. 정치에 관심을 기울일 시간이 있다면, 그 시간에 복음을 더 전하고 더 많은 사람을 영생으로 인도하는 것이 훨씬 가치 있는 일이라는 것이다. 또한 사람과 사회를 진정으로 변화시키는 것은 정치나 사회 참여가 아니라 복음 전도를 통해서이며, 우리의 노력으로 정치가 정의롭게 변한다 해도 이 변화는 일시적일 뿐, 세월이 지나면 다시 악화되는 것이 인간사의 이치라고 생각한다. 따라서 허무한 일에 시간과 노력을 쏟느니 영원한 결과를 가져오는 복음 전도에 열정을 품는 것이 현명한 일이라는 것이다.

오직 복음 전도에만 힘써야 한다는 주장은 우리의 삶이 한 가지로만 구성되어 있다는 착각에서 나온 생각이다. 이렇게 단순하게 생각해보자. 기독교인이 오직 복음 전도에만 힘써야 한다고 주장하는 사람은 실생활에서 오직 복음 전도만 하는가? 직장에는 안 나가는가? 취미 활동은 전혀 하지 않는가? 가족과 함께 명절을 즐기지도 않는가? 모든 시간을 아껴서 오직 전도만 하면서 살아가는가? 실제로 이렇게 사는 사람이 있는가? 이런 삶이 가능할까? 이 세상 누구도 모든 시간을 전도하는 데만 사용할 수는 없다. 아무리 전도가 중요하다고 해도 그렇게 살 수는 없다. 설령 가능하다고 해도 그것은 하나님이 원하시는 바도 아니다.

하나님은 우리에게 다양한 삶을 허락하셨다. 그래서 사람마다 받은 은사대로 하나님께 영광 돌리는 삶을 살기 위해 노력한다. 농부로서, 교사로서, 변호사로서, 주부로서, 노동자로서, 그리고 정치인으로서 하나님이 주신 소명을 감당하기 위해 노력한다. 사람들은 자신의 시간의 가장 많은 부분을 이런 직업적 역할을 감당하는 데 사용하지만 그렇다고 오직 직업에 관련된 일만 하는 것은 아니다. 하나님이 우리에게 주신 삶에는 직업뿐만 아니라 다양한 사회생활도 포함된다. 우리는 직업의 영역에서 성실하게 노력하면서도 기회가 되는 대로 복음을 전하기도 하고, 우리가 살아가는 세상이 하나님의 의도대로 아름다운 모습이 되도록 노력을 기울이기도 한다. 그러므로 내 집 주변을 깨끗하게 하는 일이 필요한 것처럼, 우리 동네가 범죄에서 자유로운 안전한 마을이 되도록 노력하는 것이 중요한 것처럼, 내가 몸담은 우리 사회가 정의와 평화의 기초 위에 세워지도록 노력해야 할 책임도 또한 있는 것이다. 이것이 바로 "정치적 책임"이다. 우리는 복음을 전해야 한다. 그러나 동시에 사회적이고 정치적인 책임도 감당해야 한다. 이 두 가지는 전혀 모순되지 않는다. 하나를 선택하면 다른 하나를 버려야 하는 것이 아니다.

복음 전도만 놓고 생각할 때도 이런 생각은 잘못된 것이다. 복음 전도는 말로만이 아니라 행동으로도 전해져야 한다. 복음 전도의 동기가 사람들에 대한 사랑이라면, 이 사랑은 단순히 영적 구원에만 국한되지 않고 그들의 육체적인 필요까지 고려하는 것이어야 한다. 예수님도 복음 전파만 하신 것이 아니라 사람들의 여러 필요를 채워주셨다. 때로는 복음 전하는 것을 제쳐둔 채 수많은 병자를 고쳐주기도 하셨다. 이 모든 것이 복음이기 때문이다. 사람들의 필요를 채워주기 위해서는 개인적인 차원에서 봉사를 하고 긍휼을 베푸는 것도 필요하지만, 잘못된 사회 구조를 바꾸고 불의한 경제 구조를 개선하려는 행동이 필요한 때도 많다. 바로 이런 활동이 사회적이고 정치적인 행동이다. 사회에서 도움이 필요한 사람들을 돕기 위해서도 우리는 사회 정치적인 행동을 해야 한다. 이런 행동이 뒷받침될 때 우리의 말로 하는 전도는 더욱 큰 힘을 얻게 될 것이다. 이것이야말로 말과 혀로만 사랑하는 것이 아니라 행함과 진실함으로 사랑하는 것이기 때문이다(요일 3:18).

예수님과 제자들은 사회 정치 문제에 관여하지 않았다고 주장하며 기독교인의 정치 참여에 반대하는 입장

이 입장에 의하면 예수님과 제자들은 오직 복음 전도와 영혼 구원에만 관심을 기울였다. 예수님은 노조도 정당도 만들지 않았으며, 사회를 바꾸기 위한 시민 단체도 설립하지 않았다. 오직 교회를 형성했을 뿐이며 이 교회를 중심으로 영적 훈련과 세계 복음화만을 위해 힘썼다는 것이다. 그러므로 그리스도의 사람인 우리도 사회나 정치 문제에 관여하지 말고 오직 예수님의 본을 따라 복음 전도에 더욱 힘써야 한다는 생각이다.

하지만 정말 그럴까? 예수님이 어떤 것을 하지 않았다고 해서 우리도 하지 말아야 한다는 논리는 성립될 수 없다. 예수님이 이 땅에서 하셨던 것만 우리도 해야 한다는 논리는, 예수님의 시대와 그의 사명을 우리 시대와 우리의 사명과 동일하게 생각하는 오류를 범하는 것이기 때문이다. 예수님과 제자들이 삶의 모든 영역에서 구체적인 예를 다 보여준 것은 아니다. 예수님은 좋은 아버지의 모범, 좋은 사업가의 모범, 좋은 남편의 모범을 보여주신 적이 없다. 그렇다고 해서 우리가 아버지나 남편이나 사업가가 되어서는 안 된다고 말할 수는 없다. 우리는 우리가 처한 상황에서 예수님이 가르치신 삶의 원리들을 적용해야 한다. 그것이 우리가 예수님을 본받는 삶을 사는 방식이다. 그러므로 예수님과 제자들이 정치적인 영역에서 구체적인 모범을 보여주지 않았다고 해서, 우리도 정치에 관여하지 말아야 한다고 생각하는 것은 예수님의 사명을 오해한 데서 나온 생각이다.

예수님은 특별한 사명을 받았다. 예수님은 구원의 기초를 놓고, 오직 유대인 지역의 사람들만을 대상으로 사역하셨다. 예수님의 소명은 오직 그것에만 국한되어 있었다. 예수님은 그 사명에 집중하셨다. 그것을 확장하고 다양한 상황에 적용하는 것은 우리의 몫이다. 이런 점에서 예수님의 가장 중요한 사역 중 하나는 원리를 제시하는 것이다. 여기에는 구원의 원리를 세우는 것뿐만 아니라 우리가 살아야 할 삶의 원리를 제시해주는 것도 포함된다. 예수님의 원리를 우리 각자의 다양한 상황에 적용하는 것은 우리의 몫이다.

그러므로 예수님을 본받아 우리도 정치적 활동은 하지 말고 오직 복음 전도만 해야 한다고 주장하는 것은 잘못된 일이다. 우리는 예수님도 아니고 예수님의 시대를 살지도 않는다. 우리는 그가 가르치신 원리를 우리 시대와 상황에 적용하는 책임을 부여받았다. 그것이 우리 시대 속에서 주님을 본받는 삶이다.

정치는 더러운 영역이기 때문에 멀리하는 것이 좋다는 주장

이런 주장을 하는 이들은 정치의 본질이 타협과 원칙 없는 행동이라고 생각한다. 따라서 우리가 정치에 참여하면 기독교인의 윤리적 기준을 타협하는 행동을 반드시 하게 될 것이며, 이는 그리스도의 제자의 본분이 아니라고 생각한다. 하나님을 위하든지 아니면 대적하든지 양자 간에 선택이 있을 뿐이지 중간은 없기 때문이라는 것이다(마 12:30). 만약 정치에 참여하기로 한다면, 그리고 정치 영역에서 살아남기로 작정한다면, 우리는 결국 하나님을 대적하는 선택을 하게 될 것이다. 그러므로 이런 함정에 빠지지 않기 위해서는 처음부터 정치와 거리를 두는 것이 현명한 선택이라는 것이다.

그러나 정치계는 더러운 곳이니 가지 말라는 주장을 확대하면 결국 타락으로 더러워진 이 세상 밖으로 나가라는 말과 같다. 타락 이후에 세상 어느 곳도 더럽지 않은 곳이 없기 때문이다. 심지어는 사랑으로 맺어진 가정과 교회조차도 이기심, 질투, 갈등, 자신의 욕구 충족을 위해 다른 사람을 이용하는 행위 등의 더러움으로 물들어 있다. 그렇다고 가정과 교회를 버릴 수는 없다. 오히려 이곳을 깨끗하게 만들려는 노력을 더 기울여야 한다.

이 세상에서 원래부터 더러운 것은 없다. 하나님이 세상을 아름답게 창조하셨기 때문이다(창 1:31). 하나님이 창조하신 세상은 물리적인 세상 뿐만 아니라 사람의 마음과, 사람이 다른 존재(다른 사람, 동물, 환경)와 맺는 관계까지도 포함한다. 사람 사이의 관계에는 물건을 생산하여 사고파는 경제적 관계, 서로 가르치고 배우는 교육적 관계, 문화를 창조하고 향유하는 문화적 관계, 다양한 이해관계를 조율하고 최적의 해결책을 모색하는 정치적 관계 등등이 모두 포함된다. 그러므로 정치도 원래부터 더러운 것이 아니다. 다만 죄로 인해 세상의 모든 것이 오염되었듯 정치도 오염된 것일 뿐이다. 따라서 죄로 물든 다른 영역에는 관여해도 되지만, 정치에는 관여하면 안 된다는 주장은 일관성 없는 태도다.

사실 정치가 더러운 근본적인 이유는 정치 행위 자체 때문이 아니라 정치를 더럽게 만드는 사람들, 즉 나쁜 정치인들 때문이다. 따라서 더러운 정치인들이 판치는 정치의 영역을 그냥 내버려두는 것은, 마치 사회에 강도가 들끓는다고 해서 사회를 버리는 것과 다를 바 없는 무책임한 태도다. 그럴 수는 없다. 강도를 몰아내고 안전한 사회를 만들려는 노력을 해야 하는 것과 마찬가지로, 우리는 정치를 더럽게 만드는 나쁜 정치인들을 몰아내고 참되고 바른 정치가 구현되도록 노력해야 한다. 그러므로 정치가 더럽다는 사실은 오히려 정치에 대한 우리의 관심을 더욱더 요구하는 외침인 것이다.

현실 정치는 비기독교인과 손잡는 일이기 때문에 피해야 한다는 주장

이런 입장의 사람들은 다음과 같이 생각한다. "현실 정치는 종교와 신념이 다른 다양한 종류의 사람들과 협력할 수밖에 없는 것인데, 기독교인이 근본적으로 다른 신념을 가진 사람들과 어떻게 손 잡을 수 있는가? 우리는 믿지 않는 자들과 함께 멍에를 매지 말라는 말씀에 순종해야 한다"(고후 6:14).

이런 주장은 우리의 삶을 총체적으로 보지 못하기 때문에 발생한 오해다. 우리가 이 땅에서 살면서 비기독교인과 손잡는 일을 피하려면 세상 밖으로 나가서 기독교인만의 사회를 형성하는 수밖에 없다. 정치뿐만 아니라 삶의 전 영역에서 우리는 비기독교인과 협력하면서 일할 수밖에 없고, 실제로도 그렇게 하기 때문이다. 오직 기독교인만 모인 회사에 다녀야 하는가? 비기독교인 가족이나 친척과 어떤 협력 관계도 맺어서는 안 되는가? 그럴 수 없을 것이다. 우리는 삶의 모든 영역에서 비기독교인과 더불어 살 수밖에 없다. 믿지 않는 자들과 함께하지 않으려면 우리는 이 세상에서 완전히 물러나서 독자적인 사회를 구축하는 수밖에 없다. 우리는 삶의 전 영역에서 실제로 비기독교인의 도움을 받으며 살아가며 그들과 협력하고 있다.

정치도 마찬가지다. 다른 모든 분야와 마찬가지로 오로지 기독교인과만 정치를 논할 수는 없다. 그런 일은 바람직하지도 않을뿐더러 가능하지도 않다. 중요한 것은 어떤 목표를 가지는가, 어떤 원칙을 가지고 협력하느냐 하는 것이지, 단순히 비기독교인과 협력하는 것 자체가 문제될 수는 없다. 비기독교인 중에도 하나님의 일반 은총을 받아 정의와 평화를 소중히 여기고 그것을 위해 일하는 사람이 많이 있다. 비록 그들이 우리와 근본적으로 다른 동기를 가졌다 할지라도 정의를 세우려는 목적이 동일하다면 얼마든지 협력할 수 있다. 비기독교인과 협력하는 활동이 하나님의 뜻을 거스르는 일이 아닌 한, 우리는 사탄과 함께 일하는 것이 아니다. 비기독교인 자체가 사탄은 아니기 때문이다. 믿지 않는 자들과 함께 멍에를 매지 말라는 말씀은(고후 6:14) 목적과 원칙에서 타협하지 말라는 말씀이지 모든 관계를 끊으라는 의미는 아니다(고전 5:10). 그러므로 우리는 종교를 불문하고 우리가 설정한 정치적 목적과 원칙에 동의하는 사람들과 얼마든지 협력할 수 있다.

하나님은 기독교인에게 정치적 책임을 주셨다

우리가 하나님에 대해서, 그분의 자녀인 우리가 세상 속에서 감당해야 하는 사명에 대해서 생각해본다면 정치 참여를 더 이상 부정적으로 생각하지 않을 것이다.

우리 하나님은 온 세상의 하나님이다. 하나님의 관심은 기독교인과 교회뿐만 아니라 세상의 모든 것을 포함한다. 하나님은 세상을 창조하셨고 지금도 역사 속에서 섭리하고 계신다. 이 말은 하나님이 여전히 세상에서 일어나는 모든 일에 관심을 가지고 계시다는 뜻이다. 세상의 어떤 영역도 하나님의 관심에서 벗어난 것이 없고, 그리스도의 주권이 미치지 않는 곳이 없다. 여기에는 당연히 정치도 포함된다. 어떻게 보면 정치가 사람들의 삶에 가장 많은 영향을 끼친다고도 볼 수 있기에, 더더욱 하나님이 이렇게 중요한 영역을 무시하실 리가 없다. 비록 하나님이 이 세상

속에서 특별한 계획을 가지고—보통 "영적 영역"이라고 불리는 측면에서—구원 역사를 이루고 계시지만, 하나님의 진정한 구원 사역은 온 세상을 회복하는 것이다. 거기에는 당연히 정치도 포함된다. 그러므로 우리는 정치를 예외적인 것으로 특별하게 생각할 이유가 없다.

하나님은 칭의의 하나님인 동시에 정의의 하나님이다. 그래서 세상이 정의로 가득 채워지기를 원하신다(시 146:7-9). 그런데 세상에 정의를 세우는 책임을 맡은 일이 바로 "정치"다. 하나님은 올바른 정치에 관심을 가지시며, 정치를 책임진 자들이 하나님의 대리자로서 세상을 올바르게 통치하기를 원하신다. 정치는 하나님의 도구가 되어 일정한 정도의 선을 성취할 수 있다(롬 13:4). 즉 악을 억제하고 사회 질서를 유지하며, 선과 정의를 촉진하는 역할을 할 수 있다. 이런 역할을 하나님이 정부와 권력자에게 맡기셨기 때문이다.

그러나 우리가 정치에 무관심하게 되면, 악하고 이기적인 생각을 가진 사람들에게 권력을 넘기는 결과를 초래할 수도 있고, 정치가들이 정의를 세우는 책임을 방기할 수도 있다. 그 결과 하나님이 선하게 창조하신 세상과 그 속에서 살아가는 수많은 사람들이 큰 피해를 입게 된다. 이런 일이 일어나도록 방치하는 것은 책임 있는 청지기의 태도가 아니다. 이런 태만의 죄로 인해 초래될 비극에 대해서 우리는 책임을 회피할 수 없다.

우리는 종교적인 사명뿐만 아니라 일반 사회에서 책임 있는 시민으로 살아가야 할 사명도 부여받았다. 하나님을 사랑하는 것은 종교적 열심에만 국한된 것이 아니라 사회적 책임을 다하는 것까지 포함한다. 호세아는 이렇게 외친다. "내가 바라는 것은 변함없는 사랑이지, 제사가 아니다. 불살라 바치는 제사보다는 너희가 나 하나님을 알기를 더 바란다"

(호 6:6). 하나님을 안다는 것은 무엇을 의미하는가? 예레미야는 하나님을 아는 것에 대해 보다 구체적으로 설명한다. "그(통치자)는 가난한 사람과 억압받는 사람의 사정을 헤아려서 처리해주면서(이것은 정치적 행위를 의미한다) 잘 살지 않았느냐? 바로 이것이 나를 아는 것이 아니겠느냐? 나 주의 말이다"(렘 22:16). 아모스도 사회 정의를 세워야 할 책임에 대해 분명하게 언급한다. "너희는, 다만 공의가 물처럼 흐르게 하고, 정의가 마르지 않는 강처럼 흐르게 하여라"(암 5:24). 이사야는 우리가 회개해야 할 내용에 공의를 추구하지 않는 것도 포함시킨다. "너희는 스스로 씻으며 스스로 깨끗케 하여 내 목전에서 너희 악업을 버리며 악행을 그치고 선행을 배우며 공의를 구하며 학대 받는 자를 도와주며 고아를 위하여 신원하며 과부를 위하여 변호하라 하셨느니라"(사 1:16-17). 그러므로 진정한 "신앙인"이 되려면 우리는 이 세상에 정의가 세워지도록 노력해야 한다. 그러려면 정치에 관심을 가지고 참여해야 한다. 바로 그것이 하나님을 사랑하는 증거이기 때문이다.

우리는 정치적 사명을 받고 세상으로 보내심을 받았다. 예수님은 우리를 세상으로 파송하셨다. "아버지께서 나를 보내신 것같이 내가 너희를 세상에 보내노라"(요 20:21). 여기서 세상은 말 그대로 세상이다. 교회 안이 아니다. 우리끼리만의 공동체가 아닌, 하나님이 창조하고 지금도 관심을 가지고 계시며 하나님의 창조의 모습을 회복시키시려는 바로 그곳, 세상으로 우리를 보내신 것이다. 그러므로 이 세상에서 이루어지는 핵심적인 일이 "정치"라면 우리는 정치로 보냄 받은 것과 마찬가지다. 우리가 관심을 가져야 할 영역이 온 세상이라면 당연히 그 속에는 정치도 포함된다. 하나님이 정치에 관심을 가지시기 때문에 당연히 우리도 정치에 관심을 가져야 한다. 또한 하나님의 의도대로 바른 정치가 이루어지도록 노력해야 할 사명이 있다.

성서에도 당대의 통치자들을 향해 정의와 공평으로 다스리기를 권면하고 비판한 사람들의 이야기가 많이 나온다. 그들은 단순히 좁은 의미의 영적인 일에만 관심을 기울이지 않았다. 하나님이 창조하고 다스리시는 세상을 향한 비전을 품고 이 세상 나라가 바르게 다스려지도록 소망하면서 매우 정치적인 언행을 했다.

다니엘은 당대의 강대국이었던 바벨론의 고위 관료였다. 그는 다만 자신의 정치적 욕심을 채우거나 생계를 위한 직업으로서 정부의 일에 관여한 것이 아니었다. 고위 관료로서 하나님의 정의를 세우기 위한 위험한 노력도 감수했으며, 느부갓네살 왕에게 직접적인 조언을 하기도 했다. "임금님은 저의 조언을 받아 주시기를 바랍니다. 공의를 행하셔서 임금님의 죄를 속하시고, 가난한 백성에게 자비를 베푸셔서 죄를 속하시기 바랍니다. 그렇게 하시면 임금님의 영화가 지속될 수 있을지도 모릅니다"(단 4:27). 비록 이방 나라에서 관료(정치가)로 일했지만 다니엘은 모든 민족에게 보편적으로 적용되는 하나님의 정의를 세우기 위해 노력했다. 요셉도 마찬가지였다. 그는 이집트의 총리라는 자리에서 온 백성을 살리는 중요한 정책을 결정하고 시행하는 역할을 했다(창 41:46-48, 53-57). 느헤미야는 페르시아의 아닥사스다 왕의 술 관원이었으며(느 1:11), 모르드개는 아하수에로 왕의 최고 대신이 되어 이스라엘 민족을 살리고 정의를 세우는 데 앞장섰다(에 8:3-13).

구약의 수많은 선지자들도 이스라엘의 통치자뿐만 아니라 이방 나라의 통치자들을 향해서 하나님의 관점에서 비판과 권면을 아끼지 않았다.

이런 언행은 모두 바른 정치를 세우고 그것을 통해 하나님의 보편적인 정의와 공평이 세워지기를 원하는 것이었다(사 1:16-17, 23-24; 3:13-17; 13:1-22; 렘 2:7-9; 9:1-26; 암 4:1-2; 5:10-24; 나 3:1).

세례 요한도 당시 유대의 분봉왕이었던 헤롯의 악행을 비판했다(눅 3:18-20, "행한 모든 악한 일"). 왕에 대한 비판은 요즘식으로 말하면 불의하게 통치하는 정치가에 대한 비판인 것이다. 세례 요한은 통치자들이 정의와 공평으로 다스리도록 하기 위해, 즉 정치를 바로잡기 위해 자신의 목숨을 걸었다.

이처럼 성서 여러 곳에서 우리는 하나님이 의도하는 바른 정치가 이루어지도록 애쓴 사람들의 모습을 발견한다. 이들의 활동은 지금 우리들에게도 좋은 모델이 된다. 그들에게 중요한 사명을 주고 그것을 위해 심지어 목숨까지 걸도록 하신 하나님은 우리들에게도 동일한 사명과 책임을 주신다. 그러므로 우리는 스스로 설정한 사적이고 종교적인 공간으로 숨어들어 가서 오직 그 속에서만 하나님을 섬기겠다는 태도를 버려야 한다. 하나님의 관심이 온 세상의 모든 영역에 미침을 이해하고 이런 하나님의 관심에 동참하는 것이 하나님의 백성의 바른 자세다. 우리는 정치에 관심을 가져야 한다. 이 땅에 정의를 세우는 사명을 받은 기독교인은 정치를 바르게 세우도록 더욱 노력해야 할 의무가 있다.

기독교인이 정치에 관심을 가지고 참여하려는 이유는 무엇인가? 이는 나의 이익이나 우리 교회의 이익을 도모하기 위함이 아니다. 다만 정의의 하나님을 따라 이 땅에 "공의가 물처럼 흐르게 하고, 정의가 마르지 않는 강처럼 흐르게" 하기 위함이다(암 5:24). 정치는 이런 목적을 위해 활용되어야 한다. 물론 이 땅에서 유토피아를 건설하려는 것은 아니다. 이미 1,600년 전에 아우구스티누스가 『하나님의 도성』에서 강력하게 경고했듯, 우리는 이 땅에서 이상적인 사회를 건설함으로써 하나님 나라를 이룰 수 있다고는 생각하지 않는다. 우리가 정치에 참여하고 좀 더 나은 정치를 만들려고 시도하는 것은, 제한적이나마 하나님의 정의가 이 땅에서 이루어지고, 하나님의 일정한 권한을 받고 세워진 권력자들이 그분의 뜻대로 통치하기를 바라기 때문이다. 그렇게 될 때 이 세상의 삶은 하나님이 창조하실 때 의도했던 모습을 반영하게 될 것이다.

그러므로 우리는 회의적인 냉소주의를 버려야 한다. 이 땅에 잠시 있다가 지나가는 나그네이므로 이곳의 일에는 깊이 관여할 필요가 없다는 생각을 버려야 한다. 그런 생각은 하나님이 주신 수많은 명령과 권고를 쓸데없는 것으로 만들어버린다. 우리는 잠시 이 땅에 머물지만 머무는 동안은 최대한 하나님의 정의를 위해 살고 행동해야 할 사명을 받았다. 비록 그런 노력이 큰 결과를 가져오지 않는 것처럼 보여도 노력 자체를 포기할 권리가 우리에게는 없다. 우리에게 필요한 것은 변화를 위한 행동이다. 선한 의도를 가지고 한 선한 행동은 행동의 부재보다 분명히 낫다. 우리는 마치 이 땅에 영원히 살 것처럼 여기의 일에 관여해야 하는 동시에, 본향을 향해 가는 길에 잠시 머물다 지나가는 나그네처럼 초연한 자세를 가져야 한다.

2장_구약성서에 나타난 하나님의 공평과 의와 인애의 정치

— 김회권
(숭실대 교수)

구약성서에서 정치는 하나님의 통치를 매개하는 신정 통치자들의 정치였다. 구약의 신정 통치자는 왕, 제사장, 예언자, 재판관, 사사, 천부장 등 중간 관리들이었다. 인간은 아무도 인간을 다스리거나 지배할 수 없다. 인간 지배와 통치는 절대적으로 거룩하고 공평무사한 하나님의 고유 권한이다. 이 하나님의 고유 권한이 이스라엘의 신정 통치자들에게 제한적으로 위임되었다.

구약성서에서 하나님의 공평과 의와 인애의 정치를 이해하려면 이 각각의 단어를 하나님과 이스라엘의 계약 관계 안에서 이해해야 한다. 이 단어들은 하나님과 이스라엘의 관계, 즉 하나님은 이스라엘의 하나님이 되어주시고 이스라엘은 하나님의 백성이 되어주는 쌍무적 계약 관계 안에서 분명한 의미를 획득하는 개념이다. 공평("미쉬파트")은 불의한 강자와 압제자로부터 약자를 건져주시는 사법적 균형화를 의미한다. 강자 견제, 약자 견인을 대표하는 하나님의 신적 견제와 개입을 뜻하는 것이다. 의("체데크")는 여러 이유로 삶의 터전을 잃고 계약 공동체로부터 망실될 위기에 처한 동포를 다시 언약 백성의 일원이 되도록 재활, 복구시키는 계약적 사랑과 돌봄의 사역이다. 인애("헤세드")는 하나님의 언약 관계 안에 머물도록 돕는 의리 가득한 지지 활동이다. 인애의 구성 요소가 공평과 정의인 셈이다. 공평과 정의가 곧 인애의 구체적 표현이다.

아합 왕이 이스라엘의 자유농민 나봇의 포도원을 갈취한 사건을 두고 엘리야가 왕을 탄핵한 것은, 한편으로는 공평 사역이며 다른 한편으로는 의의 사역이다. 엘리야와 엘리사가 땅을 잃어버린 과부들의 땅을 찾도록 중개한 사역도 공평 사역인 동시에 의의 사역이다. 보아스가 나오미의 파산한 삶의 터전을 복구하기 위해 기업 무를 자가 되어주는 것은 인애의 표현이다. 구약에 나오는 하나님의 정치는 이스라엘 자유농민들이 각각 하나님과의 언약 관계 안에 머물면서 신적 안전 보장과 번영을 누리도록 돕는 언약 공동체 보존 정치였다. 하나님과 이스라엘 백성의 계약 관계는, 이스라엘 자유농민이 자신이 경작할 기업의 땅을 가진 자경·자작·자영 농민 신분을 유지할 때만 지켜질 수 있었다. 이런 구약의 하나님의 공평과 정의와 인애의 정치를 집약적으로 드러낸 성서 구절이 이사야 9, 11, 32장에 나오는 메시아 예언이다. 이사야의 이 예언 속에는 하나님의 공평과 의와 인애의 통치의 진수가 발견된다.

구약성서에서 "메시아"라는 용어는 하나님의 통치를 잠정적으로 또는 상시적으로 수행하는 신정 통치의 인간 대리자를 가리킨다(대제사장: 레 4:3; 말씀의 사역자들: 시 105:15; 고레스: 사 45:1; 대부분의 이스라엘 또는 유다의 왕들:

삼상 14:6; 혹은 종말에 오실 하나님의 친정 통치의 지상 대리자: 단 9:25). 이사야서에는 하나님의 통치를 지상에서 완벽하게 구현할 다윗 계열의 이상왕(理想王)이 메시아적인 존재로 등장한다(9, 11, 32장; 참조. 사 61:1 "주 야웨께서 내게 기름을 부으사…"). 메시아라는 단어는 이스라엘 나라를 공과 의로 다스렸다고 칭송되는(삼하 8:15; 23:1-7) 다윗 왕의 후손으로 올 이상왕을 가리킨다. 어떤 의미에서 시편 72편은 솔로몬과 다윗의 위를 계승하는 모든 유다 왕들에게 메시아적인 통치를 기대하고 있다. 다윗 왕조의 중심 신학인 시온-왕정 신학에 의하면 다윗 계열의 모든 왕들은 야웨의 이상적인 지상 부왕(副王, 즉 메시아)으로 전제된다(시 72, 89, 132편; 사 9, 11, 32장).

공평과 정의로 확장되는 메시아 왕국(사 9:1-7)

이사야 8:19-23(특히 21-22절, 한글 개역판은 8:19-22)은 9:1-7의 역사적 배경을 제공한다. 이 예언시의 역사적 배경은 주전 732년 시리아-에브라임 전쟁의 결과로 북이스라엘 왕국의 북쪽 지역이 앗수르의 속주(屬州)로 편입된 사건이다. 8:19-23은 시리아-에브라임 전쟁의 전후에 북이스라엘 왕국을 지배한 정치적 위기와 영적 곤경을 보여준다. 앗수르는 시리아-에브라임 동맹군을 궤멸시키는 과정에서 시리아를 멸망시키고, 북왕국 이스라엘의 북쪽 지역을 완전히 병합하여 앗수르의 속주로 편입시킨다. 이 예언시는 북이스라엘 왕국(스불론과 납달리 지파로 대표되는)이 앗수르의 속주로 병탄되어 앗수르의 무거운 폭력과 압제 통치 아래서 신음하고 있음을 증거한다. 메시아는 압도적인 압제자에 시달리는 하나님의 백성을 건져내는 전쟁 영웅이며 천하태평을 실현시키는 약한 자의 옹호자다.

이사야 9:1에서는 앗수르 제국에 의해 강제로 앗수르의 속주(Duru, Mugidu, Galuaza)로 편입된 납달리 지파와 스불론 지파의 굴욕적인 과거사가 메시아와 그의 왕국 등장의 전경(前景)을 구성한다. 1절 하반절은 요단 강 바다 길과 이방인들이 거주하는 갈릴리 지역의 영광스러운 미래를 노래한다. 8:23b-9:1이 소개하는 짙은 어둠 속에 주저앉아 있는 백성들은 주전 732-722/721년 사이에 앗수르의 압제적 지배하에 살던 북이스라엘 백성을 가리킨다. 그러나 앗수르의 지배라는 어둠과 절망 속에서 신음하던 사람들에게 더 이상의 절망은 없을 것이다. 그들에게 비춰어 올 "큰 빛"이 그들의 참담한 암흑의 운명을 끝낼 것이기 때문이다. 여기서 "큰 빛"은 한 위대한 왕이 백성에게 베풀 통치의 혜택을 가리킨다.

9:3은 큰 빛이 흑암 속에 살던 사람에게 끼칠 효과에 대해 말한다. "당신께서 환희를 몇 곱절로 크게 하셨고 기쁨을 크게 더하셨다. 그들이 추수할 때처럼 전리품을 나눌 때처럼 기뻐한다." 추수할 때의 기쁨과, 전쟁에서 승리하여 전리품을 나눌 때의 기쁨보다 더 큰 기쁨이 학대받던 백성을 지배하게 될 것이다(시 126편). 왜 이렇게 기쁜가? 이 질문에 대해 세 가지 세부적인 이유가 제시된다. 첫째, 기쁨의 근원은 당신의 백성을 친히 속량(贖良)하시는 하나님의 구원 활동에 있다. 2인칭 단수로 표현된 "당신"(야웨 하나님)께서 "그들이 짐 진 멍에를, 그들의 어깨 위에 걸려 있는 빗장을, 그들의 압제자의 몽둥이를, 미디안을 치던 날처럼 부수셨기" 때문이다(4절). 둘째 이유는 하나님 자신의 해방과 구원 사역이 대적에게 끼친 효과와 관련된다(5절). "유린하는 전사(戰士)들의 모든 군화들과 피로 뒤범벅된 모든 옷들이 불살라지며 소화(燒火)될 것이다"(5절). 결국 4-5절에

서 흑암 속에 주저앉았던 백성에게 베풀어질 구원은 정치적·군사적 구원이다. 앗수르의 정치적 지배로부터의 해방이 구원의 실체다. 그런데 앗수르 제국을 군사적으로 패배시키는 방법은 "야웨의 전쟁"(the holy war)이다. 중과부적이었던 그 옛날 기드온이 압도적인 미디안 세력을 분쇄한 것과 같은 대반전의 전쟁이라는 의미다. 하나님은 므낫세 지파 중에서도 가장 작고 소심한 기드온을 써서 미디안 세력을 격퇴하셨다(삿 6:15). 므낫세 지파인 기드온의 예상 밖의 승전은 하나님의 승리로 기억되고 기념되었으며 "미디안의 날"은 야웨의 전쟁 승리를 기리는 국경일이 되었을 것이다. 이처럼 앗수르 군대가 이스라엘 땅에서 패퇴하여 철수하는 것은 하나님의 갑작스런 개입, 즉 하나님의 거룩한 전쟁으로 가능한 일이라는 것이다. 이사야는 므낫세 지파로 대표되는 북이스라엘의 남은 백성을 위한 "거룩한 전쟁"이 일어날 것을 기대하고 예언한다.

9:4-5이 구원의 소극적 차원인 앗수르 제국의 정치적 압제로부터의 해방을 말하는 데 비해서, 6-7절은 하나님 구원의 적극적 차원을 말한다. 앗수르의 채찍과 쇠빗장과 멍에로부터의 해방이 구원의 전부는 아니다. 6-7절이 말하는 적극적이고 영구적인 구원은 공평과 정의로 다스리는 다윗 왕 같은 왕의 통치(나라) 아래 들어가는 것이다. 여기서 이사야는(11:1-9과 함께) 앗수르의 폭력적인 제국 질서와, 공평과 정의로 다스리는 이상화된 다윗 제국을 넌지시 대조한다. 비록 현실은 어지러이 싸우는 군인의 갑옷과 피 묻은 옷을 입은 앗수르 제국의 군주들이 지배하는 것처럼 보일지라도, 이사야는 한 아들, 한 아이가 다스리는 나라를 갈망한다. 이사야에게 다윗의 나라, 즉 공평과 정의로 다스려지는 나라는 앗수르 제국에 대한 대항 왕국이자 대안 왕국(alternative kingdom)이다. 앗수르

제국은 폭력으로 세계 질서를 구성하고 유지하는 공동체다. 약한 나라의 목과 어깨 위에 압제와 굴욕의 명에를 짐 지우고 자신의 자유를 무한히 확대하려는 권력 의지(Wille zur Macht)가 앗수르 제국의 본질이다. 앗수르 제국은 하나님이 위임하신 세계 심판 대행자의 위치를 크게 벗어나 인근 나라들의 국가적·민족적 정체성을 파괴했고, 하나님 나라에 맞서는 자신 중심의 세계 국가를 건설하려는 권력 의지의 화신이 되었다(10:7-19). 이런 앗수르 제국주의는 존재론적으로 볼 때 아주 불안정한 공동체다. 자기 권력의 무게를 이겨내지 못하고 붕괴되는 나라인 것이다. 이사야는 앗수르 제국의 존재론적인 취약성을 알고 그것을 신학적으로 단죄한다(10:5-19).

이런 앗수르 제국에 대한 대항적·대안적 왕국은 하나님의 부왕(副王), 다윗의 후손이 대리적으로 다스리는 나라다. 새롭게 태어난 아들에 관한 기쁜 소식이 들린다. 그런데 이사야 9:6은 왕세자(royal prince)의 생물학적 출생을 가리키지 않는다. 아이/아기의 "탄생"은 다윗 계열의 어떤 왕의 왕위 등극을 가리킨다. 다윗의 위에 오르는 왕은 다윗 계열의 아들로서 하나님의 아들로 선포된다(시 2:7; 72편; 참조. 시 89, 132편; 삼하 7:12-16). 7절이 이 점을 분명하게 밝히고 있다. 아이는 "탄생"하자마자 권위를 덧입고 공의의 허리띠와 정의의 요대(腰帶)를 착용함으로써 왕의 의관을 갖춘다. 폭력으로 다스리는 자(막 10:41-45)의 쇠빗장 아래 신음하던 사람들에게 의로운 왕의 등극은 기쁜 소식이다.

결국 9:6에 이르면 구원의 기쁨이 크게 더해진 상태로 셋째 이유, 가장 근원적인 이유가 제시된다. 셋째 이유는 앗수르 제국과 전혀 다른 나라를 건설하실 왕의 등극이다. 7절의 "다윗의 위(位)"는 사무엘하 7:12-16의 다윗 계약(나단의 예언)을 즉각적으로 상기시키는 말이다. 여기서 "다윗 왕조는 반드시 다윗의 적법한 후손에 의하여 유지될 것이라는 약속"이 상기된다. 이사야는 다윗 왕조에게 준 나단의 예언(다윗 계약)의 충실한 신봉자였다(사 7:3-4). 아울러 이사야는 이 예언시를 통해 "다윗의 위"를 언급함으로써, 북이스라엘이 거의 몰락하고 멸망해가는 역사적·신학적 위기에 대해 모종의 응답을 주려고 한 것 같다. 즉 끝끝내 10지파의 실체가 완전히 해체될지도 모르는 시점에서 이사야는 분열 왕국 이전의 다윗 통일 왕국적 기상의 회복의 필요성을 말하고 싶었을 것이다. 북이스라엘의 남은 백성의 마음을 얻을 수 있는 포용력 넘치고 정의로운 나라 건설이 오히려 북왕국 백성을 얻을 수 있는 기회가 된다고 보았을 것이다(대하 30장). 히스기야는 북이스라엘의 남은 백성에게 유월절 절기에 참여하도록 초청장을 보낸다. 이사야 9:1-7의 이상에 근사치적으로 접근하는 포용 정책을 구사한 것이다. 그래서 이사야는 북왕국의 남은 백성과 남왕국 유다 사이에 진정한 형제자매적 우애가 회복되기를 열망하고 예언한다(9:21; 11:13-14). 참다운 다윗 제국의 회복은 지파 간의 내분, 동포 간의 분쟁과 적개심을 청산하고 형제자매적 우의와 사랑을 회복하는 것과 궤를 같이한다. 앗수르 제국을 진정으로 제압하는 길은 제국적인 폭력과 탐욕과 적개심으로 분열되어 싸웠던 남과 북이 하나가 되어, 형제자매적 우의와 사랑을 회복하여 앗수르 제국이 감히 실현할 수 없었던 덕과 가치를 구현하는 데서 발견된다고 보았던 것 같다.

다윗의 후손 왕이 왕위 즉위식 때 부여받았던 영예로운 칭호들은 그의 통치의 방향에 대한 예언자적 기대가 어떠했는지를 보여준다. 이스라엘을 재결합시키고 통일 왕국으로 회복시킬 지도자인 메시아 통치의 특징은 "권세"의 정당한 사용을 통한 무한한 "평화"의 창조다. 새 왕에게 주어진 네 가지 이름은 그의 권세의 근거와 그가 창출할 평화의 질과 범위에 대해 말해준다. 이 네 가지 칭호는 고대 이집트의 왕위 즉위식 때 주어지는 다섯 가지 영예로운 칭호와 견주어진다(왕상 3:1; 7:8; 9:16).

> 그는 환상적 지략가("펠레 요에츠"), 강력한 용사("엘 기쁘르"),
>
> 영원한 아버지("아비 아드"), 평화의 방백("사르 샬롬")으로 불린다.

환상적인 지략가(智略家)는 정책 결정이나 의사 결정 과정에서 탁월한 통치 능력을 발휘하는 왕을 가리킨다. 환상적인 지략가는 전쟁의 도모와 계획에서 신적 재능을 과시하는 왕이다. 더 많은 경우에 이 칭호는 전쟁 수행의 전문가요 탁월한 전략가를 의미했다[사 36:5, 모략("에차")과 용맹("그부라")의 대구어로 사용됨]. 사무엘상 17장부터 사무엘하 10장까지에는 다윗이 어떤 점에서 "펠레 요에츠"의 범례적 인물로 불릴 수 있는지를 보여주는 숱한 승전 기록이 열거된다. 또한 "펠레 요에츠"는 재판 과정에서 신적인 지혜를 구사하는 재능을 구비한 지도자를 가리킬 수도 있다(왕상 3:16-28). 그렇다면 이 칭호에 따르면 이상왕의 최고 덕목 중 하나는 가장 지혜로운 재판 능력인 셈이다. 이런저런 이유로 고대 근동 사회(이스라엘/유다)의 왕에게 부여된 "펠레 요에츠"라는 칭호는 최고의 영예가 아닐 수 없었을 것이다.

다음 칭호는 "펠레 요에츠"의 두 번째 의미를 강화시키는 시적 평행어다. "강력한 용사"("엘 기쁘르")는 전쟁에서 용맹을 발하는 군사적 지도자를 가리킨다. 다른 한편으로 이 칭호는 재판 과정에서 신적 지혜를 과시하는 재판관을 뜻할 수도 있다[시 82:6과 출 22:28(요 10:34)에서는 엘/엘로힘이 재판관이라는 의미로 사용됨. 참조. 사 10:21]. "환상적인 지략가"이자 "강력한 용사"인 메시아 부왕(副王)은 인근 나라들을 정복하겠지만 어디까지나 이 정복은 공평과 정의의 확장 과정이다(사 16:5; 참조. 사 11:14; 11:1-9). 이 왕은 군사적 정복자를 넘어서 공평과 정의의 재판관으로서 가난한 자들을 해방시키는 거룩한 전쟁 수행자여야 한다는 것이다.

영원한 아버지("아비아드")는 가정을 돌보는 가장으로서의 자애로움과 근면한 행정관의 이미지를 표현한다. 메시아는 아버지로서 먹이고 돌보는 책임을 완수하는 지도자다. "아비아드"는 압제자의 이미지와는 전혀 거리가 멀다. 섬기는 종, 청지기 같은 지도자가 바로 "아비아드"다.

마지막으로 하나님의 부왕은 "평화의 방백"으로 불린다. "평화의 방백"은 전제 권력을 휘두르는 권력 남용형 왕과 같은 지도자가 아니라 축소된 지방 행정관 같은 방백이다. 메시아 나라에서 왕위에 오른 지도자는 하나님의 부왕으로 자신을 급진적으로 부정하고 축소시키는 존재다. 권력 의지를 부인하고 지방 행정관 같은 청지기 정신을 가진 왕이 다스리는 나라가 메시아 왕국에 근사치적으로 근접하는 공동체인 것이다. 이렇게 자기를 부인하는 하나님의 부왕의 왕좌는 굳건해지며 그의 왕국은 확고부동하게 세워질 것이다.

> 그의 권세가 커질 것이며 다윗의 위(位)와 그의 왕국에는 끝없는 평화가 있게 될 것이다. 그의 왕국은 지금부터 영원까지 공평과 정의로 굳게 세워지며 지탱되리라.

메시아 왕국은 공평과 정의로 다스려지기 때문에 세월이 갈수록 확고부동해질 것이다. 평화는 공평과 정의의 토양에서 피는 꽃이기 때문에, 공평과 정의로 다스려지는 다윗 제국은 지리적으로 끝이 없고 시간적으로도 영원한 평화를 이 세상에 가져올 것이다(사 32:16-20). 공평과 정의가 하나님 보좌의 기초석이기 때문에 공평과 정의로 다스려지는 공동체만이 하나님의 다림줄 시험을 통과할 수 있다. 하나님은 어떤 왕조나 공동체가 안정성 있는 구조물/건축물인지 아닌지를 검증하기 위해 줄과 추를 사용하여 가늠하신다. 공평과 정의가 부서진 곳은 하나님의 심판의 타격에 의해 무너지게 된다(사 5:7, 16; 28:16-17; 시 89:12-13, 15). 메시아가 공평과 정의로 다스리는 한 그의 나라는 결코 붕괴되지 않으며 세월이 갈수록 강성해지고 견고해가는 이유는 바로 이 때문이다.

우주적 평화를 가져오는 메시아 정치(사 11:1-9)

주전 8세기 유다와 이스라엘의 네 예언자인 아모스, 호세아, 이사야, 미가는 그들의 예언적 전망 안에서 남왕국과 북왕국을 항상 하나로 취급했다. 그들은 앗수르의 제국주의적 팽창과 침략이 남유다와 북이스라엘 백성을 향한 하나님의 심판이요 존망지추의 위기라고 주장했다. 한 걸음 더 나아가 예언자들은 남북 왕국으로 분열되었던 하나님 백성의 정치적 통합과 영적 일치가 이 존망지추의 위기를 극복하는 데 요청되는 필수적인 단계라고 보았다. 특히 이들 모두는 북왕조의 멸망이 새로운 다윗 제국의 부흥을 가능하게 할 수도 있다고 믿었다(암 9:11-14; 호 2:14-23; 3:5; 사 9, 11, 32장; 미 5:2).

네 예언자 중에서도 이사야는 북이스라엘의 멸망이 남북 왕국의 통합과 화해가 이루어지는 과정이 될 수 있다고 보았다. 이사야의 메시아 예언은 북이스라엘의 남은 자들에게 다윗 왕조의 정치적 이상으로 복귀할 것을 촉구하는 현실 정치적 함의를 내포하고 있었다. 그래서 이사야의 신학은 8세기 예언자들의 민족 통합 및 통일 신학의 최고봉을 이룬다고 평가된다. 이사야의 민족 화해 신학이 가장 분명하게 표현된 곳이 이사야 11장이다. 11장에서는 다윗과 같은 이상적 왕에 의해 다시 통일될 이스라엘, 즉 공평과 평화의 왕국이 앗수르의 야만적 세계 정복 질서에 대한 대안으로 제시된다. 9:1-7의 속편인 11:1-9에서는 이상적인 지도자가 다스리는 나라가 창출한 평화의 왕국을 한층 더 고조된 종말론적인 정조(情操)로 그리고 있다. 여기서 우리는 앗수르 제국에 대한 대안·대조·대항 공동체인 다윗 제국의 진수를 만날 수 있다.

공평과 정의로 다스리는 이상왕(ideal king, 사 11:1-9)

이사야 10:34에 따르면 야웨는 레바논으로 불리는 지상의 모든 지체 높은 세력들을 다 작벌하셨고 세계는 황무지가 되어버렸다. 바로 이런 정황에서 "이새의 줄기에서 나는 한 싹과 그 뿌리에서 나오는 가지가 결실할 것이라"라는 예언은 하나님이 열어주시는 새로운 미래상이다. 이는 곧 다윗 제국의 소생과 부활을 의미한다. 이새의 줄기와 뿌리에서 움트는 이 가지는 온 세계를 위로할 하나님의 구원 중개자다(참조. 사 4:2; 6:13). 11:1은 작벌당한 채 아무런 흔적도 남기지 못하는 폭압적인 나라와 대조되는 메시아 왕국의 도래를 이야기한다.

이새의 줄기는 잘려서 쓰러진 다윗 왕조 또는 완전히 파괴되기 직전의 다윗 왕조를 가리킨다. 앗수르의 침략을 통해 유다와 이스라엘은 국가 기간요원들을 다 잃어버렸다. 줄기(몸통)는 가지를 다 잃어버린 것이다. 줄기에서 싹이 나며 오히려 뿌리에서 바로 가지가 나오는 비참한 상황이 되었다. 이새는 다윗의 아버지다. 지금 여기서 이사야는, 처음으로 다윗이 이스라엘 역사의 무대에 등장했을 때 그는 줄기도 아닌, 뿌리에서 나온 작은 가지 같았음을 상기시킨다. 이 비유는 기골장대한 일곱 명의 형들에 비해 볼품없었던 다윗의 소년 시절을 떠올리게 한다. 예언자는 하나님 백성의 새로운 출발이, 다윗 왕조가 시작되기 이전의 원류인 이새 시대로 되돌아간 지점에서 다시 추진되어야 한다고 말하고 있는 셈이다.

11:2-5을 보면 가지 또는 싹으로 불리는 인물이 왕적 사명을 감당할 인물임이 분명해진다. 그의 위에 야웨의 영이 풍성하게 임한다. 지혜와 총명의 신이요, 모략과 재능의 신이요, 지식과 야웨를 경외하는 영이 그에게 강력하게 임한다. 모략이라고 번역된 히브리어는 "에차"(ēṣâ)이며 재능이라고 번역된 히브리어는 "그부라"(gĕbûrâ)이다. 모략은 정책 기획 능력, 전쟁 기획 능력을 의미하고 그부라는 전쟁 수행 능력이나 총체적인 지도력을 의미한다. 왕에게 필수적으로 요청되는 덕목과 자질이다.

11:3에서 언급되는 사명을 볼 때 그는 왕적 인물임에 틀림없다. 그는 다스리는 자, 재판하는 자, 가난한 자와 빈핍한 자의 인권을 보장하는 자, 악인을 견제하고 억제하는 자, 성실과 공의의 곤룡포를 입고 사회 정의를 확보해야 하는 자다. 누가 이런 일을 하도록 기대되는가? 이는 고대 이스라엘의 왕의 역할이다. 이새의 줄기에서 나온 싹과 뿌리에서 나온 가지는 왕으로 부름 받은 인물이다. 다윗 계열의 왕으로서 이상왕이

다. 이 이상왕은 성령의 기름 부음을 받은 왕이다(비교. 사 61:1-4). 문자 그대로 성령의 기름 부음을 받은 메시아인 것이다. 고대 이스라엘의 왕과 제사장과 예언자들은 하나님의 영을 상징하는 감람유로 기름 부음을 받았다. 지혜와 총명의 신, 모략과 재능의 신, 지식과 하나님을 경외하는 신으로 가득 부음을 받은 것이다. 하나님은 기름 부음을 받은 왕인 그에게 하나님의 마음에 합하게 세상을 다스리도록 그분의 영을 가득 채워 주신다. 메시아는 하나님의 마음에 합한 정치를 하는 하나님의 부왕(副王)이다. 결국 지혜, 총명, 모략(군사적 지략과 재판의 지혜), 재능, 지식, 하나님 경외 이 모든 자질은 하나님의 다스림을 지상에서 대리하며 대신 구현하는 부왕의 필수 자질이자 역능(力能)이 아닌가?

11:3-5은 메시아의 통치 행태를 묘사한다. 메시아는 야웨를 경외함을 제일 큰 즐거움으로 삼는 왕이다. 하나님을 경외한다는 것은 삼가고 신뢰한다는 뜻이다. 하나님을 사랑하는 것이 하나님을 경외하는 것이다. 하나님을 경외하는 삶이 체질화되어 있기에 메시아는 하나님처럼 마음의 중심을 감찰한다. 그는 눈에 보이는 대로 귀에 들리는 대로 재판하지 않는다. 눈과 귀에 의존하는 판단은 유력자 중심, 여론 주도층 중심의 재판을 의미한다. 하지만 메시아는 가난한 자들의 억울한 일이 왕의 귀에는 잘 들려지지 않고 눈에 잘 포착되지 않는다는 인간 사회의 모순과 폐단을 익히 알고 있으며, 이 상황에서 공평과 정의를 실행하기 위해 분투한다. 메시아는 공의로 가난한 자들의 억울한 송사를 심리하며, 정직으로 세상의 천한 자들(땅과 관련해서 비천한 자들, 즉 자기 몫의 소출을 누리지 못하는 자들. 'anwê-'āreṣ)의 하소연을 신원한다. 개역성경에서 "겸손한 자"라고 번역된 말은 땅과 관련하여 천대와 멸시를 받는 자다. 땅(세상)의 소출에서

소외된 자인 것이다. 메시아는 땅에서 비굴하게 내어쫓긴 자들을 위해 재판함으로써 그들의 원통함을 풀어준다. 권력으로부터 멀어진 자들을 신적 동정심으로 거두어준다.

가난한 자들의 인권과 송사를 정당하게 집행하기 위해서는 세상 유력자와 악인의 준동을 억제하고 그들을 치는 일이 필요하다. 여기서 중요한 지점은 메시아가 악인과 유력자들을 치기 위해 사용하는 도구가 입의 막대기, 입술의 기운이라는 사실이다. 메시아의 무기는 입술의 기운과 입의 막대기, 즉 말씀의 권능임을 알 수 있다. 메시아는 정의의 포고령과 공권력으로 지상의 권력자들을 억제하고 유력자들을 치지 않을 수 없게 된다.

이처럼 하나님의 영을 받은 사람은 하나님의 말씀 권능을 앞세워 세상의 악인과 유력자들과 충돌하지 않을 수 없다. 세상의 악인과 유력자들은 가난한 자와 땅의 빈핍한 자들을 양산하는 장본인이기에, 가난한 자를 신원하고 돌보시는 메시아는 세상의 악인과 권력자와 갈등을 일으킬 수밖에 없는 것이다.

11:5은 메시아의 통치 권위를 다시금 말하고 있다. "체데크"(ṣedeq)와 "에무나"('ĕmûnā)다. "체데크"는 가난한 자와 빈핍한 자들을 향한 계약적 친절과 동정심을 말한다. "에무나"는 계약적 원칙을 위반하고 깨뜨리는 자들을 억제하는 정책과 정치적 행동을 말한다. 이스라엘과 하나님을 결속시키는 시내 산 계약의 원칙에 자신을 결박하는 것이 바로 "체데크"와 "에무나"다. 왕 자신은 하나님의 신적 친절과 악인들에 대한 견제와 억제를 구현하는 중개자라는 의식으로 충만하다. "체데크"와 "에무나"는 하나님과 맺은 계약에 대한 충성심을 의미한다. 왕의 요대(腰帶)는 그의 권위

를 상징한다. 어디서 악인을 죽이고 유력자들을 치는 권위가 나오는가? 왕의 공의와 성실에서 나온다. 하나님에 대한 밀착된 동행과 순종에서 메시아의 권위가 발생하는 것이다.

11:6-9은 이런 메시아가 다스리면 공동체가 어떻게 바뀌는지를 잘 예시해준다. 악인과 유력자들이 억제되고 타격을 입고 가난한 자와 빈핍한 자들의 인권이 보장되는 세상은 바로 이상적인 낙원으로 바뀐다. 정글 같은 약육강식의 야만적 질서는 사라지고 에덴동산의 목가적인 평화가 찾아오게 된다. 6-8절의 동물 이야기는 사파리 세계에 대한 묘사가 아니라 인간 역사에 관한 이야기다. 메시아가 통치하는 나라는 이리와 어린 양, 표범과 어린 염소, 송아지와 어린 사자, 살진 짐승과 어린아이가 함께 평화롭게 공존하는 공동체다. 이새의 줄기에서 나온 이상왕은 야웨의 신을 강력하게 받고 나서, 가난한 자와 빈핍한 자들을 위해 공의를 베풀고 세상의 악인과 간단없는 긴장과 갈등을 일으키며 싸우기 때문에 이런 세상이 도래한 것이다. 이리가 어린 양과 함께 거하기 위해 이리다움을 버린 것이다. 표범이 어린 염소와 함께 누워 살기 위해서는 표범의 맹수성을 포기해야 한다. 사자가 송아지와 함께 지내려면 육식성을 버리고 초식 동물이 되어야 한다. 살진 짐승이 어린 아이에게 끌리는 세상에 살려면 짐승은 자신의 야수성을 버려야 한다.

드디어 11:7에서는 한때 육식성 맹수였으나 초식 동물로 전향하여 에덴동산의 평화에 참여한 동물들의 초상이 소개된다. 풀을 먹는 초식성 곰과 사자가 출현한 것이다. 이새의 줄기에서 난 싹은 기필코 사자의 식성을 초식으로 바꾸어놓았다. 풀을 먹고도 행복할 수 있는 사자로 변화시킨 것이다. 8절은 독사의 굴에서 노는 젖먹이 아이들, 한 걸음 더 나아가 독사의 굴에 손을 넣고 장난치는 젖 뗀 아이들의 평화로운 놀이 장면을 보여준다. 완벽한 평화다. 이처럼 다윗의 후손인 이상왕이 다스리는 나라, 보다 더 국제적이고 우주적인 메시아 왕국이 앗수르가 강요한 세계 질서의 대안으로 등장한다. 이리, 곰, 사자가 초식 동물로 식성이 바뀌고, 가장 어린아이(9장의 아기/아들의 이미지를 상기)가 평화의 행진을 주도하는 나라다. 사회의 가장 연약한 지체인 젖 먹는 아기, 막 젖 뗀 아이가 주도하는 평화의 대열, 땅의 가장 가난하고 빈핍한 자들의 억울함이 신원되고 해소되는 재판정(법정)은 앗수르 제국의 대안·대조·대항 공동체다. 이처럼 공평과 정의가 실현되는 사회에서 공동체 구성원의 통합과 화해는 성취될 수 있을 것이다. 이사야는 북이스라엘의 남은 백성을 다윗 제국의 정치적·신학적 이상으로 다시 접목시키기 위해서는, 이와 같은 공평과 정의의 확립이 선결 요건이라고 보았다.

11:9은 하나님의 거룩한 산에서 실현되고 실험된 이 평화 공동체의 질서를 요약하고, 그 질서가 전 세계에 확산될 날을 그린다. 하나님의 거룩한 산에는 의도적 폭력도 없고 우발적 폭력도 없다. 하나님의 거룩한 산은 야웨 하나님을 아는 지식이 가득 찬 공동체이기 때문이다(비교. 합 2:15). 야웨를 아는 지식이라는 말은 야웨 하나님을 사랑하고 그의 요구를 받아들이는 친밀성이 가득 찬 나라다. 야웨의 명령에 자발적으로 순종하는 의지가 가득 찬 세상에는 어떤 파괴도 상처도 일어나지 않는다. 이런 공동체가 세계적으로 확산되어 이식되어야 할 것이다. 9절 하반절에 나오는 "물이 바다를 덮는" 이미지는 창세기 6장의 홍수 이미지인데 여기서는 그 범람 이미지가 긍정적으로 재전용된다. 하나님을 아는 지식이 세상에 충만해지는 것이 하나님의 거룩한 산에서 구현된 메시아 왕국의 세계사적 사명

인 것이다. 이사야 2:2-4은 바로 열방과 민족들이 시온 산으로 올라와 야웨의 토라를 공부하는 미래를 꿈꾼다. 열방과 민족들이 하나님을 아는 지식으로 가득 찰 때 그들은 살상용 무기를 버리고 생산용 농기구를 만든다. 더 이상 서로를 치고 공격하기 위해 전쟁을 연습하거나 전쟁에 돌입하지 않는다. 그들은 야웨를 아는 지식으로 평화의 길을 터득했기 때문이다.

구약성서 전체 맥락에서 보면 이러한 메시아적 평화의 왕국을 건설하는 것은 창세기에서 시발된 구속 역사의 완성점이다. 이사야의 메시아 예언들은 이런 메시아적 기준에 아득히 못 미치는 현실, 아직도 다 풀리지 않은 채 하나님의 진노에 의해 진동하는 세계를 비판적으로 초극(超克)한다(5:25; 9:12, 17, 21; 10:4). 결국 메시아 나라는 앗수르적 세계화, 앗수르적 패권 질서를 해소시키고 권력자의 자기 비움(self-denial)으로 가난한 자들의 울분을 해소시키는 공동체다. 야웨 하나님을 아는 지식이 가득 차서 신적 친절이 하수처럼 흘러내리는 세상이다. 신학적 논리로 보자면 메시아 예언은 하나님 심판의 폭풍우가 이스라엘과 유다를 세차게 강타한 후에 주어진, 재난 너머에서 오는 희망의 신학이다.

공평과 정의 위에 새롭게 시온을 건설하시는 하나님(사 32:1-8)

이사야 32-33장은 주전 701년 앗수르의 유다 침략(대범람 이미지)이 하나님 백성에게 남기고 간 신학적 유산이 무엇인가를 탐구한다. 특히 32장은 앗수르 대범람이 하나님의 백성에 대한 인간 열왕들의 폭압 통치를 종식시키고, 하나님의 통치와 지혜의 영으로 가득 찬 메시아 대리 통치를 위한 서곡이며 곧 하나님의 친정 통치의 도래를 준비하는 단계임을 보여준다.

32장은 메시아적 왕과 그의 이상 사회를 다루고, 33장은 앗수르 제국의 대안으로 등장하는 하나님의 친정 체제(신정 체제)를 다룬다. 33장은 32장보다 더욱 분명하게 앗수르 대범람이 시온의 죄인들을 척결한 하나님의 정결 작업이었음을 증거한다. 시온의 안전 보장은 시온에 거하시는 하나님의 인격적 현존이다. 하나님의 인격적 현존은 하나님과 함께 거하는 시온 거민들의 도덕적·신앙적 자질에 의해 담보된다. 32-33장은 주전 701년의 앗수르 대범람이 시온에 거하시는 하나님의 거룩하심을 다시 한번 더 깊이 인식시키는 기회였으며, 이와 같은 새로운 체험이 공평과 정의로 시온을 건설하려는 하나님의 의지를 계시한 사건임을 깨닫게 만든다.

메시아와 메시아적 공동체(사 32:1-8)

이 단락은 9:1-7(또는 1-6)과 11:1-9과 마찬가지로 이상왕이 다스리는 메시아적 공동체를 다룬다. 하지만 메시아적 왕과 메시아적 관리들, 메시아적 평민들이 모두 함께 창조해가는 메시아적 왕국을 다룬다는 점에서, 앞의 두 예언시에 비해 한 단계 더 진전된 모습을 보여준다. 1:21-27에서 엿보이듯, 이사야가 그리는 메시아 왕국에서는 왕뿐만 아니라 메시아적 공평과 정의감으로 충만한 관리와 공무원들도 중요한 역할을 한다. 이사야가 꿈꾸는 이상 사회는 거룩하고 고상한 계획을 세워 삶 속에 실행하는, 거룩하고 고상한 평민들에 의해 창조된다.

32:1-5은 메시아적 사회의 이상적 지도력을 묘사한다. 6-8절은 일반

백성 중 고상한 자와 어리석은 자의 대조를 부각시킴으로써 메시아 공동체를 창조하는 데 요청되는 메시아적 평민들의 품격 높은 일상생활을 부각시킨다. 주전 701년 앗수르의 유다 침략은 이사야 당시의 강도떼로 가득한 도덕적 슬럼 지대로 전락한 시온을 정화하려는 하나님의 강권적인 조치였다. 시온의 악행자들을 징벌하고 시온을 정화하려는 하나님의 절대 주권적인 기획인 것이다. 그래서 앗수르 대재난의 목적은 시온의 파괴와 멸절 자체가 아니라 하나님의 보다 더 고상한 목적을 이루는, 곧 시온을 공평과 정의 위에 재건하려는 하나님의 계획의 중간 단계였다.

그래서 주전 701년 앗수르의 위기 이후에 건설될 메시아적 이상 사회는 왕과 관리들이 공평과 정의로 다스리는 공동체로 설계된다(1-5, 15-20절). 1절은 의로 통치하고 공평으로 다스리는 한 왕을 소개한다. 이사야의 미래 이상 사회는 다윗(부분적으로 솔로몬)의 전범(삼하 8:15)을 따라 공평과 정의로 다스리는 이상왕이 중심적인 역할을 떠맡는 공동체다. 다른 한편으로 1절 하반절은 미래의 이상 사회에서는 메시아적인 공평과 정의로 섬기는 관리들도 왕과 동역하는 것을 보여준다. 방백들도 이상왕의 공의로운 통치와 앙상블을 이루며 정의로운 다스림을 펼친다. 하나님의 공평과 정의와 인애의 정치는 하나님의 영으로 가득 찬 메시아와, 메시아적 사명감으로 가득 찬 공무원들에 의한 위임 통치를 의미한다. 메시아적, 이상 사회에서는 정부 관리와 공무원 각각이 폭풍우와 찌는 더위로부터 백성을 보호하고 숨겨주는 은신처와 피난처 역할을 맡는다(2절).

32:2 하반절은 특히 고대 근동의 왕정 신학을 따라(잠 16:10, 13; 20:8, 26; 29:4, 14; 31:4-5) 왕과 관리들이 백성들의 피난처와 은신처가 되어야 함을 부각시킨다(2절; 참조. 25:4-5; 28:12). 왕과 관리들은 고아와 과부의 친구가

되어야 한다. 현실적으로 이사야의 심판 예언 안에서 관리와 공무원들이 항상 착취자요 부패한 뇌물 갈취자 등으로 묘사됨을 고려해보면(1:10, 23, 26; 3:2-7, 12-15; 5:14; 22:15-19), 메시아 공동체 안에서 변화된 방백들의 위상은 상전벽해의 변화를 떠올리게 한다. 따라서 미래의 회복된 사회에서는 메시아적 왕뿐만 아니라 메시아적 공무원들도 신령한 지도력을 과시하게 될 것이다. 여기서 희구된 "메시아적 방백들"은 유다 왕실의 고위 관리였던 셉나와 엘리야김에 대한 이사야의 환멸과 실망을 초극하는 존재들이다(22:15-19). 이사야는 이 시에서 당시의 타락하고 부패한 관리, 가난한 자들의 인권을 지켜주지 못하고 학대하던 고위직 관리들에 대한 환멸과 분노를, 메시아적 공무원들의 도래에 대한 학수고대로 승화시킨다. 따라서 여기서는 더 이상 가난한 자들을 학대하는 공무원들에 대한 신랄한 비난(사 3:14-15)이 들리지 않는다. 오히려 관리들은 가뭄 때문에 타들어가는 메마른 땅을 적시는 개울물과 시냇물로 비유된다(2절). 2절과 가장 근접한 본문은 25:4이다. "주는 포학자의 기세가 성벽을 충돌하는 폭풍과 같을 때에 빈궁한 자의 보장이시며 환난 당한 빈핍한 자의 보장이시며 폭풍 중에 피난처시며 폭양을 피하는 그늘이 되셨사오니…." 결국 미래의 구원 시대에는 왕과 관리들이 함께 야웨 하나님의 왕적 돌봄과 다스림을 매개하고 구현하는 데 투신할 것이다.

32:3은 메시아 공동체에서 구현될 일반 백성들의 품격과 자질에 주목한다. 3절의 주요 동사인, "보다", "듣다", "감기다" 등은 사실 이사야의 소명 묵시의 일부에 등장하는 동사적 개념들이다(6:9-10). 그동안 이사야의 청중은 보기는 보아도 깨닫지 못하는 자였고 듣기는 들어도 사태의 본질을 알아차리지 못하는 자들이었다. 그들은 하나님의 계시에 눈이 감겨버

리고 귀가 닫혀버린 자들이었다. 하지만 미래의 구원 시대에는 일반 백성이 심판(6:9-10; 29:10; 참조. 30:10)의 정반대되는 경험을 하게 될 것이다. 닫힘과 감김이 아니라 눈뜸과 귀 열림을 경험하게 될 것이다. 역사 속에서 일하시는 하나님의 활동에 대한 영적 감수성이 현저하게 고양될 것이다. 이상 사회는 평민의 영적 지각력이 아주 발달된 공동체라는 말이다.

32:4-5은 지혜문학의 용어로 백성의 한층 성숙된 인격적·신앙적 품격을 말한다. 미래 이상 사회에서는 바보와 악당이 의인과 고명한 인물로 혼동되는 일이 없을 것이다(5-8절; 참조. 5:20). 미래 사회에서는 악의 정확한 인식과 규정이 이뤄진다. 악과 선의 경계가 분명해진다는 것이다. 4절은 조급했던 마음의 소유자들(lĕbab nimĕhārîm)의 내적 변모를 말한다. 마음이 조급한 자는 깊은 생각과 성찰을 거치지 않고 사태의 겉모양만 본다. 그런데 이런 자들이 메시아적 공동체 안에 들어오면, 사태와 상황의 본질을 꿰뚫어보기 위해 주목하게 될 것이다. 그리하여 공동체 안에서 벌어지는 하나님의 심판과 구원 역사에 대한 통찰력을 확보할 것이다.

32:5에 의하면 미래의 이상 사회에서도 악행과 어리석음은 존속되지만, 더 이상 그것들이 고결함과 고상함으로 혼동되는 일은 없을 것이다. 바보가 바보로 불리고 악당이 악당으로 평가받는 사회, 그리하여 무슨 행동이 사람을 바보 또는 악당으로 만드는지가 분명한 사회에서는 악당/어리석은 자의 존재 자체가 사회를 위협하지 못한다. 문제는 악당이나 어리석은 자[무신론자-하나님을 묵살하는 자(시 14편)]가 고상한 자, 의인의 이름으로 광장을 활보하고 다닐 때 일어난다(참조. 사 5:20-23). 이런 혼동이 종식되는 곳이 미래의 메시아적 사회다. 빛과 어둠, 선과 악을 혼동하는 정치적 선전이나 대중 매체가 사라진 사회가 이상 사회라고 할 수 있다.

32:6-8에서는 어리석은 자(불경건한 자, 하나님을 묵살하는 자)와 악당, 고상한 정신의 소유자를 가르는 경계선이 분명하게 그어진다. 각각은 자신의 행동(열매)에 의해 구별된다. 어리석은 자는 자신의 어리석은 행동에 의해(5:18-24), 악당은 자신의 악행에 의해(가난한 자의 인권 유린), 고상한 자는 자신의 고상한 도모와 그것의 실천에 의해 각각 정체를 드러낸다. 6절은 구체적으로 어리석은 자의 행동을 예시하고 있다. 경건하지 않은 삶을 살아감으로써, 야웨에 대해 그릇되게 말함으로써, 굶주린 자들의 소원을 충족시키지 않음으로써, 목마른 자들에게서 마실 물을 빼앗아버림으로써, 어리석은 자는 어리석음의 열매를 맺는다. 여기서 말하는 어리석은 자는 지적으로 아둔한 자가 아니라 도덕적으로 사악하고 왜곡된 자를 가리킨다. 하나님의 법도와 정반대의 행동을 하면서도 안전하다고 느끼는 자를 의미한다.

32:7의 악한들은 6절의 어리석은 자와 거의 유사한 인간이다. 그들은 거짓말로 가난한 사람들을 파멸시키기 위해 악한 도모를 한다. 여기에 이사야 신학의 주제어인 "도모를 꾸미다", "계획하다"를 의미하는 "야아츠"(yā'aṣ)가 나온다. 하나님의 결단(계획)의 신학의 관점에서 보면 하나님뿐만 아니라 사람도 "계획"하는 존재다. 계획은 행동의 잠재적 형식으로서 하나님과 사람은 모두 계획하는 대로 움직인다. 악인들은 뭔가 나쁜 일을 집행하기 전에 나쁜 계획에 몰두하는 자들이다. 심지어 가난한 사람들이 공평의 말을 하는 순간에도 악인들은 가난한 사람들을 파멸시키기 위한 음모에 몰두한다. 악당들은 고도의 지적·정신적 기획력을 가진 자들이다. 입법과 행정, 사법부, 언론 등에 포진한 기획력이 탁월한 악당들을 말하는 것 같다. 악당들과 어리석은 자들의 활동에 대해서는 두 절

에 걸쳐 해설이 이루어지는 데 비해, 고상한 사람들에 관한 이야기는 8절 한 절로 그친다. 고상한 자들은 고상한 사상을 행동과 실천으로 표현함으로써 그것의 옳음과 진실성을 증명해야 한다(7:7-9). 행동으로 표현된 진리만이 세상을 바꾸는 진리다. 공평과 의로 회복된 시온 백성 공동체는 이처럼 악한 자들의 도모와 고상한 자들의 도모가 맞대결을 펼치는 대결의 장이 된다. 앗수르 범람 이전에는 아예 악당들의 도모만 득세했지만 이제는 고상한 자의 도모도 나름대로 실천을 통해 실현될 수 있는 분위기가 조성된다.

이사야가 볼 때 하나님의 백성에게 경험될 미래 구원은 앗수르의 군사적 위협으로부터의 일시적 구조와 구출 경험에 있지 않고, 구원받은 백성의 급진적 품성 변화와 변화된 영적 삶에 있다. 이처럼 미래의 메시아적 공동체 사회는 일반 백성의 급진적 품성 변화와 갱신을 요구한다. 백성의 영적 갱신은 어떤 일의 도모를 꾸미는 단계, 즉 생각 단계에서부터 시작되어 생각을 사회적으로 실행하는 단계에까지 반영된다. 메시아 공동체는 개인의 품성 변화와, 사회적 운영과 구성의 변화 양자를 성취하는 통전적인 구원을 맛보게 된다. 이런 의미의 통전적인 구원은 하나님의 선행적(先行的) 구원과 이에 대한 인간의 응답으로 실현될 것이다.

결론

공평과 정의는 하나님의 보좌를 떠받치는 기초석이다. 공평은 권력 있는 자, 유력한 자가 자기 욕망을 억제해서 이웃에게 피해를 끼치지 않는 소극적인 선을 가리킨다. 또는 법적인 규정으로 유력자들의 욕망과 탐욕, 교만의 범람을 막는 제어 장치를 의미하기도 한다. 정의는 적극적이고 평범한 수준을 넘는 친절을 가리킨다. 이사야 9, 11, 32장은 공평과 정의 위에 시온을 재건하는 하나님의 분투를 보여준다. 원래 시온을 본거지로 삼고 시온 성의 주도권을 쥐고 있던 사람들은 공평과 정의의 화신이었다(사 1:21). 이런 이상에 가장 근접한 시대는 다윗 시대인 것으로 알려져 있다(삼하 8:15). 하지만 앗수르 제국의 침략으로 정결하게 되기 직전의 시온은 소돔의 백성과 고모라의 관원들의 활동 무대로 전락해버렸다. 이런 상황에서 앗수르라는 심판의 도구가 등장해 시온을 굴욕적으로 유린하고 약탈하는 사태가 벌어졌다. 열방이 뛰어 올라와 시온의 재산을 유린한 것이다. 하나님은 시온에 있는 악인을 소탕하기 위해 더 큰 악인을 활용하셨다. 유프라테스 강 너머에서 임대해온 삭도를 가지고 시온 거민의 수염과 털을 미신 것이다. 앗수르가 시온을 공격한 것은 공평을 실현하는 과정이고, 그 다음에 앗수르를 쳐서 다시 시온을 구하는 것은 정의라고 할 수 있다. 이스라엘 안에 있는 악인을 정복하는 것은 공평의 과정이며, 다시 앗수르의 잔악한 지배로부터 시온을 건져내는 것은 신적 자비와 친절을 무조건 베푼 정의의 과시 과정인 셈이다. 하나님이 공평과 의로 시온을 다시 세운다는 말은 민족주의적인 감정을 이용해서 유다를 앗수르로부터 건져준다는 의미가 절대로 아니다. 하나님 자신을 위해, 하나님 나라의 지상 통치 거점을 확보하기 위해 시온을 구출하신 것이다. 회복된 공동체에서 하나님은 다시 이스라엘의 입법자, 재판관, 왕으로 등극하신다. 시온 거민들은 앗수르 제국과도 단절되어야 하지만, 과거의 시온과도 철두철미 단절되어야 한다. 시온의

거민들은 자신들 안에 현존하는 하나님을 거룩한 하나님으로 경배해야
한다.

3장_예수가 정치를 만났던 자리

―――――――――――――― 차정식
(한일장신대 교수)

바람 잘 날 없는 정치

숱하게 정치를 논해왔는데도 정치는 늘 골칫거리의 일순위로 거론된다. 얼핏 정치(政治)가 정치(精緻)하지 못하기 때문이 아닌가 하는 사념이 스친다. 한 국가 공동체를 향한 다스림이 공공의 행위일진대 그 혜택이 모든 구성원에게 두루 정밀하고 치밀하게 구현되지 못하니까 원망과 탄식이 그치지 않는 것이다. 한편 정치에 바람 잘 날 없는 것은 부분적으로 현실 정치의 속성에 기인하는 듯하다. 권력을 잡은 세력이 최고 수장을 정점으로 그 권력의 바깥을 살피기보다 내부의 잇속에 함몰해버리기 때문에, 정치의 본질인 타자의 포용과 상생의 이치가 실종되는 것이다. 권력의 목적에 둔감해진 정치인이 정치가가 되지 못하고 삿된 정치꾼으로 전락하는 것도 마찬가지 이유다.

국민들을 모두 부자로 만들어준다는 허무맹랑한 구호로 집권한 이명박 정권이 정치를 더러운 것으로 팽개쳐버리니까, 그 정권의 떡고물에 부나방처럼 덤벼들던 주변의 측근들끼리 제 잇속 챙기기 식의 이전투구로 지난 4년 반의 세월을 탕진해버렸다. 그 틈새로 작동한 것은 결국 무관심의 정치였고, 표류하는 권력이 빚어낸 결과는 온당한 정치의 파탄이었다. 가령, 정치권력의 성취를 위해 이 정권이 동원한 막대한 재원의 투여 요처가 백성의 삶의 질을 향상시키는 쪽으로 거의 실감되지 않은 채, 경제력의 낭비를 초래한 것은 치명적인 정치의 결락이었다. 경제 난국이라는 이즈음의 세태 가운데 4년 내내 수십 명 인부를 희생 제물 삼아 4대강의 거대한 토목 공사에 번갯불에 콩 구워먹는 듯한 기세로 수십조 원의 국민 혈세를 쏟아붓더니, 이제 막힌 강물이 토해낸 한숨처럼 번진 녹조 파동으로 저급한 정치의 흉물을 드러내고 있다. 인권에 까막눈이라는 사람을 인권위원장으로 앉혀 원성을 초래하다가 여당에서조차 손사래를 치는 형국에 몽니를 부리듯 연임을 밀어붙이는 배짱도 성숙한 정치의 본령과 거리가 멀어 보인다.

신학자의 입장에서 이명박 정권에 대한 반성의 핵심은, 권력의 정점인 대통령의 자리에 오른 당사자가 기독교 신자임을 자처했고 더군다나 덕망의 치세를 기대할 만한 "장로"의 직분을 가지고 있었다는 데 있다. 나아가 이 땅의 기독교인 다수가 "부자 되세요!"라는 구호에 홀려 광야의 신 야웨 하나님을 외면하고 바알주의 신앙의 파수꾼이라도 되는 양 몰표를 몰아주면서 그가 한 시대의 메시아가 되리라 크게 착각했다는 점도 통렬하게 곱씹어봐야 할 치부이다. 영남 지역의 가난한 백성들은 단지 그가 같은 지역 출신이라는 이유로 왕창 밀어주었지만 그가 권력을 잡으면서 맨 처음 추진한 것은 부자 감세 정책이었다. 1%의 부동산 부자들을 위해 이런저런 세금을 경감해주었지만 그 혜택이 낙수 효과를 통해 밑바닥 서민들에게 미쳤는지는 풍문 속에서도 희미하다. 부를 소유하면 할수록 더 많이 챙기려는 탐욕적인 인간의 간단한 실상을 잘못 짚어도 한참을 잘못 짚은 격이었다.

이 지점에서 나는 예수의 정치와 현 정권의 정치 사이에 가로놓인 격절의 신학적 공간을 숙고해본다. 과연 예수라면 이 정도 정치로써 이러한 수준의 쭉정이 열매를 맺어놓았을까. 또 그것을 자화자찬하면서 겸손한 성찰도 없이 천연덕스럽게 미소 짓고 있겠는가 말이다. 열매로써 그 나무를 안다는 예수의 상식적 판단 준거가 살아 있다면, 아무리 외부 환경이 어려웠다 한들 국민이 부여한 권력을 가지고 이토록 초라한 정치의 밥상을 차릴 수밖에 없었다고 변명할 수 있을까. 그렇다면 예수에게 정치는 무엇이었을까. 그가 정치와 만난 흔적은 얼마나 구체적이고 뚜렷한가. 그가 정치라는 말은 일언반구 비치지 않으면서도 가장 숭고한 정치의 범례를 보여주었다면 그 실체는 무엇이었을까. 제도권 내의 기성 정치와 버성기면서 변두리로 행보하는 기간 내내 나타낸 그의 선교적 동선은 어떤 정치적인 의미를 띠고 있을까. "하나님 나라"라는 정치적 개념이 어떻게 예수의 목민 사역을 통해 성육화되었을까. 구약 시대의 "희년" 전통은 그에게 어떠한 메시아 정치로 구현되었는가. 이런 질문들이 예수를 중심으로 현재의 구태의연한 정치를 반성, 극복하고 이후의 정치를 소망스럽게 전망하는 데 보탬이 된다면 정치에 진저리가 나 있는 현재의 불우한 처지에서도 작은 위안이 될 법도 하다.

변두리의 동선과 정치적 전략

정치에서 장소는 중요하다. 그 장소에 사람이 살고 있고, 사람이 사는 장소는 그 위상이 비대칭이기 때문이다. 어떤 장소에 어떤 사람이 살고 있는지, 또 정치를 한다는 사람이 어떤 장소에 자주 출몰하여 그곳을 자기 삶의 일부로 삼아 일관되게 관심을 기울이며 그 삶의 장소성에 개입하는지는 정치에서 자칫 누락하기 쉬운 요소다. 정치인이 서민의 표를 얻을 목적으로, 또는 자신의 추락한 이미지 제고를 위해 시장 골목을 둘러보고 상인들의 물건을 몇 개 사주는 등의 이른바 "민생 탐방"은 정치의 이러한 장소성을 잘 보여주는 사례다. 문제는 그것이 일관성과 충실성을 바탕으로 하지 않고 오로지 보여주기 위한 이미지 쇼로 그친다는 것이다. 시장 골목에서 난전을 벌이며 온종일 땡볕에 물건 몇 개 팔고자 버티는 서민들의 애환을 몸소 알았다면, 그들과 동고동락하는 심사로 정책 집행과 예산 배분에 서민의 삶을 향상시키기 위한 구체적인 방안이 드러나야 한다. 일회적인 이벤트로 그치지 않고 지속적인 관심으로 자신의 삶을 현장 속에 장소화하려는 시도는, 구중궁궐 같은 권력자의 안락한 장소와 길항하면서 고통스러운 성찰의 공간을 제공하기도 한다. 그 성찰의 진정성에 깨어 있는 권력자의 의식은 정치의 이름으로 낙후된 지역의 소외된 생명들을 북돋는 방향으로 자신의 신체 동선을 그려나간다. 나아가 특정한 장소와 특정한 부류의 사람들이 어떤 연유로 그처럼 낙후되고 소외되었는지 그 불균형과 비대칭의 구조적 원인을 숙고하여 역시 구조적인 대책을 강구하는 것이 상식적인 행보일 것이다.

이런 관점에 비추어 예수의 정치가 작동한 방식을 해석해보면 흥미로운 결과가 도출된다. 주지하듯 예수는 갈릴리 사람이었다. 명색이 하나님의 아들로서 이 땅에 오신 것만 해도 황송한 일인데, 그는 광야의 팔레스타인 중에서도 이방인과 죄인의 땅으로 버림받은 것처럼 사갈시되어오던 갈릴리를 자신의 주요 활동 무대로 삼았다. 일찍이 나사렛에서 성장기를 보낸 예수는 공생애 활동이 시작될 무렵 갈릴리 호수의 북편 연안에 위치한 가버나움으로 이사를 했다. 거기서 가장 먼저 한 일은 제자를 선발하는 것이었다. 가장 먼저 뽑은 제자들은 이 마을 일대에서 어업에 종사하던 베드로, 안드레 형제와 요한, 야고보 형제였다. 이들이 배를 가지고 있었고 인부도 고용할 형편이 되었기에 최하층의 민중으로 치부하기는 어렵겠지만, 그렇다고 그들이 내로라하는 권세와 지식, 사회적 명성을 지닌 자들도 아니었다.

정치는 또한 인간관계가 중요하다. 어떤 인맥을 가지고 어떤 부류의 사람들과 동역하여 정치의 일을 하는지에 따라 정치하는 자들의 활동 내용과 그 성격을 알 수 있다. 정치권력에 기대어 잇속을 챙기려는 자들은 그 권력자와 결탁하여 뇌물을 쓰고 끼리끼리 기득권을 쌓아가며 유유상종하는 경향이 있다. 그런데 예수의 인간관계는 이러한 정치적 결탁 관계와 전혀 달랐다. 그는 하나님 나라의 복음을 선포할 동역자로 어부들을 가장 먼저 택했다. 그들의 사회적 위상과 입지는 아무리 후하게 봐주어도 기득권층과 거리가 멀었다. 이후 선택된 제자들의 면면을 보면 그 가운데는 당시 사회적 지탄의 대상 일순위로 꼽히던 세리 출신의 레위(마태)도 있었고, 젤롯당 출신의 시몬도 있었다. 요즘으로 치면 동족의 등골을 빼먹는 반민족적 매국노와 근본주의 테러리스트 출신을 제자로 삼아 그들의 개과천선을 기대하며 인간관계를 맺었던 것이다.

이렇듯 예수의 하나님 나라 정치는 기존의 정치 세력이나 사회적으로 유력하다는 치들을 등에 업고 무력이나 재력을 동원하는 방식과 전혀 무관했다. 예수의 인간관계에는 나다나엘이나 니고데모 등과 같이 비교적 사회적 지도층에 속한 사람들이 더러 나타나기도 하지만, 그들이 예수의 공생애 기간을 통틀어 남긴 정치적 흔적과 파동은 극히 미미하다. 그는 철저히 사회의 중간층 내지 밑바닥 인생들을 중심으로 결속하여 하나님 나라의 권능이 "아래로부터의 정치"를 통해 구현되는 길을 모색한 것으로 보인다. 그 결정적인 증거 중 하나는 예수가 당시의 주요 권력자들을 대한 방식에서 탐지된다. 가령, 당시 세속 정치의 최고 실세로 권부의 정점을 형성하고 있던 갈릴리 지역의 분봉 군주 헤롯 안티파스나 유대 땅의 식민 정부를 통어하던 총독 빌라도, 나아가 예루살렘 성전의 종교 귀족 상층부를 차지하던 대제사장 가문들과 그가 맺은 정치적 관계는 거의 무관심이거나 적대적인 차원에 가까웠다. 예수가 보기에 세례 요한을 죽인 전력을 지닌 헤롯은 "여우"같이 간사하고 교활한 인물이었고, 대제사장 가문의 종교 귀족들은 만민이 기도하는 아버지의 집을 강도의 굴혈로 퇴락시킨 장본인들이었다. 빌라도 역시 군중의 소요 사태를 경계해야 하는 정치적 이해관계와, 무죄한 사람의 생명을 무고하게 죽이지 않기 위해 공권력자의 명분을 과시해야 하는 모호한 입장 사이에서 "불의한 정의"를 연출한 교활한 정치꾼에 불과했다. 갈릴리의 헤롯이 그랬듯, 예루살렘 권력의 최상부를 차지한 정치와 종교 지도자들은 그저 예수를 조롱하고 죽이는 데 공모하고 담합하는 데 한통속이 되었다. 앙숙처럼 보였던 헤롯과 빌라도조차 정치적 이해를 서로 공유함으로써 불의한 살육의 정치에 가담했을 정도였다.

또 한 가지, 예수의 정치를 특징짓는 요소는 그의 동선이다. 예수는 소외된 변두리의 장소에서 소외된 갈릴리의 사람들 가운데 주로 활동했지만, 거기서 더 소외된 궁벽한 외지를 개척하면서 이방인을 향한 후대의 선교적 발판을 마련해나갔다. 그리하여 그는 동쪽으로는 데가볼리 일대를 찾아 "레기온"으로 표상되는 제국의 권력이 남겨놓은 상처를 어루만졌고, 서북쪽으로는 두로와 시돈 지역으로 행보하면서 수리아-페니키아 출신의 연약한 이방인 여자의 병약한 딸을 치유해주었다. 한편 남쪽으로 예수는 사마리아 지역의 역사적 형극에 구애받지 않고 그 저주받은 땅으로 들어가 희망의 복음을 전했으며, 북쪽으로는 로마의 신전이 자리한 빌립보 가이사랴에서 제국적 권력을 대체하는 새로운 비전을 베드로의 신앙고백 속에 담아냈다. 이처럼 동서남북 사방으로 동선을 확대해나가면서 낯설고 이질적인 타자의 세상으로 그는 나아갔다.

변두리를 향해 꾸준히 복음의 영토를 개척해나간 예수의 동선이 다분히 정치적인 의도를 담고 있다는 점은, 이 과정에서 그가 당시 헬레니즘의 총아로 주목받을 만한 도시 세포리스나 티베리우스를 건너뛰었다는 데서 암시된다. 이 도시들은 공통적으로 갈릴리 지역 내에서 로마의 제국적 권력과 그 정치적 독점의 냄새를 풍기던 폴리스의 문명이 깃든 장소였다. 하지만 동시에 그 문명을 건설하기 위해 동원된 힘없는 백성들이 강제 노역을 통해 온갖 고혈을 바쳐가며 탄식하던 억압과 착취의 공간이기도 했다. 예수의 동선이 갈릴리의 모든 곳에서 환영받지는 못했으며, 외려 가버나움 벳새다는 물론 고향인 나사렛에서조차 박대를 당했지만, 예의 문명 도시들은 아예 예수의 발걸음이 닿은 곳으로 등장하지도 않는다. 그는 이미 변두리인 갈릴리 내부에서도 또 다른 중앙과 변두리 사이의 세밀한 차이에 그처럼 민감했던 것이다. 그리고 그는 더 멀리 떨어진, 경계 바깥의 외지로 발걸음을 돌림으로써 하나님 나라의 정치를 자신의 동선 가운데 체현하면서 지역적·민족적 동종 교배의 틀을 깨버렸다. 예수의 의도적인 변두리 행보는 장소와 인맥과 동선을 통해 일관되게 탈주의 정치로 발현되었던 셈이다.

하나님 나라와 목민 정치

그렇다면 예수는 이렇게 외지로 돌아다니면서 무엇을 했단 말인가. 앞서 서술한 탈주의 행보를 통해 그는 사람들을 다양하게 만났다. 골짜기를 북돋아 평지로 만들듯, 예수는 질고와 착취의 음지로 처진 사람들을 격려하고 위로하며 치유했다. 반대로, 그 음지를 대가로 기득권의 아성에 취하여 기고만장한 자들을 향해서는 질책과 경고의 메시지로, 마치 높은 산을 깎아 평탄케 하듯이 교만한 자들의 콧대를 꺾어 부끄럽게 만들었다. 예수가 갈릴리 지역을 선회하면서 매진한 주요 활동은 병자의 치유와 축귀 활동이었다. 1세기 로마의 식민 통치 아래 살던 대다수의 유대인들은 정치적 억압과 경제적 착취로 인해 살기 버거운 환경에 처해 있었다. 따라서 그들이 앓던 질고의 상당 부분은 열악한 의료적인 처방과 돌봄뿐 아니라 역사적인 특수 환경에 기인했다고 볼 수 있다. 나아가 이런 질고의 현실은 당시 유대교의 강고한 종교적 율법 체계 아래 정결한 부류와 부정한 부류를 배타적으로 구획하는 질서 아닌 질서 속에 저당 잡혀, 주류의 흐름에 편입하지 못한 다수의 사람들이 정상적인 사회생활을 하는 것을 방해했다. 이러한 가운데 예수가 선포한 하나님 나라의 복음은 이 모든 불균형한 사회 경제적 질서와 구조의 질곡을 타파하는 해체의 메시지로 들렸을 것이다. 실제로 예수의 치유 사역은 수많은 병자들을 신체적 질고와 정신적 압제에서 해방시키는 결과를 가져왔다. 그중에는 나환자가 고침 받은 치유 사례처럼 당시 유대교의 제의법에 따라 사회의 정상적인 일원으로 재활할 수 있도록 도와준 경우도 있었다.

당시 신체적 장애나 정신적 질고로 포박된 생명들은 사회의 어느 구석에서도 인간답게 환영받지 못하는 부정한 존재였다. 그래서 그들은 부랑자처럼 떠돌았고 심지어 종교적 정죄의 대상이 되곤 했다. 하나님 나라의 임재는 이들을 향해 하나님의 절대 주권이 행사되어 불쌍한 생명이 회복되는 기적의 길을 열었다. 물론 예수가 이런 초월적 권능의 매개자였다. 예수가 질병에서 고쳐주고 회복시켜준 대상은 베드로의 장모처럼 측근의 가족도 있었지만 야이로의 딸이나 열두 해 혈루증 앓던 여인, 이방인 백부장의 종의 경우처럼 전혀 일차적 연고 관계가 없는 타인들이 대다수였다. 이러한 치유 사역은 단지 신체적 건강의 회복에 국한된 것이 아니라 그들이 하나님 나라의 온전한 성원으로 당당히 동참할 자격이 있음을 선포한 격이었다. 그러므로 예수의 치유 기적은 조건 없이 뭇 생명을 긍휼히 여기고 돌보시는 하나님의 경계 없는 사랑이 발현된 결과였다고 볼 수 있다. 이처럼 긍휼히 여기는 마음은 예수의 어록 가운데, 목자 없이 유리하는 양 떼와 같은 군중의 배고픔을 향한 긍휼의 심정과 마찬가지로, 내장이 꼬이고 끊어지는 것처럼 고통스럽고 치열한 연민(splanchnizomai)의 정서로 표현된다. 하나님 나라의 메시지와 함께 구체적으로 각각의 불우한 생명에게 표출된 예수의 긍휼은 이렇듯 단순히 마음

뿐이 아니었다. 가난하고 헐벗은 당시 민중을 향한 예수의 목민 사역은 구체적인 치유의 행위로 나타나 놀라운 기적을 일구었고, 제자들에게는 "너희가 먹을 것을 주라"는 구체적인 선교 명령으로 나타났다.

하나님 나라의 메시지가 목민의 정치적 지향점을 가지고 구현된 또 다른 현장은 예수의 가르침이었다. 주지하듯 예수는 창의적인 교사답게 가르치길 즐겨했다. 가령, 그는 먼저 제자들을 양육하기 위해 가르쳤고 (마 5-7장) 그렇게 양육받은 제자들을 파송하기 위해 또 교훈했다(마 10장). 나아가 예수는 훈련받고 실습한 제자들의 재교육을 위해 이런저런 형식을 구사하며 다시 또 가르쳤다. 많은 실수와 오해, 오류가 있었지만 그는 자신이 선발한 제자들을 앞으로 있을 배반의 우려를 무릅쓰면서 끝까지 가르치는 열심을 보였다. 물론 그의 가르침이 내부의 제자 진영에만 국한된 것은 아니었다. 그는 다수의 군중이나 주변의 소그룹을 향해서도, 때로는 직설적 선포의 형식으로, 때로는 은근한 비유의 방식으로 가르치면서 자신의 삶의 자리에서 그 의미를 궁구함으로써 스스로 깨우치길 기대했다. 이런 가르침 사역의 정치적 목적은 의식의 각성과 계몽에 있었다. 장차 하나님 나라의 활달한 성원으로 동참하기 위해, 회개의 열매를 맺어 하나님의 자녀다운 본래적 삶의 가치를 살리기 위해, 그들은 자신의 지난한 역사적 현실과 고된 일상 가운데 하나님의 주권적 통치가 이루어지는 사건을 꿈꾸어야 했다.

이를 위해 예수가 시도한 가르침의 형식 가운데 하나님 나라와 직결되는 비유의 방식은 특이한 매력을 동반했다. 비유는 한 생명의 성장과 진보의 희망, 발견과 각성의 기쁨, 종말론적 긴장과 심판의 교훈, 신중한 처신과 빚진 이웃을 향한 관대한 사랑의 실천 등등 다양한 주제로 변주

되었지만, 결국 하나님을 아버지로 발견하여 신뢰를 회복하는 회개한 삶의 요청에 다름 아니었다. 이런 방면의 교훈이 하나님 사랑이라는 가장 큰 계명으로 압축되었다면, 이에 버금가는 또 다른 큰 계명으로 원수까지도 포용하는 이웃 사랑의 교훈이 강조되었다. 그리하여 하늘의 아버지 되시는 하나님의 나라에 차별과 배타의 경계가 없듯이, 하나님의 온전한 뜻이 이루어지는 이 땅에서도 분열과 배타적 경계를 넘어 모두가 하나 되는 대동(大同) 세상을 그는 꿈꾸던 것이다. 특히 사람과 사람 사이의 관계에서나 제자들의 위계질서에 관해서 예수는 섬김을 받는 주인의 길보다 섬기는 종의 자세를 역설했다. 또한 처음 된 자가 나중 되고 나중 된 자가 처음으로 뒤집어지는 전복적 이치를 설파함으로써 그는 당시 고착된 신분 질서의 현실을 넘어서는 하나님 나라의 역동성을 강조했다.

요한복음의 비유대로 참 목자인 예수를 따라 다른 우리의 양까지 한 식구가 되어 따른다거나, 농부 되시는 아버지 하나님의 농장에서 포도나무인 예수와 연결되어 한 몸을 이루는 가지들의 이미지처럼 모든 구성원들이 유기체적 관계로 어우러진 초기 제자 공동체의 모습은 예수의 하나님 나라가 지향한 목민 정치의 중대한 표상이었다. 물론 넘어야 할 장애물이 적지 않았다. 유대교적 습속과 토라의 장벽이 그것들과 무관하게 살아온 이방인들에게 적잖이 버거웠을 것이다. 예수에게서도 이방인과 유대인 사이의 전통적 경계가 무의미하지 않음을 내비친 태생적 한계의 흔적이 일견 엿보인다. 그러나 결국 역사의 큰 흐름 속에서 예수의 가르침은 그의 추종자들에 이르러 보편주의의 승리로 귀착되었다. 더 멀리 소외된 낯선 이방인들의 타자성을 향한 개방적 자세가 역사의 승리를 선도한 것이다. "바리새인과 서기관보다 더 나은 의"의 지평을 추구한 예수의 계몽적 정치학은 이렇게 묵시의 하늘과 지혜의 땅을 융통한 역사의 결실로 나타났다.

희년 선포와 예수의 정치신학

예수의 "하나님 나라" 개념이 로마의 제국적 통치에 길항하는 정치적 함의를 담아냈듯, 그가 그리스도(메시아)로 선포된 일 역시 해방의 메시지를 전달하는 정치적 사건으로 주목받을 만하다. 물론 예수를 정치와 동떨어진 종교의 영역으로 범주화하려는 시도는 우리에게 익숙하지만 이런 시도는 고대 1세기의 종교-정치 간 유착 관계에 무지한 발상이다. 넓은 의미에서 "정치"의 개념을 전유해보면, 당시의 역사적 정황 속에서는 종교로 정치하고 정치로 종교적 후광을 가탁하는 일이 자연스러웠기 때문이다. 가령, 정치권력의 최상부에서 황제의 존재는 종교적 신격체로 숭앙받고자 안달했고, 종교 권력의 심장부에서는 세속 정치와 연줄을 대고 자신의 초월적 권위를 정치화하기에 분요했던 것이다. 이러한 관점에서 예수의 모든 사역을 정치의 영역으로 환원하는 우려를 조심하면서 판단해볼 때, 예수의 실천 사역뿐 아니라 메시아로서 그가 가르친 각종 교훈들은 기실 그가 맨 처음 선포한 예언의 말씀을 그대로 이행한 결과였을 뿐이다.

가령, 메시아의 취임 설교로 알려진 나사렛 회당에서 예수가 한 말은 유대교의 메시아주의 전통을 재맥락화한 정치적 메시지의 선포였다고 볼 수 있다. 그는 안식일에 고향 나사렛의 회당으로 들어가 이사야서의 다음 말씀을 읽었다. "주의 성령이 내게 임하셨으니 이는 가난한 자에게 복음을 전하게 하시려고 내게 기름을 부으시고 나를 보내사 포로 된 자에게 자유를, 눈 먼 자에게 다시 보게 함을 전파하며 눌린 자를 자유롭게 하고 주의 은혜의 해를 전파하게 하려 하심이라"(눅 4:18-19). 이 부분을 읽은 뒤 책을 덮고 나서 그는 대뜸 "이 글이 너희 귀에 응하였느니라"(눅 4:21)고 한마디로 간략하게 논평했다. 예수는 바벨론 포로기 동안 겪은 이스라엘 백성의 경험과 희원을 반영한 저 예언의 말씀을 자신의 메시아적 정치를 실천하는 지표로 삼았다. 기름 부음의 이미지와 함께 저자는 이 종이 주의 성령의 임재를 통해 왕과 제사장과 예언자의 직분에 임명되어 공적으로 메시아의 사역을 감당할 권한을 부여받았음을 암시한다.

주의 성령이 이 땅에서 이 종 위에 강림한 목적은 한마디로 가난한 자에게 복된 소식을 전하기 위함이었다. 이런 목적으로 그는 파송을 받아 복음의 효과가 구체적인 대상에게 구체적으로 나타나게 해야 할 사명을 가지고 있었다. 그것이 바로 포로 된 자에게 자유를 주고 눈먼 자에게 다시 보는 기적을 베풀며 억눌린 자를 해방시키는 사건으로 압축된 것이다. 이는 한마디로 구약성서 복음의 핵심이라 할 수 있는 주의 은혜의 해, 곧 "희년"(Jubilee)의 역사를 이루어내는 것으로 요약된다. 안식일과 안식년의 사이클이 정점에 이르는 50년째 되는 해, 모든 일그러지고 훼손된 이 땅의 질서는 하나님의 "샬롬"을 목표로 온전히 회복되고 재건되어야 하는 지엄한 명령 앞에 서게 되었다. 그것은 하나님이 이룩한 생명 창조의 본래 취지에 걸맞게 인간의 탐욕과 죄악에 의해 망가진 세상을 다시 원점으로 되돌리는 사건이었고, 출애굽과 맞물린 유월절 해방과 구원의 기쁨을 재생시키는 역사의 반환점이었다. 예수는 바로 그 희년의 정치적 목표를 자신의 메시아 사역과 연동시켜 장차 준행할 사명의 이정표로 삼았던 것이다.

이러한 희년 선포의 취지에 비추어 예수의 정치신학은 신적인 명령이 이 땅의 역사적 현장에서 고스란히 해방의 사건으로 결실되는 데 초점을 맞추었다고 볼 수 있다. 그것이 본래 묵시적 꿈이었다면 그 꿈은 지혜의 실천적 운용을 통해 이 땅에서 현실이 되어야 했다. 그 꿈의 원초적 모형이 모든 피조 생명들이 평화롭게 살아가는 충만의 질서로 소급된다면, 그것은 이미 이사야의 예언대로 사자, 어린 양, 독사, 어린아이 등의 조화로운 어울림 속에 한 차례 아름다운 풍경으로 투사된 바 있다. 그러나 예수 시대의 정치적 상황은 동물들까지 끌어들여 생태 정치를 논할 만큼 여유롭지 못했던 것 같다. 그리하여 그의 일관된 관심의 초점은 눌린 사람들의 불우한 생명에 머물곤 했다. 포로 된 자와 눌린 자, 눈멀어 몽매한 자와 가난한 자를 향한 그의 정치적 사명은 역사의 길을 평탄케 하려는 메시아적 몸부림의 발현이 아니었을까. 그리하여 그의 정치신학은 담론의 육체를 버리고 몸을 지닌 자들의 고통과 탄식을 위한 치열한 연민이 되어야 했다. 메시아라는 이름의 무게에 휘둘리지 않은 채 그의 정치는 높음과 낮음, 귀함과 천함, 정함과 부정함, 부요함과 가난함의 비대칭 구조를 가로지르며 한바탕 크게 뒤집어 하나님의 직할 통치를 선취하는 급진성을 가동하고서야 안식에 들 수 있었다. 창조의 원형을 머금은 그런 후련한 정치를 우리는 2013년 이후에 정녕 기대해도 좋을까.

4장_조상 다윗같이 정직히 행하여

———————————————————— 김근주
(푸른뜻교회 목사, 기독연구원 느헤미야 강사)

구약성서가 주는 놀라움 가운데 하나는 이스라엘이라는 특정한 민족과 그에 속한 특정한 개인을 통해 영원하신 하나님이 자신을 드러내시고 그의 뜻을 알리신다는 점이다. 이것은 영원하고 보편타당한 하나님의 진리가 추상적인 차원에 머물지 않고, 구체적이고 실제적인 살과 피를 가진 역사의 현실 속에서 드러나고 구현됨을 보여준다. 사람과 사건, 역사를 통해 하나님의 뜻이 드러나는 한, 기독교 신앙의 진리는 애매하고 모호한 선문답으로 표현될 수 없고, 사람이 살아가는 치열하고 살벌하며 뒤죽박죽인 세상과 연관될 수밖에 없다. 이런 측면에서 구약에서 가장 두드러지고 찬란하게 빛나는 존재라고 할 수 있는 다윗에 대한 공부와 묵상 역시, 기본적으로는 오늘 우리의 끔찍한 현실을 제대로 살아가기 위한 동기에서 출발하게 된다. 무엇보다도 다윗이 국가로서의 이스라엘의 기틀을 놓은 인물이라는 점에서, 구약성서에 소개되고 있는 다윗의 면면을 통해 오늘날 국가 지도자의 자격이나 조건을 비추어보는 것은 의미 있는 작업이라 할 수 있다. "누가 대통령이 되든 그 사람이 그 사람이지" 같은 냉소가 만연해 있지만, 이 땅에 오신 하나님의 말씀을 신뢰하는 기독교인이라면 우리가 사는 현실은 하나님이 독생자를 보내신 현실임을 포기할 수 없다. 이 현실이야말로 우리가 그 말씀을 따라 살아가야 하는 현실이기에, 다윗에 기준하여 오늘 우리가 뽑을 지도자들을 견주어보는 것은 마땅한 과제일 것이다.

주변에서 비롯된 지도력

다윗의 시작은 정말 미미했다. 그는 유력한 가문의 후예가 아닌, 아들 많은 집안의 여덟 번째 막내아들이었다. 다윗은 왕손도 아니었다. 그러다 보니 사무엘 같은 중요한 인물이 집을 방문할 때에는 귀한 자리에 끼지도 못하고 굳이 불러올 필요조차 없는 존재였다. 사무엘조차도 겉으로 드러난 모습을 보고 다윗의 형들을 높이 평가했다. 예나 지금이나 겉모습을 그저 무시하기는 쉽지 않은 것이다. 사무엘이 그럴진대, 오늘의 우리 역시 외적인 조건에 좌우되기가 쉽다. 그러나 하나님은 그렇게 하지 않으신다. 그러므로 다윗을 기억하고 기념한다는 말의 실질적인 의미는, 누군가를 평가할 때 외적인 조건으로 보지 않는다는 뜻이다. 특이한 사실은, 외적 조건이 기준이 되지 못함을 상징하는 다윗의 이름이 이후로는 "다윗의 후예"라는 아주 고상한 외적 조건의 기준이 되었다는 점이다. 하나님은 외모로 보지 않으시고 다윗을 세우셨으되, 이후의 사람들에게는 다시 다윗이 외모의 기준이 되어버렸다. 다윗이 기준이 되는 이유는 그의 외모나 혈통 때문이 아니다. 하나님은 외모가 아니라 중심을 보신다고 했고, 그 중심이 드러나는 것이 바로 다윗의 삶과 행실이라고 해야 할 것이다. 사무엘과 다윗이 만날 당시 다윗은 들에서 양을 지키고 있었고(삼상 16:11), 골리앗과의 싸움에 담대히 나갈 수 있었던 힘의 원천은 자신에게 맡겨진 양을 온 힘을 다해 지켰던 일이었다는 점에서(삼상 17:34-36), 이런 다윗의 삶과 행실이야말로 다윗의 보이지 않는 중심이 드러난 현실이라고 할 수 있다. 그러므로 다윗의 후예가 의미하는 핵심은 혈통이나 배경 같은 외적 기준이 아니라 다윗이 행하는 삶과 행실을 의미한다. 다윗 이후의 왕들에 대한 평가 역시 이런 기준을 따르고 있음을 다음의 예에서 확인할 수 있다. "아사가 그의 조상 다윗같이 여호와 보시기에 정직히 행하여"(왕상 15:11; 왕하 18:3; 22:2). 반대로 외적으로는 다윗의 후예지만 여호와 보시기에 악을 행한 왕들은 북왕국 왕들의 행실을 따랐다고 평가되거나(왕하 8:18, 27; 16:3), 그의 아버지의 행위를 따라 악을 행했다고 평가된다(왕하 23:32; 21:20; 24:9, 19). 아하스와 므낫세는 하나님이 쫓아내신 이방 사람의 가증한 일을 따랐다고 규정되기도 했다(왕하 16:3; 21:2).

그러므로 올바른 지도력은 그의 외적 조건으로는 제대로 평가될 수 없다. 그의 학벌이나 지위, 배경, 출신, 종교 등은 전혀 고려의 대상이 될 수 없다. 사실, 배경이나 지위 같은 외적인 요소가 사라지고 나면 그가 정말 중요시하는 것이 무엇인지 제대로 드러나는 법이다. 이런 측면에서 누군가가 정치 무대에 본격적으로 나서기 전에 어떤 가치를 가지고 어떤 삶을 살았는가를 파악하는 일은 매우 중요하다. 흔히 "과거를 묻지 마세요"

를 외치며 미래 지향성을 내세우지만 미래는 과거와 분리될 수 없다. 국회의원이 되고 대통령이 된다고 해서 성품과 지향과 가치가 하루아침에 바뀔 수는 없는 법이다. 그러므로 좋은 지도자를 세우고자 할 때, 권력의 중심부에 오르기 전에 그들이 무엇을 중요하게 여겼고 무엇에 힘을 쏟고 살았던가를 주의 깊게 살펴볼 필요가 있다.

다윗은 아무도 알아주지 않는 존재였을 때부터 자신에게 맡겨진 양들을 모든 힘을 다해 지켜냈으며, 이런 다윗의 삶과 가치는 이후 펼쳐지는 그의 삶의 격변의 순간에서도 계속해서 목격된다.

가치를 중요시하는 지도자

골리앗과의 싸움은 누가 보아도 말이 되지 않는 싸움이었다. 하지만 이 싸움에 다윗이 담대하게 나설 수 있었던 유일한 까닭은 살아 계신 하나님에 대한 그의 진실함 때문이었다(삼상 17:45-47). 또한 이런 힘은 들에서 양을 치던 시절의 일상에서 비롯되었다. 그러므로 다윗의 전투의 근본은 그의 일상이라고 할 수 있다.

골리앗에 대한 승리 이후 다윗은 새로 시작한 나라에서 상당히 각광받는 존재가 되었다. 하지만 그로 인해 사울의 미움과 견제를 집중적으로 받아야 했고, 결국에는 사울이 죽는 날까지 그의 위협과 추격을 피해 도망 다녀야 하는 신세가 되고 말았다. 이스라엘 땅에서는 거하기 어려웠던지라, 이스라엘의 적국이던 블레셋까지 도망가야 했다는 사실에서 우리는 다윗의 삶의 참담함과 곤고함을 짐작할 수 있다. 성서는 블레셋의 왕

앞에서 미친 척을 해서 겨우 목숨을 부지할 수 있었던 다윗의 모습도 전하고 있다(삼상 21:10-15). 이렇게까지 해서 살아남아야 하는가 싶을 수 있고 이 행동에 대해 이런저런 평가가 나올 수 있지만, 이런 자괴스러운 행동 이후에도 다윗의 삶이 붕괴되지 않았다는 점은 주목할 만하다. 스스로를 책망하며 자기 연민에 빠져 버리는 대신 도리어 다윗은 하나님을 신뢰하고 찬양하며 하나님의 도우심을 구한다. 시편 34편과 56편은 이런 다윗의 경험과 연관되어 불린 것으로 여겨진다. 시편 34편은 여호와의 선하심을 맛보아 알게 된 자의 찬송이다(34:8). 또한 56편은 유리하는 곤고한 삶 속에서 하나님에 대한 견고한 신뢰를 고백하는 시다. 그러므로 좋은 리더는 자기 감상과 자기 연민에 빠지지 않는 사람이다. 심히 곤고하고 괴로운 상황에서 비참하게 살아가게 되더라도, 자신을 존재하게 했고 자신이 붙잡았던 소중한 것을 포기하거나 놓아버리지 않아야 한다.

블레셋 지경을 떠난 다윗은 유다 광야 아둘람 굴로 도망했다. 다윗의 처지가 알려지게 되자 놀랍게도 이스라엘 전역에서 모든 환난 당한 자, 빚진 자, 마음이 원통한 자들이 다윗에게로 몰려왔다. 이 무리는 당대의 세상에서 제대로 된 삶을 영위할 수 없었던 자들, 사회에서 밀려나고 뒤처진 자들이었다고 할 수 있다. 억울한 사람, 실패자, 패배자, 낙오자였지만 그럼에도 때려치우거나 포기하지 않고 어떻게든 살 길을 찾겠다고 마음먹은 이들이었다. 포기했다면 그냥 그 땅에서 죽지 못해 살아갔을 것이지만 다윗의 이야기를 듣고 멀리 아둘람 동굴까지 찾아왔다는 점에서, 이들은 열망을 가진 사람들이요, 지푸라기라도 붙잡아보려는 소망을 가진 사람들이라고 할 수 있다. 다윗은 그들의 우두머리, 리더가 되었다. 다윗도, 다윗을 찾아온 무리도 밀려난 자들이되 체념하지 않은 사람들이며,

변화에 대한 소망과 기대를 품은 사람들이었다.

　당연히 광야의 삶은 쾌적하지 않았다. 아둘람 동굴에서조차 오래도록 머무를 수 없었다. 다윗에게 몰려오는 사람들도 있었지만, 끊임없이 다윗을 고발하는 사람들도 있었다. 다윗은 끝까지 추적해오는 사울을 피해 광야에서조차도 계속 이동하고 도망 다녀야 했다. 거주하기 어려운 땅인 광야에서조차 마음 놓고 거주하도록 해주지 못하는 리더가 리더일 수 있을까? 좋은 지도자라면 따르는 이들을 편안하게 해주고 안심시켜야 하겠지만, 다윗은 그를 따르는 이들에게 편안하고 쾌적한 공간과 여건을 마련해 줄 수 없었다. 도리어 다윗을 따른 이후로 이들의 삶은 더 쫓기는 것이 되었을 수도 있다. 그러나 다윗이 그들에게 준 것은 단순한 평안이나 행복이 아니라, 하나님의 뜻과 인도하심에 대한 신뢰와 확신이었다. 다윗은 그들에게 하나님과 동행하는 삶에 대한 기대와 비전을 주었다.

　광야 시절의 다윗과 연관된 시편으로는 54편, 57편, 63편, 142편을 들 수 있다. 이 시들은 한결같이 곤경 중에 하나님께 부르짖는 신앙인을 보여주고 있으며, 이들은 곤경 가운데서도 하나님을 크게 높이고 찬양하고 있다. 이 시편들 가운데서도 57편을 살펴보자. 시의 첫머리에는 "다윗이 사울을 피해 굴에 있던 때에"라는 해설이 달려 있다. 따라서 우리는 아둘람 동굴로 대표되는 다윗의 유대 광야 시절을 떠올리며 이 시를 읽어가라고 안내받고 있는 것이다. 오늘 우리로서는 이 시가 과연 다윗이 직접 지은 것인지 아닌지 알 수 없지만, 다윗의 상황에 대한 해설이 덧붙여진 채 성전에서 불린 이 노래를 다윗과 결부시켜 이해하는 일은 자연스럽다. 현실의 곤경 속에서 하나님의 도우심을 굳게 확신하며 "내 마음이 확정되었고 내 마음이 확정되었사오니"라고 노래하는 이 시의 마지막 부분은 만민 중에서 부르는 찬양, 하늘과 궁창에까지 미치는 하나님의 인자와 진리에 대한 찬양과 온 세계 위에 하나님의 영광이 높아지기를 구하는 찬양으로 마무리되고 있다. 비록 사람이 드문 광야나 동굴을 전전하는 신세였지만 다윗은 하늘과 궁창에 미치는 하나님의 인자와 진리를 경험하고 바라보았음을 이 시는 전하고 있다. 사람 살기에 불편하기 그지없는 아둘람 굴에 거주했지만 다윗은 하늘과 온 세계 위에 들리게 될 하나님의 영광을 바라보고 노래했던 것이다. 그러므로 다윗은 그를 따르는 이들에게 편안한 잠자리와 쾌적한 삶의 환경을 제공할 수는 없었지만, 동굴에 살면서도 하늘에까지 미치는 하나님의 영광을 보게 만들었다고 할 수 있다. 극심한 어려움과 환난 가운데서도 그들의 눈에는 하늘과 궁창에 미치는 주님의 인자와 진리가 보였다.

좋은 리더는 누구인가? 따르는 이들에게 식량을 약속하는 이가 아니다. 경제를 살리겠다고 소리 높여 외치는 이가 아니다. 여전히 먹고 살기 힘들고 하루하루의 생계를 이어가기 힘겨운 이들도 있지만, 대체로 오늘의 우리는 먹을 것이 없어 굶주린 것도 마실 물이 없어 목마른 것도 아니다. 비록 몸은 굴과 광야에 있지만, 마음을 확정한 채 주의 인자와 진리를 노래하며 하나님의 영광이 온 세계에 임하기를 구하는 다윗에게 보였던 그것, 바로 그것이 오늘 우리에게는 없다. 중학생이나 고등학생은 말할 것도 없고 이제는 초등학생조차 선호하는 직업이 돈 잘 버는 직업으로 바뀐 지 오래다. 허무맹랑해도 빵집 아저씨도 소원이고 떡볶이 장사도 소원이며 과학자, 대통령도 꿈꾸었던 아이들이, 이제는 지극히 현실적인 직업을 말한다. 대통령부터 국회의원, 장관 할 것 없이 온 나라가 모두 실용만을 내세우며 심지어 교회도 예외가 아니다. 그리고 이 실용은 지극히 천박하기 짝이 없는 숫자 놀음으로 표현되기 쉽다. 지금 이 나라의 대통령이 선거 때 내세웠던 747 공약은 아직도 기억에 생생하다. 왜 한 나라의 대통령이 "자유"나 "인권", "평등", "사람 사는 세상", "진리" 같은 기본 가치를 주장할 수 없는가? 기독교 신앙을 가졌든, 무신론이나 다른 종교를 가졌든, 사람이 떡으로만 사는 존재가 아님은 분명할 텐데, 왜 한 나라의 리더가 사람으로 하여금 정말 사람답게 살게 만드는 가치를 자신의 출사표로 삼을 수 없는 것일까?

예수님이 공생애 사역을 시작하면서 던지신 출사표는 누가복음 4:18-19이었다. "주의 성령이 내게 임하셨으니 이는 가난한 자에게 복음을 전하게 하시려고 내게 기름을 부으시고 나를 보내사 포로 된 자에게 자유를, 눈먼 자에게 다시 보게 함을 전파하며 눌린 자를 자유롭게 하고 주의 은혜의 해를 전파하게 하려 하심이라." 자신의 삶과 존재에 대해 이렇게 규정한 예수님을 우리는 허황되고 공상에 사로잡힌 사람이라고 평가할 것인가? 세상 모든 사람이 그렇게 평가하더라도 기독교인들은 똑같이 평가할 수 없다. 그렇다면 어째서 이 나라 기독교인들은 나라를 이끌어가는 지도자에 대해서 이런 기준을 적용하지 않고, 난데없이 경제를 살리는 지도자를 기준으로 삼은 것일까? 이런 현상은 신앙과 삶을 확연하게 구분해버리는 데서 비롯된다. 예수님에 대한 말씀이나 가르침은 교회 내에서, 개인의 마음속이나 정신세계에 서만 해당될 뿐, 현실의 복잡한 정치에는 적용될 수 없다고 믿는 데서 비롯되는 것이다. 그러므로 올바른 리더의 핵심적인 요건의 하나는 가치다. 지도자가 되고자 하는 이가 어떤 가치를 제시하고 있는가? 그는 어떤 세상을 기대하고 어떤 세상을 꿈꾸는가? 이렇게 가치를 중시하는 태도에 대해 허무맹랑하다고들 말한다. 그러나 정말 허무맹랑한 것은 747 공약 같은 숫자 놀음 따위가 대한민국의 더 나은 내일을 약속한다고 제시하는 것이며, 그런 말을 듣고 그를 대한민국의 지도자로 뽑았다는 사실이다. 가치를 현실로 이루어내리라 마음먹고 사는 것이 허무맹랑한 것이 아니라, 집값이 올라가면 내 삶이 풍성해지리라 믿는 것이 허무맹랑한 것이다.

한 생명을 소중히 여기는 지도력

다윗이 소중히 여기고 간직했던 가치는 무엇일까? 다윗의 나라는 어떤 점에서 다른 나라와 차이가 있는 것일까? 이미 들에서 양을 치던 시절의 다윗에게서도 짐작할 수 있지만, 몇몇 사건은 다윗이 내세운 가치를 또렷하게 보여준다.

도망 다니는 와중에도 다윗은 블레셋에게 약탈당하는 그일라를 돕는다(삼상 23:1-14). 다윗 자신도 사울에게 공격당해 끊임없이 도망 다니는 처지였지만, 그일라가 블레셋에게 약탈당하는 것을 그저 보고만 있을 수 없었다. 다윗의 사람들은 이 싸움에 참여해서는 안 된다는 의견을 내놓았고, 이 일로 인해 다윗은 하나님께 두 번이나 뜻을 물었다. 하나님은 싸움에서 승리할 것이라는 응답을 주셨다. 과연 그 응답대로 다윗은 그일라를 침공한 블레셋을 무찌르고 마침내 그일라 주민을 건져냈다.

하지만 이 이야기의 결말은 완전한 해피엔딩이 아니다. 사울이 다윗을 잡기 위해 그일라를 에워싸자 그일라 사람들은 다윗을 사울에게 넘길 태세였고, 다윗은 하나님의 인도하심으로 미리 그일라를 탈출할 수 있었다. 싸움의 결과로만 따지자면 다윗과 다윗의 무리는 이 싸움으로 아무것도 얻지 못한 것처럼 보인다. 블레셋의 손으로부터 그일라를 건졌지만 그일라 사람들은 다윗을 배신했고, 다윗은 곧바로 도망쳐서 이후 내내 광야 이곳저곳을 전전하며 지내야 했다(삼상 23:14). 도망 다니는 처지에 그일라 일에 관여해서 블레셋과의 사이만 더 나빠지게 되었을 수도 있다. 때문에 다윗의 사람들은 애당초 이 싸움에 끼어들지 말자고 다윗에게 조언했을 것이다. 하지만 그일라 사태는 다윗이 들으려고 해서 들은 것은 아니었고 누군가 알려줘서 알려진 사건이었다. 그리고 이 일을 들었을 때 다윗은 이 사건을 흘려넘길 수 없었다. 그랬기에 하나님께 뜻을 물었고 사람들의 반대에 부딪치자 다시 뜻을 물으면서 그일라를 건지는 일에 참여했다. 마치 느헤미야에게 들려온 예루살렘의 소식이 그로 하여금 페르시아 관리의 자리를 박차고 폐허가 된 예루살렘으로 돌아가게 만든 것처럼, 그일라의 소식은 다윗을 붙잡았다. 자신들의 행보에 설령 유익이 없고 심지어 방해가 된다 할지라도, 다윗으로서는 그냥 넘어갈 수 없는 문제였다.

그일라를 도운 일로 인해 다윗에게 아무런 유익도 돌아오지 않은 것으로 보이며 이후로는 그일라에 대한 언급이 일체 나타나지 않는다는 점에서, 그일라 사건은 전적으로 다윗이 소중히 여기는 "가치"를 보여준 사건이라고 할 수 있다. 사울을 피해 때로는 적국 블레셋에도 몸을 의탁해야 하는 처지였지만, 다윗은 살아남기 위해서만 살아가는 존재도, 승리하기 위해서만 살아가는 존재도 아니었다. 다윗에게는 약탈당하고 압제당하는 동포에 대한 마음이 있었다. 현실적인 견지에서는 개입하지 않는 것이 맞고 실제적으로도 피해만 입은 것 같지만, 다윗은 이 싸움에 뛰어들었으며 하나님의 응답 역시 참여하는 것이 옳다고 한 것으로 기술되어 있다. 그러므로 리더와 지도자로서 무엇을 결정한다는 것은 언제나 이익과 유익만을 추구하는 것을 의미하지 않는다고 할 수 있다. 때로는 손해가 될 수 있고 헛수고처럼 보인다 할지라도 모든 것을 걸고 뛰어들어야 할 때가 있다. 동포를 살리고 비록 배신당한다 하더라도 사람을 살리는 일에는 뛰어들어야 한다. 하나님이 기뻐하고 인도하시는 일을 하지만 당장의 결과는 오히려 나쁘게 나는 경우도 있다. 하지만 이 사건은 하나님의 응답이 있는 사건이었음을 성서는 명백히 증언하고 있다. 따라서 그일라에서의 다윗 이야기는 오늘날의 지도자가 그 중심에 어떤 가치를 품고 있는지 다시 한 번 문제 제기하고 있다.

이 지점에서 우리는 다윗의 강성함을 숙고해볼 필요가 있다. 훗날 다윗이 통일 이스라엘의 왕이 되었을 때 이 시기를 가리켜 성서는 "만군의 하나님 여호와께서 함께 계시니 다윗이 점점 강성하여 가니라"라고 단적으로 묘사한다(삼하 5:10). 다음과 같은 구절도 있다. "다윗이 어디로 가든지 여호와께서 이기게 하셨더라"(삼하 8:14). 하나님이 함께하고 이기게 하심을 통해 점점 강성해지고 어디를 가든 이기게 하셨다고 하지만, 다윗의 영토가 가장 넓었을 때조차 앗수르나 바벨론, 애굽의 광활한 영토에는 도무지 비할 바가 아니었다. 어디를 가든 이기게 하셨다니 온 세계를 향해 진격하면 세상 전체를 자신의 발아래 둘 수도 있겠지만, 다윗의 영토는 오늘로 치자면 경상북도보다 조금 큰 정도에 불과했다. 그러므로 하나님이 함께하셔서 점점 강해지고 날마다 이기는 삶은 세계 최대, 세계 최고의 자리에 이르는 것과는 전혀 무관함을 알 수 있다. 나라의 강성함은 침략과 약탈에 있지 않다. 옛날에는 총칼로 전쟁했다면 요즘은 무역 전쟁이라고 한다. 총칼의 전쟁이든, 무역 전쟁이든 나라의 강성함은 다른 나라를 무찌르고 어디든 다 정복하는 데 있지 않다.

이미 앞에서 보았던 사무엘하 8:14에 이어지는 15절은 다윗의 나라의 특징을 이렇게 요약한다. "다윗이 온 이스라엘을 다스려 다윗이 모든 백성에게 정의와 공의를 행할새". 다윗의 나라의 핵심은 정의와 공의로 다스려지는 나라이다. 정의와 공의는 하나님이 아브라함에게 명령하신 것이요(창 18:19), 하나님이 온 세상을 다스리시는 원칙이다(시 97:2). 그러므로 다윗의 정의와 공의의 통치는 이 땅에 임하는 하나님의 나라, 하나님의 통치의 구현임을 알 수 있다. 이스라엘의 왕들이 왕위에 오를 때, 그들을 위한 기도의 핵심은 하나님이 이 왕에게 정의와 공의를 내려주시기를 구하는 것이었다. "하나님이여 주의 판단력을 왕에게 주시고 주의 공의를 왕의 아들에게 주소서"(시 72:1. 여기서 "판단력"으로 번역된 단어는 앞서 인용한 삼하 8:15에서 "정의"로 번역된 단어와 같다). 그렇다면 정의와 공의의 통치의 내용은 무엇인가? 여기에 대해 시편 72편은 가난한 백성의 억울함을 풀어주고 궁핍한 자의 자손을 구원하며 억압하는 자를 꺾는 것(72:4), 궁핍한 자의 부르짖음을 듣고 가난한 자의 생명을 불쌍히 여기며 압박과 강포에서 건지는 것(72:12-14)이라고 증거한다. 이런 왕에게는 가난하고 궁핍한 이들의 피가 소중하며 존귀하다(72:14). 결국 정의와 공의에 입각한 왕의 통치의 요체는 의지할 곳 없는 가난한 자의 피, 그 생명을 소중히 여기는 것이다. 그것이 구약성서가 왕을 비롯한 통치자에게 요구하는 핵심이다. 다윗의 나라의 특별함은 거기에 있다. 그가 왕이 되어 정의와 공의로 다스렸다고 한다. 세상에 어떤 왕이 통치의 원칙을 정의와 공의로 삼을 것인가? 영토의 넓음이 아니라, 가진 권세의 찬란함이 아니라, 백성을 정의와 공의로 다스리는 것을 왕의 존재 이유로 삼는 것, 그것이 다윗의 나라, 다윗의 지도력의 근원이다.

한 생명을 소중히 여기는 일은 다윗의 삶의 다른 장면에서도 목격된다. 사울을 피해 다니던 다윗이 블레셋에 투항한 후 블레셋 휘하 부대로 시글락에 주둔하며 명맥을 유지해야 했던 시기가 있었다. 블레셋이 이스라엘 원정에 나서면서 다윗의 부대도 소집되는데, 다행히 전투에는 참여하지 않은 채 근거지인 시글락으로 돌아올 수 있었다(삼상 29장). 그러나 다윗과 그의 부대가 잠시 자리를 비운 사이에 아말렉이 침투해서 시글락을 초토화시키고 다윗과 그의 군대의 모든 여인들과 자녀들을 사로잡아 가버리는 일이 발생했다(삼상 30:1-3). 그로 인해 백성들이 다윗을 돌로 치려는 움직임까지 있었지만, 하나님께 기도한 다윗은 백성들을 수습하여 서둘러 아말렉을 뒤쫓는다. 그런데 다윗의 무리는 추격 중 들에 쓰러져 거의 죽어가는 애굽 소년을 만나게 된다. 다윗은 소년에게 먹을 것을 주고 돌보아 목숨을 건지게 한다. 알고 보니 이 소년은 아말렉 군대에 속해 있던 자였고 그가 병들어 쓸모없게 되자 아말렉 군대는 그를 내버리고 이동했던 것이다. 다윗의 군대의 도움으로 목숨을 회복하게 된 소년은 아말렉 군대가 옮겨간 길로 다윗을 인도했고, 다윗의 군대는 아말렉을 습격하여 큰 승리를 거두고 여인과 자녀들을 고스란히 되찾아올 수 있었다.

이 싸움은 다윗의 리더십에 대해 많은 것을 말해준다. 다윗의 군대와 아말렉 군대의 결정적인 차이는 병들어 쓸모없게 된 애굽 소년에 대한 처리에서 명확해진다. 아말렉에게 있어 소년은 쓸모없이 밥만 축내는 대상일 뿐이다. 그들에게 사람의 쓸모는 얼마만큼 전투에 도움이 되고 얼마만큼 밥값을 제대로 할 수 있느냐에 달려 있다. 만일 제 구실을 못한다면 가차 없이 버릴 따름이다. 사람은 사람이 아니라 부품이고 도구일 뿐이다.

한 부품이 제 구실을 못하면 언제든지 빼고 다른 부품을 그 자리에 놓으면 된다. 이렇게 사람을 대상화, 수단화하는 것이 첨예하게 드러나는 상황이 고대의 전쟁, 그리고 오늘날의 산업 사회일 것이다. 실제로 공장에서 일하는 노동자들을 "산업 역군" 또는 "산업 전사"로 부르기도 했다는 점에서, 오늘날의 노동자들은 전쟁 같은 일터에 속해 있다. 밥값을 하고 제 구실을 하는 한 그들은 어느 정도의 월급을 받게 되지만, 병들게 되면 병의 원인이 무엇이든 즉시 그들은 쓸모없는 인력으로 치부된다. 과거 산업화 시대에 노동 현장에서 축출되고 배제된 이들의 참담함은 오늘날의 현실에서도 본질적으로 변함없이 반복된다. "노동자는 기계가 아니다"라는 외침은 오늘날 삼성 반도체 공장에서 일하다가 백혈병에 걸려 쫓겨나게 된 노동자들에게서 고스란히 되풀이된다. 또한 이런 본질은 병들어 쓸모없어진 소년을 버리는 아말렉에게 고스란히 담겨 있다.

대조적으로 가족들을 되찾기 위해 한시라도 급히 뒤쫓아가야 할 다윗의 군대는 길에 쓰러져 죽어가는 애굽 소년을 데려다 먹이고 돌보아 다시 살려낸다. 여리고 길에 쓰러진 강도 만난 사람을 살린 사마리아 사람을 연상시키는 다윗과 그 군대는 그들의 존재 목적이 무엇인지를 단적으로 보여준다. 이렇게 한 사람을 존중하고 살려낼 것이 아니라면, 그들의 군대는 존재 이유가 없는 것이다. 이미 사회에서 배제당하고 떨려 나와 원통한 마음으로 다윗의 사람이 된 자들, 그토록 사울에게 핍박당하며 도망 다닌 그들이 이제 이렇게 길가에 쓰러져 죽어가는 사람을 분주하다는 이유로 돌아보지 않는다면, 이 집단의 존재 근거 자체가 사라져버리는 것이다. 그러므로 다윗과 아말렉을 구분 짓는 것은 혈통이나 민족, 신앙이 아니다. 병들고 쓰러진 한 사람을 생명으로 대하는가, 아니면 대체 가능한 도구나 수단으로 여기는가 하는 지점이다. 이런 측면에서 다윗의 리더십은 생명에 대한 존중이다. 한 사람을 살리는 리더십이다. 그리고 정의와 공의의 통치다. 따라서 오늘 우리의 비극은, 기본적인 주거권의 보장을 위해 외치다가 용산에서 죽어간 사람들의 생명에 대해, 쌍용자동차에서 부당 해고당한 이후 생존 자체를 버거워하며 목숨을 끊어야 했던 이들의 생명에 대해, 아무런 애도도 안타까움도 보이지 않는 지도자를 가졌다는 사실이다.

능력에 따라 일하고 필요에 따라 나누는 지도력

생명을 소중히 여기는 다윗의 모습은 아말렉 전투 승리의 전리품 처리에서도 일관되게 나타난다. 전장에서 돌아오자마자 곧바로 아말렉 추격에 나섰기에 다윗의 군대의 삼분의 일은 더 이상 쫓아갈 힘이 없었고 그래서 지친 자들은 후방에 남게 되었다. 아말렉 전투에서의 승리 후 막대한 전리품을 챙기게 되자, 이 전투에 참여한 자들 가운데 일부는 전투에 참여하지 않고 후방에 남은 이들에게는 전리품의 몫이 없다고 주장했다.

전투에 임할 때는 하나님을 의지하며 온 힘을 다하지만, 막상 승리하고 나면 전리품에 대한 욕망이 공동체를 지배할 수 있다. 그래서 논공행상을 하며 치열하게 하나라도 더 많이 차지하려고 눈이 벌게지기 일쑤인 것은 예나 지금이나 마찬가지다. 이를 해결하기 위해 취한 다윗의 방식은 사람의 능력과 업적이 아니라 하나님의 행하심에 초점을 두는 것이었다. 분명히 일을 능력 있게 하는 사람도 있고, 그만큼 능력이 없는 사람도 있지만 그들이 받은 몫은 같았다. 왜냐하면 싸움에서의 승리는 하나님으로부터 왔기 때문이다. "다윗이 이르되 나의 형제들아 여호와께서 우리를 보호하시고 우리를 치러 온 그 군대를 우리 손에 넘기셨은즉 그가 우리에게 주신 것을 너희가 이같이 못하리라 이 일에 누가 너희에게 듣겠느냐 전장에 내려갔던 자의 분깃이나 소유물 곁에 머물렀던 자의 분깃이 동일할지니 같이 분배할 것이니라"(삼상 30:23-24).

승리의 원인이 하나님이라면, 전쟁에 참여한 자나 후방에 남은 자나 모두 하나님이 주시는 은혜에 참여할 수 있으며, 하나님이 주시는 선물로서의 전리품에 마땅히 몫을 가질 수 있다. 이런 결정을 통해 다윗의 공동체는 욕망을 극대화시키는 집단이 아니라, 하나님이 함께하시고 이끄시는 싸움에 쓰임 받는 자들의 공동체임이 분명해진다. 동시에 힘이 강한 이들과 힘이 약한 이들이 함께 살아가며 서로 돌보는 공동체임도 분명해진다. 다윗의 공동체는 일한 대로 배분되고 뒤쳐지면 몫이 없어지는 도급제 집단이 아니라, 힘이 강한 자가 힘이 약한 자를 담당하며 나누는 신앙 공동체였다.

달리 표현하자면 각기 다른 시간에 채용되어 일했지만 동일하게 한 데나리온의 품삯을 받은 포도원 일꾼들의 이야기를 들 수도 있다(마 20:1-16). 아무래도 능력 있고 뛰어난 이들은 아침 일찍부터 포도원에 고용되었을 것이다. 또한 일을 잘 못한다고 평가받는 이들은 나중에야 겨우 고용되었을 것이다. 하지만 그들이 받는 품삯은 같았다. 왜냐하면 그들의 재능은 그들 자신의 것이라기보다 하나님이 주신 것이기 때문이다. 심지어 선하고 성실한 성품까지도 대부분 부모로부터 물려받은 것, 다시 말해 하나님으로부터 주어진 것이라고 보아야 한다. 그런 점에서 누구도 자신의 재능과 성실함을 내세워 자신이 남보다 더 많은 몫을 받아야 한다고 주장하기 어렵다. 누구도 부모를 선택해서 태어날 수는 없기 때문이다. 재능이 많은 이들은 새벽부터 시작해 굉장한 일을 해낸다. 재능이 적은 이들은 늦게야 겨우 고용되어 작은 일을 한다. 그러나 그들이 받는 몫은 같다. 왜냐하면 그들은 모두 포도원 주인이 고용해서 일하게 되었으며, 하나님이 주신 재능으로 일할 수 있기 때문이다.

이런 지점은 오늘날의 복잡한 산업 사회에도 적용된다. 오늘날의 복지 제도는 선택 사항이 아니다. 온 국민이 일할 수 있는 권리와 인간다운 삶을 누릴 권리를 가지는 것은 선택 사항이거나 개인의 능력에 달린 일이 아니다. 이런 권리 부여는 포도원 주인이 그랬고 다윗이 그랬듯, 전체를 다스리고 통치하는 지도자 또는 국가가 마련해야 하는 사항이다. 다윗이 규칙을 제정했듯, 능력에 따라 일하고 모두 함께 분배에 참여하는 구조가 요구되며 이는 필수적인 사항이다. 그러지 않고 능력에 따라 수익을 올리는 구조로 방치해두면 사회는 정글로 변할 것이다. 그런 사회에서라면 병든 애굽 소년은 즉시로 버려지게 될 것이다. 거기서는 이웃을 사랑하자는 말이 무의미할 것이다. 성격이 모나서 사랑하지 않는 것이 아니라 사회 구조 자체가 이웃을 돌아볼 새가 없게 만들기 때문이다. 그러므로 다윗의 전리품 처리는 수세기를 격한 오늘의 현실에서도 생생한 빛을 발한다. 능력의 격차와 빈부 격차를 자선으로 해결하려 해서는 안 될 것이다. 돈을 많이 번 사람들의 동정에 의지할 것이 아니라, 힘없고 능력 없어 싸움에 못 나간 사람일지라도 같은 몫의 전리품을 차지하도록 하는 구조와 제도로 접근해야 한다. 그러므로 좋은 지도자의 조건 중 하나는 복지 문제를 구조적·제도적으로 접근하는 자세를 가지는 것이다. 자선과 동정에

호소하는 것이 아니라, 가난이 발생하는 원인을 살피고 가난이 대물림 되는 구조를 변화시키는 일에 대안을 제시해야 한다.

그러므로 다윗을 가리켜 "사람을 공의로 다스리는 자, 하나님을 경외함으로 다스리는 자"로 부르는 것은 참으로 적절하다(삼하 23:3). 다윗의 하나님 경외는 다윗의 지도력의 다른 중요한 부분을 이룬다.

겸손한 지도력

다윗은 모든 일에 하나님의 뜻을 묻는다. 하나님의 선택으로 기름 부음을 받은 다윗은 중요한 기로마다 하나님께 묻는다. 처음에 다윗이 사울을 섬기며 공적 삶을 시작할 때나 사울의 궁전에서 이런저런 사건을 겪을 때, 성서는 다윗이 하나님께 물었다는 언급을 하지 않는다. 하지만 아둘람 시절 이후 많은 무리가 다윗을 따르면서부터 그는 중요한 결정을 할 때마다 하나님의 뜻을 물은 것으로 기록되고 있다. 혼자 몸이 아니기에 다윗은 더더욱 모든 결정에 신중해지고 겸손해졌다고 볼 수 있다. 그일라 전투에 참여할 때(삼상 23:2, 4), 그일라 사람들로부터 떠날 것인지를 결정할 때(삼상 23:10-12), 시글락에서 아말렉을 추격하고자 할 때(삼상 30:8), 사울이 죽은 후 유대 땅으로 돌아가려고 할 때(삼하 2:1), 이스라엘 왕으로서 블레셋과의 첫 전투에 나설 때(삼하 5:19, 23), 다윗은 하나님의 뜻을 묻는다. 그는 섣불리 시류를 따라 움직이거나 거기에 편승하지 않되, 중요한 상황을 분별하고 하나님의 뜻을 물으며 거취와 행동을 결정한다. 좋은 지도자는 자신의 판단을 과신하지 않는다. 중요하며 결정적인 국면을 맞이할 때마다 다윗이 하나님께 묻듯, 신중하고 겸손하게 사람들의 의견을 청취하고 살피는 것이 필수적이다. 다윗이 법궤를 자신의 거처인 시온성에 모셔온 것에는 역시, 아무 배경 없는 예루살렘을 이스라엘의 새로운 정치적·종교적 중심지로 만들려는 정치적 의도가 있었을 것이다. 하지만 동시에 하나님의 임재를 상징하는 법궤를 예루살렘에 두는 것에 대한 다윗의 기쁨 또한 진실임에 분명하다. 법궤를 모셔오는 성서 본문에 곧바로 뒤이어 하나님이 다윗과 영원한 언약을 맺으시는 내용이 나온다는 것은, 다윗의 법궤 모셔옴이 하나님의 인정을 받았음을 확인해준다. 자신이 최고가 아니라 자신 위에 하나님이 계시고, 하나님께 묻고 예배하는 일을 중시했다는 것이 다윗을 빛나게 한다. 지도자의 카리스마가 그를 빛내는 것이 아니라, 그의 겸손, 하늘을 두려워하는 겸손이 그를 빛나게 한다. 좋은 지도자는 겸손하며 신중하다.

이런 점은 다윗의 실패에서도 잘 드러난다. 왕이 된 후 오랜 시간이 지나자 다윗은 점점 전형적인 제왕의 모습으로 바뀐다. 자신의 군대는 전쟁터에 나가 피 흘리며 싸우지만 왕은 한가로이 거닐다가 부하 장수의 아내를 범하기까지 한다. 범죄를 덮기 위해 왕의 권력을 이용하고 부하 우리야를 죽게까지 만든다. 전형적인 통치자의 모습이다. 손에 권세를 쥐게 된 이는 힘을 이용해 사람들을 억압하고 압제하고 학대하며 그들의 것을 빼앗는다. "그들이 침상에서 죄를 꾀하며 악을 꾸미고 날이 밝으면 그 손에 힘이 있으므로 그것을 행하는 자는 화 있을진저 밭들을 탐하여 빼앗고 집들을 탐하여 차지하니 그들이 남자와 그의 집과 사람과 그의 산업을 강탈하도다"(미 2:1).

다윗도 한 치도 다르지 않게 행동한다. 하지만 다윗이 가진 차이는 다음에 나타난다. 하나님이 예언자 나단을 보내어 다윗의 죄를 드러내고 그를 책망하실 때, 놀랍게도 다윗은 자신이 죄를 범했음을 곧바로 인정했다. 그리고 자신의 죄로 죽게 된 아이를 위해 금식하고 땅에 엎드려 기도했다(삼하 12:16). 이런 장면이 놀라운 것은 절대 권력을 지닌 왕이 이렇게 자신을 굴복시킴은 거의 불가능하기 때문이다. 이스라엘 역사를 통틀어 예언자의 말을 듣고 자신의 죄를 돌이킨 왕은 지극히 드물다. 다윗은 강력한 왕이지만 하나님 앞에서는 자신이 왕으로 행세할 수 없음을 분명히 알았고 그 앞에 엎드렸다. 따라서 이런 다윗의 모습은 좋은 지도자의 또 다른 측면을 보여준다. 권력을 이용해 착취하거나 억압해서는 안 되며, 자신의 죄에 대해 즉각적으로 인정해야 한다는 것이다. 압살롬의 반역으로 예루살렘을 떠나 피신해야 했을 때 다윗은 맨발로 울며 걸어갔다(삼하 15:30). 자신의 부끄러움과 과오를 그대로 인정하며 자신을 낮추는 행동일 것이다. 심지어 자신을 욕하는 사람에 대해서도 하나님이 책망하시는 것으로 알고 듣기까지 했다(삼하 16:5-14). 좋은 지도자는 허세를 부리고 큰 소리로 자신의 업적만을 내세우는 이와는 거리가 멀다. 언제든 틀린 것이 있으면 자신을 낮추고 과오를 고백하고 겸손하게 내려서야 한다. 국민의 부르짖는 소리가 들리지 않는다면, 여기저기서 들려오는 참담한 소식이 자신을 향해서임을 깨닫지 못한다면 어찌 그가 좋은 지도자일 수 있을까? 우리에게 필요한 것은 카리스마 넘치는 모습으로 무엇이든 다 해낼 수 있다는 지도자가 아니다. 자신의 한계를 인정하고 사람들의 소리를 들을 줄 아는 지도자, 틀린 것은 틀렸다고 인정할 줄 아는 지도자다. 그런 태도야말로 그가 하나님을 두려워한다는 증거일 것이다. 하나님 경외는 입술로 하는 신앙고백과는 참으로 거리가 멀다.

다윗의 겸손과 신중함은 사울에 대한 존중에서도 볼 수 있다. 몇 번이나 다윗에게는 사울을 죽일 기회가 있었고 주위 사람들도 하나님이 사울을 다윗에게 넘긴 것이라고 판단했다(삼상 24:4; 26:8). 그러나 다윗은 사울을 하나님이 기름 부어 세우신 자로 여겼고, 자기 손으로 그를 제거하는 것을 하나님이 금하신다고 믿었다(삼상 24:6-7; 26:9, 11). 그래서 부하들이 사울을 죽이려고 할 때도 다윗은 사울의 수명이 다하거나 전쟁터에서 죽는 방식으로 하나님이 그를 치시리라 여기며 말렸다(삼상 26:10). 이런 행동은 정략적으로 보일 수도 있지만 사울에 대한 다윗의 진심이 담긴 행동이라 할 수 있다. 훗날 사울이 죽은 후 사울에 대한 다윗의 노래(삼하 1:17-27)는 그가 진심으로 사울을 사랑하고 이해했음을 보여준다. 뿐만 아니라 사울의 장수였던 아브넬의 죽음에 대한 다윗의 애도 역시 진심 어린 것이었으며(삼하 3:31-37), 사울 사후 불안정한 정국을 안정시키는 데 도움이 되는 행동이었다. 이를 그저 정략적인 행동으로 볼 수는 없다.

결국 변화를 가져오고 사람들을 설득시키는 것은 진심이다. 히브리말 "에메트"는 흔히 "진리"라고 번역되지만, "참" 또는 "진실"이라고 옮겨지기도 한다. 결국 "에메트"는 관계에서의 진실함, 참됨을 의미한다. 사람을 움직이고 변화를 일으키는 것은 "에메트"다. 정략과 요령은 한 순간은 쓸모 있지만 결코 오래 가지 못한다. 많은 지도자들이 정치적인 목적으로 시장 방문을 하고 가난한 이들을 방문한다. 이런 행동의 이면에는 이들을 섬기고 돕는 것이 정치 지도자의 핵심 과업임이 전제되고 있다. 하지만 이런 중요한 과업을 정치적인 쇼로 전락시키는 자들이 있다. 한 순간은 속일 수 있지만 진심은 곧 드러나고 만다. 한 순간을 속여 지도자의 자리에 오를 수는 있지만, "에메트"가 없는 이는 결국 비참한 최후를 맞이한다. 대한민국의 짧은 현대사에는 금방 드러날 쇼로 지도자가 되었다가 비참한 결말을 맞은 예가 너무 많다.

새로운 시대를 준비하는 지도력

자신을 향한 다윗의 진실한 마음을 알고 스스로 뉘우친 사울이 다윗을 향해 돌아오라고 부르지만 다윗은 따르지 않았다. 진심 어린 참회로 보이는 사울의 말(삼상 26:21)에도 불구하고 다윗은 자기 사람들을 데리고 자기 길로 간다는 점에서(삼상 26:25), 다윗은 사울에 대해 명확하게 가치 판단을 하고 있음을 보여준다. 틀린 것은 틀린 것이고, 잘못된 것은 잘못된 것이다. 그 점에서 다윗은 흐릿하지 않았다. 사람의 천성의 선함을 믿고 좋은 것이 좋다 하면서 사울에게로 돌아가 함께하지 않는다. 자신의 손으로 사울을 제거하지 않고 하나님이 친히 행하시기를 기다리면서, 다윗은 사울에게는 위협적이었을 대안 세력을 꾸준히 모으고 규합하고 훈련시켰던 것이다.

　다윗의 이런 결정은 그를 따르는 이들에게 당장은 손해가 될 수 있었다. 사울의 휘하로 들어가면 무리에게 좀 더 좋은 환경을 제공하겠지만 다윗은 자신만의 길을 간다. 그리하여 이들은 새로운 나라, 새로운 세상을 이끌어갈 주역들로 훈련되고 변화될 수 있었다. 아둘람 동굴은 분하고 억울한 자들을 새로운 세상을 위한 충성스러운 일꾼으로 훈련시키고 변화시키는 용광로였다. 다윗이 블레셋 경내에서 머물렀던 1년 4개월 세월 역시 다윗과 그의 무리를 준비시킨 기간이었다(삼상 27:7). 블레셋과 다윗의 악연을 생각하면 마치 오월동주의 상황처럼 보일 것이다. 유대 광야에서 사울을 피해 다니기도 너무 힘들어졌고 따르는 이들을 보호하기도 어려웠을 것이다. 그래서 다윗은 자신과 사울의 공적이라고 할 수 있는 블레셋으로 피하기로 결정한다. 사울을 피할 수 있는 가장 안전한 곳이 블레셋 경내였던 것이다. 이런 결정을 위해서는 무엇보다도 다윗의 자존심과 체면을 포기해야 했을 것이다. 그러나 블레셋에 머물면서 다윗은 이스라엘과 직접적으로 부딪치는 상황은 지혜롭게 빠져나갔다. 또 실질적으로는 이스라엘을 괴롭히는 변방 부족들을 정벌하면서 다윗의 사람들이 더욱 전투적으로 훈련되고 성장하는 기회를 가졌다. 이런 점에서 다윗과 그의 무리는 단순히 권력을 추구하는 정치 세력이라기보다는 새로운 세상을 만들어가는 대안 집단이며, 이 목적을 위해 한 순간의 굴욕은 얼마든지 감수하되 아무리 처참한 상황에서도 가치를 저버리지 않은 집단이라고 평가될 수 있다. 그리고 삶의 여정 곳곳에서 볼 수 있는 다윗의 행적과 통치는 복잡한 현실 정치에서 구현되는 정의와 공의의 통치, 약하고 가난한 사람의 생명을 소중히 여기는 통치였다. 이것이야말로 "조상 다윗같이 행하는 삶"일 것이다. 오늘 우리는 우리 시대에 이런 정의와 공의의 통치를 이루어갈 다윗 같은 지도자를 찾고 있다.

제2부

한국 교회의 정치 참여 실패와 그 분석: 2007년 대선을 중심으로

5장_개신교는 왜 2007년 대선에서 이명박 정부를 택했는가?

— 양희송
(청어람 아카데미 대표 기획자)

이 글의 제목은 내가 정한 것이 아니다. 나는 주어진 제목에 역량이 허락하는 대로 대답해달라는 요청을 받은 셈이다. 자세히 뜯어보면 이 제목에는 단언하기 어려운 지점들이 여럿 있다. 예를 들어 과연 지난 대선에서 "개신교"가 "이명박 정부"를 선택한 것인가, 혹은 그 반대는 아니었을까? 개신교가 선택했다는 "이명박 정부"란 어디서 어디까지를 포함하는 것일까? 이 정부의 전부가 개신교의 선택에 들어 있었던 것일까, 아니면 일부에 불과한 것일까? 과연 "개신교"는 지난 대선에서 단일한 행위 주체로 일사불란하게 특정한 정치적 선택을 한 것일까, 아니면 일부의 두드러진 지지 행위였을까? 개신교의 정치적 선택은 유독 지난 대선에서만 문제되는 성격의 것이었을까, 아니면 다른 정치적 국면에서는 어떤 차별성이 있었을까?

"개신교 지지"의 다층성

"개신교"가 "이명박 정부"를 지지했다는 말은 여러 사람에게 여러 의미로 다가간다. 가장 부정적인 뉘앙스는 아마도 "이 따위 정권을 지지하는 개독교 따위라니"쯤이 될 것 같다. 그 반대 지점에서는 "우리가 숱한 난관을 뚫고 정권을 탄생시켰다"는 자긍심과 보람이 듬뿍 담긴 언어가 되기도 한다. 요컨대, 정치적 판단과 정파적 귀속감에 따라 이 문장은 매우 다른 느낌을 전달한다. 당연히 이 문장의 뜻을 새겨가는 과정에도 어느 정도의 정치 판단과 선전제가 없을 수 없다. 나는 이편에 서서 저편을 비난하는 손쉬운 방법보다는, 가능한 한 건조하게 상황을 살펴보는 편이 낫다고 생각한다. 냉정하게 검토할 내용을 구분해보자면, 최소한 "어떻게(how) 지지했나?"와 "왜(why) 지지했나?"는 나누어서 대답해야 할 것이다.

"어떻게"를 먼저 물을 필요가 있다. 2007년 대선에서 이명박 후보 측은 개신교권을 성공적(?)으로 동원해냈다. 이 말은 과거 어느 때보다 성공적이었다는 의미인 동시에, 상대 진영에 비해 훨씬 더 유능했다고 평가된다는 의미다. 무엇보다 이 후보 진영은 미국에서 최근 30년 사이에 형성된 보수주의의 역학을 고스란히 벤치마킹했고, 특히 조지 W. 부시의 대선 전략을 성공적으로 재현했다고 볼 수 있다. 미국에서 민주당이 이를 극복하는 데 실패하고 정권을 넘겨준 것과 매우 유사한 방식으로 한국에서도 정권 교체가 이루어졌다. 얼핏 보면 이것은 종교와 정치의 문제지만, 엄밀히 살펴보면 보수의 선거 전략의 성공이다. 이를 비판하기 위해서는 단순히 신학적 비판이 아니라 정치적 비판이 필요하다. 이를 제대로 다루지 못하고 2007년 대선을 단순히 후보자 개인에 대한 윤리적 비난이나, 정치권 전체에 대한 막연한 혐오와 개탄으로 채운다면 핵심을 비껴가는 것이 될 수 있다. 그렇게 해서는 새로운 정치적 동원 전략에 멋모르고 이용당할 가능성이 언제든지 있다.

"기독교 우파 운동"

미국의 보수 세력은 조지 W. 부시의 당선에서 매우 독특한 전략을 성공시킨 바 있다.[1] "네오콘"(neo-con)과 "기독교 우파"(Christian Right)의 연합 전선이 바로 그것이다. "네오콘"(Neo-Conservatism에서 유래)은 유태인 정치철학자 레오 스트라우스(Leo Strauss, 1899-1973)의 사상을 추종한 이들로서, 왕년의 좌파 학생 운동가 출신들로 스트라우스에 깊은 영향을 받고 전향하면서 미국 내에서 강력한 이념적 우파 운동을 활성화한 장본인이다. 1970년대 이래로 이들은 주요 대학에서 교수로 가르치거나, 고위 관료로 일하거나, 언론과 싱크탱크 등에 골고루 포진하여 보수주의 운동을 펼쳐왔다. "기독교 우파"로 1970년대 후반 제리 팔웰(Jerry Falwell) 목사가 창립한 "도덕적 다수"(Moral Majority) 운동과 팻 로버트슨(Pat Robertson) 목사의 "기독교 연합"(Christian Coalition)을 대표적으로 꼽을 수 있으며, 가정의 가치를 강조했던 제

---

1) 부시 재선을 전후해서 미국에서는 보수주의의 부흥과 내부 역학 관계를 다룬 책들이 꽤 많이 발간되었다. 대표적인 책으로는 존 미클레스웨이트, 아드리안 울드리지, 『더 라이트 네이션』(물푸레 역간), 제임스만, 『불칸집단의 패권형성사』(박영출판사 역간), 김지석, 『미국을 파국으로 이끄는 세력에 대한 보고서』(교양인 역간), 박성래, 『부활하는 네오콘의 대부 레오 스트라우스』(김영사 역간) 등이 있다. 특히 『더 라이트 네이션』은 당시 한나라당 박진 의원이 번역했는데, 역자 서문에서 그는 이 책을 박근혜 대표를 비롯한 한나라당에 적극 소개했음을 밝히고 있다. 미국 보수의 흐름을 꽤 긴밀하게 참고하고 있다는 사실을 짐작할 수 있다.

임스 돕슨의 "포커스 온 더 패밀리"(Focus on the Family) 등도 중요한 역할을 했다고 할 수 있다. 조지 W. 부시의 당선은 "네오콘" 인사들이 이념과 정책을 장악하고, 대중적 지지 측면에서는 "기독교 우파" 운동을 중심으로 폭넓은 종교적 우파 연합을 성사시킨 덕분이라고 요약될 수 있다.

앞에서 정리된 공식은 고스란히 MB정권의 탄생을 위해 활용되었다. 전향한 주사파들과 이념적 보수주의를 자임한 "뉴라이트" 세력이 등장해서 경제, 역사, 교육 등의 영역에서 이념 논쟁을 적극 전개했으며, 대중적으로는 "기독교사회책임"을 창립하고 "뉴라이트 전국연합" 의장이 된 김진홍 목사 등이 전면에 나섰다. 또한 개신교 교계 지도자들이 노골적인 지지를 표명하면서 저변의 지지를 조직화할 수 있었다.

김진홍 목사의 활동에 대해서는 그 내용을 문제 삼을 수는 있지만, 선거 공학적으로는 매우 성공적인 전략을 펼쳤다고 할 수 있다. 물론 지역 교회 목회를 하는 목사가 직접 현실 정치에 개입하는 것은 여러 모로 적절치 않다. 이런 모습 때문에 정치 논의 자체를 가능한 한 멀리하자는 정서가 대두되기도 한다. 하지만 옳은 대안은 "정치를 하지 않는 것"이 아니라 "정치를 제대로 하는 것"이다. "선거 공학"에 종속되는 "기독교 정치"는 결코 좋은 "정치"가 될 수 없다. 기껏해야 권력의 동원 대상이 될 뿐이다. 거기에는 오로지 "기술"이 있을 뿐, "가치"가 개입되지 않는다. 이런 측면에서 2007년 대선은 기독교의 몸은 빌렸으나 정신은 내다버린 선거였고, 교회는 철저히 기성 정치권 특히 보수의 권력 쟁취에 전위대 노릇을 했을 뿐이다. 이후로도 상황은 개선되지 않았다. 개신교권의 정치적 발언과 몸짓은 거의 다 권력의 의중을 대변하고 가려운 곳을 긁어주는 애처로운 노력이었지, 권력이 추상같이 두려워할 궁극적 권위를 대변하는 목소리는 되지 못했다. "기독교 정당" 같은 것도 기독교인들만 찍어도 몇 표인데 하는, 비례대표제의 유익을 좀 누려보자는 얄팍한 공학적 사고의 산물이었지, 시대를 향한 기독교적 메시지는 전혀 담아내지 못했다.

대안은 "정치적 독해력"(political literacy) 자체를 키우는 것이다. "기독교와 정치" 전반에서 발생하는 문제에 수동적(re-active)으로 반응할 것이 아니라, 선제적(pro-active) 대응을 하는 데까지 나아갈 필요가 있다. 현재와 같이 소위 "교계 지도자"들에 의해 개신교의 정치적 판단력이 좌지우지되는 구조를 탈피하는 것이 시급하다. 그러려면 언론과 기독 지식인들이 "개신교 공론장"을 형성하는 데 많은 역할을 해야 할 것이며, 이를 지원하는 교육과 출판이 활성화될 필요가 있다. 내 입장으로는 기존의 "교계(church) 중심 사고방식"을 탈피해서, 각 분야의 전문가들이 주도적 역할을 할 수 있는 "기독교 사회(christian society) 중심 사고방식"으로 패러다임이 전환되고 이에 걸맞은 구조가 만들어져야 한다는 생각이다.[2]

"고지론"과 "장로 대통령"을 향한 열망

개신교권의 이명박 지지를 구체적으로 엮어낸 것은 선거 공학적 성과라 볼 수 있지만, 대중이 그에게 투사한 기대감의 정체, 또는 공유된 그 익숙한 느낌의 정체를 규명하는 것은 또 다른 이야기다. 교계 상층부의 움직임은 뚜렷이 권력 지향적 측면이 있다고 볼 수 있겠지만, 여기에 반응한 개신교 대중의 마음을 사로잡은 열망은 무엇이었을까? 정말로 신학적 반

---

2) 양희송, "포스트-2007시대, 우리는 어디에 서 있는가?", 「복음과 상황」, 2008년 8월호. 이 글의 논의를 확장해서 새롭게 쓴 책으로는 양희송, 「리셋, 한국 교회」(복있는사람)를 참고하라.

성이 요구되는 지점은 바로 여기다. 과연 개신교에서 그동안 추구해온 신앙의 방향과 내용이 무엇이었길래 이런 방식으로 드러나게 된 것인가를 캐물어야 한다.

이것은 흔히 "고지론"이라 불리는 성공에 대한 선망이다. 이는 "높은 고지를 점령함으로써 하나님께 영광 돌리고 이를 활용하여 하나님을 증거한다"는 뜻으로 풀이될 수 있다. 그 자체로 나쁘다고 할 수 없는 이 태도는 종종 사회적 성공을 신앙적 성공과 동일시하는 데 쓰이기도 하고, 신앙의 이름으로 자아 성취와 자기 개발 욕구를 자극하는 논리가 되기도 한다. 연말 시상식에서 "하나님께 영광 돌린다"는 발언을 듣는 일은 이제 어렵지 않으며, 스포츠 경기에서 골이 터졌을 때나 승리를 결정지었을 때 폭발적인 기도 세레모니도 자주 볼 수 있다. 기업은 하나님 나라를 위해 돈을 번다고 말하고, 학교는 하나님 나라를 위한 교육을 시킨다고 말한다. 이런 맥락에서 보면 개신교인 대통령을 배출한다는 것은 개신교 대중들에게는 상상 가능한 "고지론적 열망"의 절정쯤에 해당할 것이다.

실제로 이명박 대통령은 수년에 걸쳐 전국의 교회를 다니며 간증 집회를 해왔다. 찢어지게 가난한 가정에서 태어나 학생 운동 시절을 거쳐 한국의 대표적 재벌 기업의 CEO로 올라서기까지, 그리고 다시 서울시장에 도전하고 급기야 대통령직에 나선 그의 인생은 TV 드라마로 만들어질 만큼 입지전적 성공 사례로 간주되었다. 거기다 남들이 모르는 어머니의 눈물의 기도로 연결되는 그의 간증은 한 번 들어본 이들에게는 매우 호의적인 인상을 남겼다. 어쩌면 멘토 안철수의 "청춘콘서트"가 있기 전에, 장로 이명박의 간증 집회가 더 효과적으로 대중들의 감수성을 파고들었는지 모른다. 개신교권에 집중된 이런 행보는 그에 대한 개신교권의 지지가 정서적 차원에서 강고히 형성될 수 있는 요인이 되었다. 교계 상층부의 노골적 지지 행보와 더불어, 개신교 대중들의 "고지론적 열망"을 끌어낼 수 있었다는 점에서 그는 다른 경쟁자들이 누리지 못한 종교적 연고주의를 혼자서 독차지할 수 있었다.

이명박 후보는 이런 맥락을 잘 알고 있었다. 서울시장 시절 참석한 기도회에서 했던 "서울시를 하나님께 봉헌한다"는 발언도 바로 이런 맥락 속에서 구성된다. 하나님이 그를 서울시장 시키신 이유는 서울시를 하나님의 뜻대로 다스리기 위함이란 논리는 아무런 거부감 없이 개신교인들 사이에서 공유될 수 있는 기대감이었다. 개신교인들의 맥락에서는 이런 발언이 "공무원의 중립 의무 위반"이나 "종교 편향"으로 비칠 수도 있다는 우려가 애초부터 고려 대상에 들어 있지 않았다. 대중들은 "진심"으로 "위반"과 "편향"을 의도하지 않았기에 사후적으로 문제 삼은 것을 "오해"라며 억울해할 수 있다. 하지만 그 대상이 된 인물은 자신이 수행하는 일의 맥락에서 대중들의 기대를, 액면 그대로 반응할 수 있는 것과 걸러내야 할 것을 구분해서 처리할 줄 알아야 한다. 그것은 해당 영역의 직업윤리(work ethic)에 속한다.

문제는 이명박 대통령에게서는 "사적 윤리"와 "공적 윤리" 사이에, 혹은 "사적 이익"과 "공적 이익" 사이에 긴장이 필요하다는 생각 자체가 거의 없다는 것이다. 그는 전자의 윤리와 이해관계를 단지 국가의 단위로 확장하기만 하면 된다고 생각하는 듯하다. "의리"가 "윤리"를 대신하거나, "이익"이 "정의"보다 선행하는 장면들이 이 정권 내내 등장했다. 공공 윤리(public ethic)가 발휘되어야 할 공간은 언제나 비어 있었고, "공익"은 늘 "사적 이익"으로 잘게 쪼개져서 분배되었다. 개신교인들의 "고지론적 열망"

은 종종 사회적·직업적 윤리의 필터를 거치지 않은 채, 소위 "신앙적 진정성"을 내세우며 바로 대상에 가서 꽂힌다. 자신이 살고 있는 사회의 맥락을 면밀히 살펴서 형성해야 할 사회 윤리가 부재한 채로, 자신의 개인적 신앙심을 대폭 확장하기만 하면 사회 속의 복잡다단한 사안을 단순명료하게, 진정성 있게 해결할 수 있다는 착각이 개신교권의 통속적 문화에서는 낯설지 않다. 이명박 대통령의 재임 기간 동안 "오해"란 말만큼 많이 쓰인 단어도 없고, "소통"만큼 많이 애먹인 사안도 없음은 결코 우연이 아니다.

그러니까 문제는 "진심의 부족"이 아니라 "사회성의 부족"이다. 과도한 진심과 충정이 넘쳐서 문제인 것이다. 촛불 시위 현장에 나타난 정운천 장관, 물대포와 강경 진압을 일관되게 실천한 어청수, 조현오 경찰청장, FTA에 대한 논란을 끝까지 방어한 김종훈 본부장, 4대강을 자전거 타고 종주한 이재오 의원 등이 흔들림 없는 확신적 주체들이다. 이런 경향을 보면 개신교 신앙은 주로 이들에게 "자기 확신"을 반복, 강화하는 용도로 쓰였던 것 같다. "절대 타자"인 하나님의 음성을 듣는 경험이 기독교 신앙의 핵심이라면, "사회적 타자"의 목소리를 듣는 일에 이토록 서투를 수는 없다. 자신을 향한, 자신을 위한 하나님의 뜻에 깊이 심취한 "사적 신앙"(private faith)을 그냥 확장시켜놓는 것으로는 공공 영역에서 발생하는 문제를 제대로 다룰 수 없다. 2007년 대선을 통해 우리는 사회성이 결여된 사적 신앙이 공공 영역에서 어떤 기묘한 결과를 낳는지 잘 살펴볼 수 있었다. 아마 한국 개신교가 이번 정권의 등장과 퇴장을 통해 가장 크게 배워야 할 지점이라면, 어떻게 우리가 사용하는 언어와 실제 우리가 살아내는 삶이 괴리되는지, 그리고 어떻게 소통과 신뢰를 잃어버리는지를 현장 학습하는 것이다. 우리가 하는 말의 액면가가 풍성하고 주관적 진정성이 확실하더라도 그 적용은 매우 사사롭고 자의적으로 흐를 수 있으며, 결과적으로는 위선적으로 보인다는 점을 통렬하게 깨달을 필요가 있다.

2012년 대선을 내다보며

2007년 대선은 개신교 대중 사이에 퍼져 있던 어떤 피상적인 감수성을 자극하고, 이를 잘 조직화한 선거 전략의 성공 사례로 정리될 수 있다. 그러나 이 과정을 통해 개신교 신앙은 승화되기보다는 퇴행했다. 대선 앞뒤로 이어진 소위 "교계 지도자들"의 말과 인식도 저급한 종교 연고주의를 벗어나지 못했으며, 보수 정치의 인력 동원 역할을 부끄러운 줄도 모르고 수행했다. "기독교 정치"의 과제는 여전히 남아 있다. 우리는 기독교 신앙이 공적 영역에 진출할 때, 어떤 조건을 갖추어야 하고 어떤 역량을 보여야 할지에 대해 집요하게 캐물어야 한다. "기독교인의 정치"가 아니라 "기독교(가치)의 정치"를 이 세대의 과제와 연관시켜 꺼내놓을 수 있어야 한다. 다행히 이번 2012년 대선에는 여야 유력 후보 모두 개신교에 깊이 연고를 둔 사람이 없는 것 같다. 과거와 같은 방식의 들뜬 흥분은 없을 것으로 본다. 오히려 이번에는 "복지", "평화", "노동", "민주" 등의 이슈가 전면에 등장하는 선거가 될지도 모른다.

이런 주제에 대해 기독교 신앙은 할 수 있는 말과 역할이 많다. 그러나 오늘날 개신교권의 현실에는, 여야가 이런 주제를 놓고 논란을 벌일 때 양 진영 모두를 압박하면서 좀 더 복지와 평화와 노동과 민주의 가치를 실천하도록 몰아가는 역할을 하기에는 부끄러운 구석이 너무 많다. 지난 10여 년간 매우 직설적으로 정치적 이해관계의 일방 당사자로 행동해왔기에, 교회는 마치 아무 일도 없었던 양 중립적 심판의 자리로 돌아가기가 어렵다. 교회에는 여당 지지자, 야당 지지자, 진보 정당 지지자, 무당파 등 다양한 정치적 입장의 성도들이 존재한다. 교회가 스스로 어떤 특정 정당과 특정 인물을 지지하는 선거 운동 대행 역할을 자임하면, 교회는 사회가 교회에 부여하고 기대하던 초월적 중재 역할을 포기하게 된다. 이는 한순간에 지나가는 사건이 아니라, 교회의 정체성에 오래도록 오점과 부담을 남기는 일이 된다. 목사직은 하나님의 말씀을 전하는 자리지, 탈법적 선거 운동 찬조 연설에 사용되는 자리가 아니다. 지상의 권력이 더 가깝고 더 커 보이는 것인지, 벌써부터 예비 권력자를 기쁘게 하려는 언행을 선보이는 이들이 나오고 있다. 한국 개신교가 시민의 소리를 담아내고, 궁극적으로 이를 통해 하늘의 목소리를 들려주는 자리를 되찾고자 필사의 노력을 기울이지 않는다면, 이미 기울어가는 개신교의 미래에 등불 하나를 또 꺼트리는 일이 되고 말 것이다.

6장_정치판에 들어선 한국 교회의 풍경

───────── 김지방
(국민일보 기자)

나는 한국 교회가 2000년 이후 정치판에 들어선 과정을, 빈손으로 지하철에 올라탄 사람에 비유하고 싶다.

지하철이 대한민국이라는 역에 도착했다. 이 지하철의 목적지는 열린 시민들의 민주 사회다. 들뜬 행객들과 함께 교회도 이 지하철에 올라탔다.

지하철을 타고 보니 사람들은 저마다 한 짐씩 들고 있다. 목적지에 가서 까먹을 도시락, 깔고 앉을 매트, 책, 노래라도 한 가락 부르려는지 기타를 들고 탄 사람도 있다.

교회는 빈손이다. 엉겁결에 지하철을 타긴 했는데, 미처 나들이를 준비하지 못했다. 이리저리 둘러보며 사람 구경이나 하다가 결국엔 지하철 벽에 붙은 광고에 눈이 간다. 심심풀이로 읽다보니 눈길이 확 가는 광고가 있다.

"기독교의 궐기─카인의 후예, 사탄의 제자 타도."

"사탄의 편인가, 하나님의 편인가?"

"한국 기독교의 역사적 사명."

(조갑제씨가 2001년 7월에 쓴 글들의 제목이다.)

마침 같은 지하철에 타고 있던 교회 장로님이 다가와 말을 건다.

"아이쿠, 반갑습니다. 여기서 뵙다니 정말 다행이네요. 이거 제가 지하철 운전을 좀 해봐서 아는데요, 지금 이 지하철은 엉뚱한 곳으로 가고 있어요. 빨리 기관사를 바꾸지 않으면 큰일 납니다. 다들 나들이 갈 생각에 들떠서 정신 못 차리고 있어요. 교회가 나서서 말해주지 않으면 아무도 모릅니다. 그러고 보니 때마침 교회가 이 지하철에 타게 된 것도 바로 이 일을 위한 하나님의 계획이란 확신이 듭니다. 교회가 이야기하면 다들 믿어주지 않겠어요? 빨리 얘기해주세요. 급합니다, 급해요."

교회는 정신이 번쩍 들었다. 노방 전도 하던 실력을 발휘해 큰 소리로 말한다.

"여러분, 이 지하철이 엉뚱한 곳으로 가고 있어요. 목적지로 가려면 기관사를 바꿔야 합니다. 제가, 아니 저희 교회 장로님이 지하철을 운전해야 합니다. 제 말 믿으면 천국도 가는데, 지하철 운전도 한번 믿어주세요. 저희 장로님을 기관사 시켜주세요!"

이 이야기가 사실과 다르다고 생각하는 분도 계실 것이다. 아마도 많은 분들은 이런 스토리가 더 설득력 있다고 보실 것 같다.

"교회는 원래 누가 기관사가 되든 친하게 지내면서 무임승차권을 얻어타는 재미를 즐겼는데, 그 즈음에 기관사들이 너무 깐깐하게 구니까 아예 자기 교회 장로로 기관사를 바꾸려고 했다."

좀 더 냉소적인 시각도 있을 수 있다. 이를테면,

"교회는 처음부터 지하철의 목적지가 어디인지는 관심이 없었다. 사실은 설교 테이프를 좀 팔아보려고 탔는데 장로를 만난 것이다."

모두 어느 정도는 납득이 가는 이야기다. 아니면 두 스토리를 합쳐서 이렇게 설명할 수도 있겠다.

"지하철에서 설교 테이프 파는 걸 자꾸 단속하니까, 아예 기관사를 바꾸려고 했다."

과연 진실은 무엇일까? 물론 답은 처음 내세운 스토리라고 나는 생각한다. 왜? 그 대답으로 내가 취재 과정에서 겪은 경험 몇 가지를 들려드리겠다. 이건 비유도 우화도 아니고 100% 리얼 스토리다.

†

김대중 정권에 이어 노무현 정권이 들어선 2003년 어느 날 저녁, 종로 5가 기독교연합회관. 목사들이 모여 앉은 강당에 양복을 입은 백발의 남성이 나타났다. 그의 이름은 조갑제. 단상에 오른 그는 마이크를 잡고 먼저 이렇게 말했다.

"분명히 말씀드릴 게 있습니다. 저는 기독교인은 아닙니다. 어릴 적 제가 살던 집 옆에 교회가 있어서 자주 예배에 참석한 적은 있습니다. 그러나 기독교인도 아닌 제가 목사님들 앞에서 감히 성서나 하나님의 뜻에 대해 이러쿵저러쿵 말할 자격은 없습니다. 저는 어디까지나 한 자연인이 자 대한민국 국민으로 살아온 입장에서 말씀드리려 합니다."

대한민국 국민의 한 사람이자 신앙인이 아닌 입장에서 한다는 그의 말은, 그러나 교회를 향해 "신앙적"이고 "성서적"인 사명감을 충동하는 내용이었다.

조갑제가 한 말은 대략 이렇다. 신이 없다고 주장하는 공산주의는 기독교의 적이다. 현재 정권이 그런 공산주의자와 결탁하고 있다. 공산주의에 맞서야 할 우파, 우익에게는 지금 힘이 없다. 정치적 힘도 없고 금전적인 힘도 없다. 교회에는 힘이 있다. 금전적인 힘도 있고, 수십만 명을 동원할 수 있는 정치적 능력도 있다. 교회가 나서서 나라를 구해야 한다.

강연이 끝나자 목사님들은 열렬한 박수로 화답했다. "웬만한 설교보다 더 감명 깊었다"고 이야기하는 사람도 있었다.

나는 이날의 조갑제 강연이 한국 교회의 정치 참여에서 아주 중요한 전환점이었다고 생각한다. 그는 한국의 보수 우익 세력이 교회를 호출하는 사건을 일으켰다. 이날 이후 조갑제를 초청해 강연을 여는 교회들이 줄을 이었다. 조갑제도 자신이 책임을 맡은 「월간조선」의 지면을 통해 계속 교회의 정치 참여를 호소했다. 서울시청 앞에서 시국 기도회가 열리기 시작했고 그 자리에는 꼭 조갑제가 군복을 입은 노인들과 함께 등장했다. 영문도 모르고 기도회에 참석하기 위해 시청 앞 광장을 찾아온 이들은 군복 입은 이들의 시국 강연을 들어야 했다.

왜 조갑제는 한국 교회를 정치판에 불러들이려 애썼을까? 그의 강연과 「월간조선」 기사 등을 종합하면 이렇게 정리할 수 있다.

첫째는 도덕성이다. 한나라당이 두 번의 대통령 선거에서 실패한 가장 큰 이유는 후보와 정당의 도덕성이 의심받았기 때문이었다. 교회가 자신들의 편에 선다면 도덕적 파산 선고를 면할 수 있었다.

둘째는 물적 기반이다. 정권을 잃은 한나라당은 조직도 자금도 궁핍한 상황이었다. 더구나 대규모 집회를 한다거나 정권에 맞서 싸운다거나 할 수 있는 체력도 경험도 없었다. 당시 「조선일보」 사설에서 한나라당에 주문한 것이 늘 "야당답게 야성을 키워라"라는 것이었다. 교회에는 돈이 있고 사람이 있었다. 자신들을 위해 시청 앞에 대규모 인원을 동원하고 화려한 무대를 세울 수 있는 곳은 교회뿐이었다.

셋째는 반공 이념을 비롯한 정신적 중심을 잡기 위해서였다. 앞서 간략히 소개한 한기총 강연 내용처럼, 조갑제는 한국 교회가 태생적으로 가진 반공 성향에 주목했다. 김대중-노무현 정권이 이어지면서 대한민국이 공산화된다는 공포감을 강조하고 있던 조갑제는 한국 교회가 나서서 이를 막아야 한다고 부추겼다. 더 나아가 한국 교회는 2004년부터 본격적으로 시작된 뉴라이트 운동의 실질적인 중심이었다. 김진홍 목사와 최성규 목사가 초기 뉴라이트 운동을 이끌었다. 뉴라이트는 이후 한나라당에 "신선한 보수"라는 이미지를 불어넣었고, 무엇을 두고 싸워야 할지를 제시했다. 뉴라이트 운동은 이후 김진홍을 중심으로 한 이명박 지지파와, 최성규를 중심으로 한 박근혜 지지파가 폭력 충돌을 겪으면서 나뉘었고, 이명박 선거 캠프에 흡수되었다.

위기에 처한 보수 정치 세력을 구하기 위해 교회를 호출한 조갑제의 전략이 적중한 셈이다.

✝

대통령 선거가 한창이던 2007년 10월 7일. 서울 염창동 한나라 당사 앞.

한나라당 중앙위원회 필승 결의 대회가 열렸다. 이날 행사의 하이라이트는 대통령 후보 이명박의 연설. 비가 간간이 흩뿌려지는 날씨에도 수백 명의 청중들은 그의 연설에 귀를 기울이고 있었다.

내가 이날 집회를 기억하는 이유는 이명박의 연설 때문이 아니다. 연설 내용은 별로 생각나지도 않는다. 다만 그가 연설하는 중에 한나라당 중앙 위원이라고 하는 청중들 사이에서 들려온 목소리는 뚜렷하게 기억한다.

"아멘! 아멘!"

목사의 설교 중에도 웬만큼 "은혜"를 받지 않으면 터져 나오지 않는 "아멘" 소리가 그날 그 자리에서는 너무나 자연스럽게 들렸다. 그 자리의 어느 누구도 "아멘" 소리에 뒤를 돌아보거나 어색해하지 않았다. 깜짝 놀란 내가 오히려 무안할 지경이었다.

그날 이명박은 목사, 아니 메시아였고 집회는 예배, 아니 부흥회였다. 보수 정치권의 대통령 후보가 교회와 화학적으로 결합해 하나가 되었다는 점이 거기에서 여실히 드러났다.

여기서 내가 눈여겨보라고 지적하고 싶은 대상은 메시아의 위치에 스스로를 올려놓은 이명박 후보가 아니다. 그의 연설을 설교로 듣고 자연스럽게 아멘을 외쳤던 청중들의 마음속에 있던 어떤 확신, 그것의 정체가 무엇인지 더 들여다보고 싶다.

대통령 선거라는 정치적 이벤트 자체가 후보를 메시아적인 이미지로 만들기 마련이다. "대한민국의 모든 문제를 해결하리니, 나를 믿으라!"라고 후보는 외친다. 유권자는 우리를 구원할 이의 이름 옆에 도장을 찍는 신성한 의식을 치른 뒤, 5년 동안 조용히 이 땅에 천국이 임하기를 기다린다. 2012년 대통령 선거에서도 박근혜나 안철수, 혹은 문재인을 바라보는 유권자의 시선은 이와 비슷하지 않은가?

어쨌든 여기서 메시아니 구원자니 하는 종교적 용어는 모두 은유로 쓰인 것이다. 후보도 유권자도 자신의 정치적 행위가 종교적 차원의 일이라고는 생각하지 않는다. 다만 이런 이미지와 스토리가 상상 속에서 겹칠 뿐이다.

하지만 2007년 선거 당시 이명박 후보를 지지했던 기독교인들의 마음 속에서는 은유와 실재의 경계가 지워져 있었다. 어떤 이들은 그 경계를 지운 지우개가 교회 안에 존재하는 세속적 욕망이라고 볼 것이다. 그런 면도 있다. 그러나 나는 보수 정치 세력이 먼저 교회 안에 뛰어들어와 일부러 그 경계를 희미하게 지워갔다고 생각한다. 앞서 이야기한 조갑제의 강연이 그렇고, 서울시장 시절부터 교회 행사에 열심히 참석한 이명박의 행동이 그렇다.

보수 세력은 대한민국 정치를 공산주의 무신론 세력과 자유주의 신앙 세력의 대결이라고 선전했고, 신앙을 지키는 것과 보수 세력을 지지하는 것이 일치한다고 주장했다. 이를 위해 내세운 후보가 바로 소망교회 장로이자 서울시를 하나님께 봉헌한 이명박이었다.

✝

2009년 7월의 어느 날 저녁. 장소는 서울 잠실 올림픽공원 체조 경기장.

어느 초대형 교회의 창립 기념 감사 예배가 열리고 있었다. 체육관 안은 입추의 여지없이 가득했다.

사회자가 특별한 손님이 오셨다며 한 사람을 소개했다. 단상에서 눈에 띄는 가운데 자리에 앉아 있던 한 남자가 일어나 앞으로 나왔다. 바로 이명박 대통령의 친형, 이상득 당시 의원이었다. 그가 소개되자 기도회에 참석한 이들은 뜨거운 박수를 보냈다.

국회의원인 그가 대형 종교 집회에 얼굴을 내미는 것은 사실 특별한 일은 아니다. 또 그 교회가 매년 개최하는 대형 집회에는 이상득 의원이 아니더라도 많은 정치인과 유력 인사가 얼굴을 내비치러 간다.

그럼에도 내게는 그해 그 자리에서 이상득의 얼굴을 보는 것이 어색하게 느껴졌다. 그날 집회가 열리기 전인 그해 4월 재보선에서 한나라당은 한 석도 얻지 못하는 참패를 당했다. 당 내에서는 쇄신 운동이 일어났고 그 표적은 이명박 대통령의 친형 이상득 의원이었다. 그가 공식적인 정치 과정을 무시하고 인사권과 정책 결정권까지 월권을 휘두른다는 것이었다.

당 바깥에서도 이상득이 선거 과정에서 돈과 관련된 일을 맡으면서 잡음을 빚었다는 소리가 흘러나왔고, 정권이 들어선 뒤에는 상왕으로 군림하며 얼굴을 한 번 보는 데만 얼마씩의 헌금을 해야 한다는 소문이 퍼졌다(이 소문들은 이명박 정권 말기인 2012년 검찰 수사로 확인되었다). 내심 국회의장까지 바라고 있었던 이상득은 정치적으로 큰 타격을 받고 "정치 2선으로 물러나겠다"고 선언했다. 국내 정치에는 일절 개입하지 않고 외국을 돌며

자원을 확보하는 일에만 전념하겠다고 밝혔다.

언론에도 두문불출하던 그가 이 교회의 창립 기념행사에는 단상 한 가운데 자리를 잡고 버젓이 앉아 있었다. 교회도 그가 어떤 처지인지 몰랐을 리 없다. 도덕적 논란이 아니더라도, 이상득 스스로 국회 의장을 노리고 있는 정권의 최고 실세임을 누구나 알고 있는데 그런 인물이 자숙해야 할 기간에 자기가 출석하는 교회도 아닌 곳에 당당히 얼굴을 내밀고 있는 것은 상황에 맞지 않아 보였다.

이상득은 자신이 비록 정치 일선에서는 뒤로 물러났다고 해도 교회를 향해서는 여전히 할 역할이 있고 자신이 살아 있다는 것을 그날 그곳에서 과시하려는 것처럼 보였다. 과연 이상득은 그 교회의 집회뿐만 아니라 여러 대형 교회의 집회와 기독교계의 모임에 참석해 감사의 인사를 다녔다. 위기에 처한 자신의 정치적 입지를 다지기 위해 교회를 열심히 순례한 셈이다. 이상득은 한국기독교교회협의회를 포함한 이른바 진보 계열의 기독교 집회는 외면했다. 기독교 안에서도 자신을 지지하는 세력과 아닌 세력을 철저히 구분한 것이다.

이것이 정권과 교회에 얼마나 위험한 행동인지는 이명박 정권 내내 이어진 종교 편향 논란과 교회가 뒤집어쓴 오명을 보면 알 수 있다.

✝

2009년 5월 24일 오전. 서울 신사동 소망교회.

이날은 노무현 전 대통령이 부엉이바위에서 뛰어내려 스스로 목숨을 끊은 다음날이었다. 장로교회인 소망교회의 예배는 평소에도 엄숙한 분위기지만 이날은 숨이 막힐 정도로 조용했다. 예배에 참석한 이들은 성가대의 찬양이 끝나도 설교가 이어져도 누구 하나 입을 떼지 않았다. 전직 대통령의 자살이라는 비극적인 사건에 압도당한 기색이 역력했다.

김지철 담임 목사는 설교 중에 전 대통령의 서거를 직접 언급하지는 않았지만, "누구나 인생에 실수와 실패가 있을 수 있고 조롱을 받을 수도 있지만 거기서 패배해선 안 된다"고 말했다. 또한 기도를 하면서는 "노 전 대통령의 서거에 애통해하는 가족을 위로하시고, 충격과 비통에 아파하는 이 백성에게 위로와 소망을 주소서"라고 기원했다.

이날의 경색된 예배 분위기는 2년 전인 2007년 10월 3일 이명박 당시 대통령 후보가 같은 곳에서 신앙 간증을 했을 때와 대조적이었다. 선거관리위원회에서 사전에 "선거와 관련된 언급이 있거나 지지를 호소하면 선거법 위반"이라고 경고를 했지만, 교회는 굳이 이명박을 강단에 세웠다. 그는 자신의 신앙생활을 소개하면서 서울시장 때나 제1야당의 대선 후보로서 느끼는 고뇌를 털어놓으며 "사회에서 사랑받는 성도, 존경받는 소망교회 교인이 되기 위해 노력 많이 하겠습니다"라고 말했다. 강연의 처음부터 끝까지 몇 차례나 박수가 터져 나왔다. 강연이 끝난 뒤에도 소망교회 성도들은 이명박을 배웅하기 위해 몰려나와 "장로님 사랑해요"를 외쳤다. 그때와 완전히 달라진 2009년 5월 24일 주일 예배의 무거운 분위기는 같은 기간에 한국 교회가 처한 상황이 어떻게 달라졌는지도 상징적으로 보여준다.

김지철 목사는 1주일 뒤인 5월 31일 예배에서 이렇게 설교했다.

"그동안 우리 사회는 수없이 희망을 이야기해왔다. 아무리 어렵더라도 좌절하지 말고, 오뚝이처럼, 흙을 뚫고 나오는 봄날의 죽순처럼, 단단한 아스팔트의 틈새를 뚫고 피어나는 민들레처럼 희망으로 피어나자고 했다. 노 전 대통령의 죽음은 우리의 희망의 죽음이다. 우리는 지금 희망을 잃었다. 노 대통령을 잃은 것이 아니라 희망을 잃었다."

나는 김 목사가 깊은 사색과 고민 속에서 이런 메시지를 전하려 했다고 믿는다. 하지만 그 강단이 바로 소망교회였기 때문에 그의 메시지는 공허하게 들렸다.

모두가 알다시피 소망교회는 이명박 정권 출범 이후 이른바 고소영 논란의 한가운데 있었다. 대한민국의 많은 국민들이 전직 대통령의 사망은 정권의 무리한 수사 때문이라고 느끼고 있는 상황이었다. 소망교회는 정권의 탄생에 일익을 감당하고 그 혜택을 누리려 했다는 이유로, 당연히 책임도 함께 짊어질 수밖에 없었다.

죽어가는 사람도 살리기 위해 모든 노력을 기울여야 하는 곳이 바로 교회인데, 거꾸로 멀쩡하게 잘 사는 사람을 죽음으로 몰고 간 책임을 추궁당하게 되었다. 얼마나 기가 막힌 일인가.

물론 엄밀히 말해 소망교회는 관련이 없는 일이다. 직접적으로도 간접적으로도 교회가 무슨 책임이 있겠는가. 하지만 이미 책임이 생겨버렸다. 이명박 정권이 하는 모든 일에 그렇게 되었다. 소망교회의 처지는 한국 교회의 처지와 똑같았다.

결론적으로, 한국 교회는 이용당했다. 수동적으로 이용만 당한 것이 아니라 스스로도 적극적으로 이용되길 원했지만, 어쨌든 얻은 것 없이 오명을 썼으니 그렇게 되었다. 돈과 사람과 도덕적 위로와 정신적 회복을 원했던 한국의 우파 정치 세력에 스스로 이용당했다.

사실 이명박 정권의 탄생으로 교회가 얻은 유익이 무엇이 있나. 기독교계 사립 학교를 소유한 극소수, 정권과 직접 대화할 수 있을 정도의 초대형 교회 목회자들이 가끔 청와대에서 기도하고 밥 먹는 것, 그보다 더 적은 몇몇 정치 목사들이 자신과 가까운 인물을 청와대 비서실에 추천하는 것. 얻은 유익이라면 그 정도일 것이다. 반면 한국 교회 전체는 종교의 범위를 넘어 정치 세력화되었다는 비판에 직면해서 신뢰도의 추락을 겪고 있다. 또 정권의 비리와 잘못된 정책의 결과가 터져 나올 때마다 교회도 공동의 책임을 추궁당하는 처지가 됐다.

세속 정치에 직접 뛰어들고 기꺼이 이용당하면서 교회는 오히려 도덕적 권위를 잃어버렸다. 점잖고 근엄하기 그지없던 소망교회가 40여 건의 소송에 휩싸여 있는 현실은, 교회를 거룩하게 바라보는 시선이 교회 안에서조차 사라지고 있음을 여실히 보여준다.

교회가 여기까지 오게 된 근원을 캐어 들어가면 거기에는 교회 안에 똬리를 틀고 있던 갖가지 세속적 욕망이 있을 것이다. 그러나 근원만을 말하는 것은 너무나도 옳기만 해서 뻔한 소리를 되풀이하는 것이 되기 쉽다.

나는 한국 교회를 위한 처방을 찾으려면 좀 더 현상적으로 이야기해야 한다고 생각한다. 한국 교회는 1987년 대통령 직선제를 쟁취한 뒤 열린 시민 사회라는 새로운 장에 아무런 준비 없이 들어섰다. 민주적 시민 의식을 갖출 만큼 성숙하지도 못했고, 새로운 사회에서 무엇을 이야기해야 할지도 알지 못했다. 엉겁결에 "민주 사회행 지하철"에 올라탔고, 거기서 조갑제를 만나고 이명박 장로를 만났다. 제3시대그리스도연구소 김진호 실장은 이런 한국 교회를 다음과 같이 묘사했다.

요컨대, 시청 집회나 방송사 앞 시위에서 드러나는 선발 대형 교회식 천박한 시위 형태는 정치적 보수주의자인 자기 스스로가 위기의식을 느껴서가 아니라, 교회들이 1980년대 후반 이후 급속히 변화하는 시대의 합리성을, 시대의 문법을 따라가지 못했고, 그로 인해 지체되어 버린 신앙 제도가 직면한 일상적인 위기 속에서, 교회들이 허둥대는 모습에 지나지 않는다. …

지체된 의식과 경험은 교회의 천박성을 그대로 드러내고 있다. 아마도 그들에겐 얼마간의 시간이 필요할 것이다. 지난 2003년 시청 집회에 동원된 신자들 중 상당수는 집회의 성격이나 구호도 모르면서 신앙적 충성심 하나로 그곳에 모였다.

『무례한 자들의 크리스마스』(평사리), 203쪽

민주 사회로 가는 지하철에 올라탄 것이 잘못이 아니라, 아무런 준비가 없었던 것이 잘못이다.

무엇을 준비해야 했나. 돌이켜보면, 사실 준비할 것도 없었다. 교회는 교회 본래의 가치, 2000년을 이어온 복음의 핵심을 제대로 지니고 있기만 했으면 되었다.

그것은 고백, 용서, 화해, 하나 됨이다, 라고 나는 말하고 싶다.

우리 모두가 하나님 앞에서 죄인이라는 것이 복음의 가르침이다. 기독교인은 "우리에게 죄 지은 자를 사하여 준 것 같이 우리 죄를 사하여 주소서"라고 기도한다. 또 누구든지 자신의 죄를 고백하면 용서받을 수 있다고 가르친다.

바로 이것이 민주 사회로 가기 위해 대한민국에 지금 반드시 필요한 덕목이다. 박근혜를 보라. 과거로부터 영예를 얻으면서도 그 시간에 공존했던 고통을 직시하려 하지 않는다. 자기 죄를 고백하지 않으면 구원을 받을 수 없다는 것이 기독교의 가르침이다.

도덕적으로 우위에 있다고 하는 정치 세력도 마찬가지다. 우리는 모두 죄인이다. 용서하고 화해하고 앞으로 나아가야 한다. 과거의 피해자였다는 사실밖에 내세울 것이 없다면, 용서와 화해를 실행하지 못한다면 모두에게 구원은 없다.

대한민국은 어느 때보다 절실하게 구원을 원하고 있다. 용서와 화해의 은혜가 벼락처럼 베풀어지기를 바라고 있다.

바로 이런 때에 교회는 오히려 용서와 화해의 복음을 버리고 오히려 증오와 대립과 분열을 부추기는 일을 한 것은 아니었는가. 복음의 가치와는 전혀 상반된 주장에 이끌려 교회가 지닌 것들을 내버리지 않았는가.

현실의 정치권을 향해 "죄를 고백하라"고 하거나 "저들의 죄를 용서하라"고 말하는 것은 참 불편한 일이다. 양쪽 모두 쉽게 받아들이기 어려울 것이다. 더구나 교회까지 어느 한편에 서서 가해자가 되어버린 상황이다. 그런 도덕적 명령을 할 권위가 남아 있는지 의문스러울 정도다.

이런! 결국 나의 결론도 "한국 교회가 먼저 복음의 정신을 회복해야 한다"는 뻔한 문장으로 귀결되고 말았다. 그 회복은 우리의 힘으로 이뤄질 수 있는 것도 아니다. 지하철은 달리고 있는데, 교회는 아직 올라탈 준비가 되어 있지 않다. 골방에 숨어 가슴을 치며 "주여 이 죄인을 불쌍히 여기소서"라고 자복하고 은혜를 구하는 수밖에 없어 보인다. 그렇지 않은가?

7장_나꼼수 현상을 통해 본 한국 개신교회의 정치적 현주소

최규창
(『고통의 시대, 광기를 만나다』 저자, (주)포리토리아 대표)

나꼼수 현상의 등장

나꼼수를 한국 교회와 연관 지어 분석하는 것은 애초부터 상당한 무리가 있다. 나꼼수는 긍정적이든 부정적이든 한국 교회를 정식으로 언급한 적이 없고, 대부분 한국 교회의 "신실한" 신자들 역시 나꼼수를 듣는 것조차 적극적이지 않은 것처럼 보인다. 물론 나꼼수 진행자 중 한 명이 과거에 취재한 일부 대형 교회 목사들의 개인적 비리를 언급했고, 다른 한 사람은 대외 강연에서 한국 교회를 부정적으로 묘사한 경우가 있었다. 그리고 우리나라의 기독교인 중에서 나꼼수를 즐겨듣고 공감하는 사람들이 있는 것도 사실이다. 하지만 한국 교회와 나꼼수의 인연은 보다 광범위한 시각에서 찾아야 한다. 그것은 바로 "현실 세계"라는 하나님의 주된 관심사다.

우리가 "나꼼수"가 아닌 "나꼼수 현상"에 주목하는 이유도 여기에 있다. 나꼼수가 세상에 대해 말하고 있다면 교회에 대해서도 말하고 있는 것이다. 그런데 그 세계에서 교회는 초월적 가치나 내공이 별로 없는 부실한 영적 상태를 그대로 드러내고 말았다.

국내 유일의 "가카"(현 대통령을 의미) 헌정 방송을 표방하며 2011년 4월 말에 시작된 나꼼수는 2012년 9월 말 현재 총 62개의 에피소드를 내보내며 "실화를 바탕으로 한 소설"을 끈질기게 써나가고 있다. 진실이 숨겨져 있으므로 필연적으로 생길 수밖에 없는 "추상성"의 문제를 이들은 소설과 추론으로 메우고 있는데 그 시나리오의 적중률이 꽤 높은 편이다. 가카의 재임 기간에 벌어진 사건들은 단순한 비밀번호(가카의 경우는 "돈의 흐름")를 입력하면 비밀의 문이 열려버리는 어이없는 일들이 대부분이었다. 국가를 수익 모델로 삼고 여전히 사업가로 살아가는 가카의 일관성은, 가장 가까운 참모들 대부분이 비리로 구속되고 대선을 불과 수개월 앞둔 현재의 극심한 레임덕 상황에서도 꿋꿋하게 진행되고 있다. 본디 세상 모든 일에는 "처음"이라는 것이 있기 마련이지만 우리는 이 정권 하에서 생전 처음 보는 일들을 너무 많이 목격하고 있다. 언론·방송을 철저히 장악하여 여론을 통제하고, 국가 예산과 세제를 임의로 조정하여 특정 집단에게 지나친 이익을 안겨주고(부끄럽게도 이 리스트에는 제도권 대형 교회들이 상위에 올라 있다), 이미 드러난 비리와 문제점들도 뚜렷한 설명이나 소통 과정 없이 그냥 뭉개고 지나가면 그만이라는 저급한 수준의 대응을 보여주기도 했다. 또한 이 정권 하에서 생을 마감한 직전 두 대통령의 죽음은, 그들의 공과를 떠나 불공정하고 근거 없는 압박이 행해졌다는 점에서, "우리나라에서는 주어진 기득권을 행사하지 않고 자신을 희생하는 사람에 대한 대접이 이 정도인 나라이니 각자 알아서 줄을 잘 서라"는 절망의 메시지를 우리 다음 세대에게 각인시켜주었다는 점에서 크나큰 정신적 유산의 손실이자 역사적 퇴보라고 할 수 있다. "그래도 진실이 승리한다"는 말을 이제는 함부로 꺼내기가 힘들게 되어버렸다. 진리가 우리를 자유롭게 할 것이라는 말은 실업자가 될 각오를 해야 할지도 모른다는 의미의 두려운 말로 들린다. "밥줄"로 사람을 통제하는 새로운 통치법은 신자유주의 시대에 새롭게 등장한 것은 아니지만, 요즘처럼 모두의 이목을 무시하고 과감하게 구사되는 시기는 일찍이 없었다.

상식만으로도 칭찬받는 교회의 현실

안타깝게도 우리는 지난 5년간의 상황 속에서 한국 교회가 한 목소리로 사회 정의와 총체적 복음을 실천하기 위해 움직임을 보인다는 흔적을 찾지 못했다. 불행히도 한국 교회는 물질과 건강의 성취가 영의 성공을 의미한다는 "3박자 구원론" 패러다임으로부터 아직 자유롭지 못하다. 현재 우리의 기도 생활과 교회에서 선포되는 설교의 내용을 깊이 묵상해보면 이것을 부인하기 힘들 것이다. 물론 이와 같은 무속적 번영신학이 경제적으로 열악했던 시대에 서민들에게 희망과 용기를 주었다는 면에서 긍정적으로 작용한 면도 많다고 할 수 있다. 하지만 한국 교회는 너무나 성급하게 양적 성장을 추구했고 이를 위해 근·현대사를 통해 일관되게 권력과 밀접한 관계를 유지했으며, 그 대가로 정치적·경제적으로 가해진 폭력과 부정에 대해서는 눈감아왔다. 심지어는 신학적으로 이를 정당화하고 성도들에게도 면죄부를 발부하기도 했다. 다시 말해 구조적인 폭력과 부조리에는 눈을 감고 그 결과를 교회 내에서 개인의 신앙으로 극복하도록 독려함으로써, 성도들의 객체화를 통한 양적 성장을 사회 체제와의 협공으로 성공적으로 수행해왔던 것이다. 의도적이든 무지로 인한 것이든, 이런 꼼수가 서서히 드러나면서 사람들은 조용히 교회를 떠나기 시작했고, 여전히 동일한 방식으로 세상을 대하는 교회를 보면서 이제는 비난하는 목소리가 늘어나고 있다.

사실 교회가 세상으로부터 비난과 핍박을 받는 것 자체를 이상하게 볼 이유는 없다. 하지만 권력이 아닌 대중으로부터 비난받는 것은 심각한 문제다. 이제 교회의 말은 진실성을 의심받고 있다. 교회는 상식, 과학, 철학으로도 얼마든지 설명 가능한 일들을 자의적으로 해석된 성서 말씀을 인용하여 엉뚱한 결론을 낸 후 성도들의 순종을 강요해왔다. 그리고 이것이 사실이 아니라는 것이 자주 드러나고 있는 지금, 이제는 교회의 가르침 전체가 의심받는 지경에 이른 것이다. 그래서 주님도 "도무지 맹세하지 말지니…오직 너희 말은 옳다 옳다, 아니라 아니라 하라. 이에서 지나친 것은 악으로 좇아 나느니라"(마 5:34-37)라고 하셨다. 교회는 명확히 옳고 그른 것을 상식적으로 가르치고 행하면 되는데, 이것을 맹세 수준의 하나님의 계시로 선포하고 헛발질하는 오류를 범해온 것이다. 그래서 성도들도 사회에서 자신이 갈고닦은 전문성을 교회에 와서는 모두 내려놓고 목사의 입만 쳐다보는 습성을 가지게 되었다. 이제는 작은 교회를 지향한다거나, 목회자의 은퇴 기간을 앞당긴다거나, 헌금의 일부를 구제에 사용한다거나, 예산을 투명하게 운용한다거나, 교회도 세금을 내야 하고 목회자도 범죄를 저지르면 벌을 받아야 한다는 등의 지극히 상식적인 이야기만 해도 훌륭한 목회자, 건강한 교회라는 말을 듣는 시대가 되었다. 하지만 상식 이상으로 교회가 지녀야 할 본래의 초월적 가치를 요구하는 것은 여전히 무리다.

영적인 세계의 현실성

이런 현실 세계에 대한 무관심과 분리주의적 관점에도 불구하고 "3박자 구원론"을 비롯한 번영신학이 우리에게 주는 희소한 유익은, 물질세계가 영의 세계와 분리되어 있지 않다는 사실을 상기시킨다는 점이다. 물론 영적인 세계가 우리와 만나는 접점이 온 세상이 아닌 성도의 건강과 물질의 축복이라는 궤변 수준으로 끝나는 것이 아쉽기는 하지만 말이다. 많은 사람들은 사탄이 활동하는 방식을 너무 도덕적인 수준으로 환원하는 것에 익숙해져 있어서, 사탄은 사회 체제 속에서 가장 활발하게 역사한다는 것을 쉽게 간과한다. 우리는 내면에서 날마다 도덕적인 갈등에 직면하고 있지만 이것은 대부분 공정한 싸움이 아니다. 세상에는 개인의 힘으로는 극복할 수 없는 문제들이 많이 있으며, 그중 상당수는 구성원들이 모두 선한 의도를 가지고 있음에도 불구하고 결과가 악하게 나타나는 것들이다. 어쩌면 교회는 실제로 권세가 거주하는 체제와 시스템에 대한 신학을 포기함으로써 어쩔 수 없이 승산 없는 개인의 각개 전투로 목회 전략을 변경한 것인지도 모른다. 하지만 구조와 체제에 대한 이해와 도전 없이, 다시 말해 우리가 일상에서 매일 부딪히고 고민하는 삶의 실제적인 이슈들 (정치, 경제, 학문, 도덕 등)을 구체적 시간과 공간 속에서 총체적인 신학으로 해석하는 과정 없이, 우리가 온전한 기독교인으로서 살아남기를 바라는 것은 너무나 무모한 일이다. 인간이 "자기중심성"으로 의사 결정하는 것을 비난하기는 힘들다. 만약 이것을 극복하는 것이 교회의 궁극적 목표가 된다면, 현재의 모든 교회를 수도원으로 바꾸고 천 년의 시간을 더 보내도 큰 성과를 얻기는 어려울 것이다. 그러나 그런 전략을 선택하도록 만듦으로써 사탄은 이 영역에서 많은 에너지를 소모하지 않아도 되게 되었다. 그는 우리의 몸을 마비시키는 것 보다는 우리를 작은 방에 가두어버리는 것이 더욱 효과적인 방법이라는 것을 알고 있다. 그 안에서 아무리 몸만들기에 집중해도 결국 우리는 갇혀 있게 된다. 사회와 그 체제에 무관심한 교회의 운명은 이와 비슷하다.

물질세계와 정신세계, 그리고 영적인 세계는 밀접하게 연관되어 있고 서로 영향을 미친다. 이 지점은 초대교회 시대에 사도들이 플라톤주의를 비롯한 헬레니즘 철학과 가장 첨예하게 대립했던 논쟁이었으며, 오늘날까지도 온전히 받아들여지지 않는 관점이기도 하다. 주님은 우리가 "무엇이든지(whatever) 땅에서 매면 하늘에서도 매일 것이요 무엇이든지 땅에서 풀면 하늘에서도 풀리리라"(마 18:18)고 말씀했다. 우리는 자연주의 시대에 낭만주의가 꽃을 피웠고, 과학주의 시대에 허무주의가 유행했으며, 유물론이 모든 해답을 주는 것처럼 보이던 시대에도 여전히 정신적으로 방황하는 사람들이 답을 찾아다닌다는 사실로부터 물질과 정신이 깊이 연관되어 있다는 점은 쉽게 이해하고 받아들이다. 하지만 인간 속에 하나님이 당신의 형상으로 두신 영혼을 통해 우리의 삶이 영적인 세계와 교통한다는 것은 종종 망각한다. 하나님은 저 멀리 계신 분이 아니라 당신의 사람들에게 상황 속에서 언제나 말씀하는 분이다. 그분은 급한 경우에는 당신의 군대를 직접 움직이시거나(삼하 5:24) 정치에 직접 관여하기도 하시고, 제국과 민족의 흥망성쇠를 경영하기도 하신다(렘 18:7-10). 또한 물질세계를 관리하고 사람들을 섬기는 영적 존재들을 두셨다(계 7:1; 16:5; 요 5:4; 고전 6:3; 4:9; 갈 1:8; 3:19; 살전 4:16; 살후 1:7). 그리고 이제 이런 하나님의 계획과 성품을 드러낼 책임이 하나님의 공동체, 즉 교회에 주어졌다. 바울은 하나님이 영원 전부터 예정하신 은혜의 경륜의 비밀을 그리스도 안에 두셨는데, 이것을 심지어 하늘에 있는 권세들에게까지도 전해야 할 책임과 권한을 "교회"에 주셨다고 말한다(엡 3:10). 하워드 스나이더는 이때 사용된 경륜(oikonomia)이 "economy", "ecology"와 같은 의미를 가진다고 했다. 다시 말해 하나님은 당신의 피조세계를 실제적이고 생태적으로 바라보시며 이것이 교회의 본질이 되어야 한다는 의미다. 그리고 그 범주는 하늘과 땅에 있는 모든 실재와 정사와 권세를 포함하게 될 것이다.

희생양의 불가피성

성경이 일관적으로 체제 속에서 벌어지는 영적인 전쟁에 대해 설명해온 반면, 과학과 철학의 영역에서 오늘날처럼 체제(시스템)에 대한 관심이 증대된 시대는 일찍이 없었다. 권력은 해석되고 분해되었으며, 학문은 신의 존재를 제외한 모든 가능성을 검토하기 시작했다. 그러나 물질, 정신, 영의 세계를 동시에 보지 않으면 설명되지 않는 많은 현상들을 우리는 목격하고 있다. 물질세계는 풍요로워지지만 빈부 격차는 더욱 심해지고 자살은 급증한다. 경제적으로 풍요로운 국가의 행복 지수는 오히려 더 낮으며, 종교는 더 무력해지고 있다. 유럽에서는 지난 2천 년간 전쟁으로 죽은 사람보다 더 많은 사람들이 20세기의 전쟁으로 사망했으며, 사탄적인 체제의 영향력은 제1세계 국가들에서 더욱 왕성해지고 있다. 초강대국 미국은 세계에서 가장 빈부 격차가 심하고 국가 채무가 높은 국가가 되었다. 초강대국 미국이 베트남전을 지속하는 동안 미국 본토에서는 유래 없이 많은 정신병 환자들이 발생했고 심지어는 귀신 들림을 의심할 만한 사례들도 종종 나타났다. 물질세계에서의 억압과 폭력, 그로 인한 고통은 정신적·영적 세계의 변화를 일으키며 그 책임을 누군가에게 전가시키도록 조정된다. 그리고 대부분 그 대상은 사회적으로 소외된 자, 경제적인 약자, 영적으로 민감한 사람들이다. 찰스 윌리엄즈의 말대로 "만일 악의 에너지를 빗나가게 만들거나 변화시키기 위해서는 무엇인가, 혹은 누군가가 그 충격을 당해야만 한다." 인간 사회에는 체제가 만들어낸 악을 감당할 희생양이 언제나 필요하다. 모두가 당연하다고 인정할 만한 나약하고 무가치해 보이는 존재들이 그 대상이 되지만, 나머지 구성원들은 그 희생양의 의미와 가치를 거의 인식하지 못한다.

만일 사회 체제가 진보하기 위해 또는 권력의 목적을 달성하기 위해 불가피하게 만들어진 희생양들이 우리 사회 전체의 악이 투사된 대상이라면, 그들에게만 책임을 부가하는 것은 부당하다. 전통적으로 희생양은 희생된 후 다시 성스러운 존재로 추앙되었다. 이 현상을 깊이 연구했던 르네 지라르는, 모든 민족의 신화가 예외 없이 이 희생양 기제를 숨기기 위한 수단에 불과하다고 주장했다. 또한 오직 그리스도만이 자발적으로 희생양이 되셨을 뿐 아니라, 십자가와 부활을 통해 희생양 메커니즘을 종결하신 분이라는 점에서 기독교의 혁명성을 드러내는 독창적인 메시지라고도 말했다. 만약 우리 사회에서 벌어지는 불행한 일들이 사회 전체가 짊어져야 할 짐을 누군가에게 씌운 것이라면, 영적인 통찰력과 민감성을 가진 교회는 이런 타인의 고통에 대해 결코 침묵할 수 없을 것이다. 이것이 곧 나의 죄이며 교회의 죄 때문임이 분명하기 때문이다. 또한 고통당하는 자들은 체제의 판단에 따라 벌을 받고 있는 것이기 때문이다. 따라서 타인의 고통, 사회의 불의로 신음하는 사람들에 대한 배려가 결여된 그리스도의 공동체는 이미 "하늘에서도 매이는" 복음의 총체성을 상실하고 물질세계의 토대에 갇혀 영원한 세계가 존재하지 않는 것처럼 살아가는, 영적 불감증의 상태에 빠져 있다고 해도 과언이 아닐 것이다.

타인의 고통

사회의 고통이 심해지면 그 통증은 소수의 약자들에게 집중된다. 흔히 진보 진영에서는 현 정부의 실정으로 90%의 사람들이 고통을 당한다고 말하는데, 이들 대부분은 간접적 피해를 입음으로써 분노하는 대중이다. 그중에서 실제적으로 견디기 힘든 고통에 직면하여 미래에 대한 대책이 점점 사라져가는 사람들은 여전히 희생양으로 선정된 소수인 것이다. 나머지 사람들은 어떻게든 자신의 고통을 감소시킬 방법을 찾을 것이다. 하지만 이런 상황에서도 소수의 극심한 희생은 불가피하다. "너희만 참고 있으면", "너희만 희생되면" 나머지 모두가 평화를 찾게 되는 메커니즘이 지금도 돌아가고 있다. 일차적으로 우리는 직장 또는 생업이라는 경제적 굴레에서 생존할 방법을 찾고 있다. 이 시장은 대부분 대기업 또는 재벌 체제가 심하게 장악하고 있다. 서동진 교수의 분석에 따르면, 현재는 역사상 개인의 자유와 자율성이 가장 높아진 시대지만 결국 경제 담론의 틀에 갇혀 대기업이 요구하는 인간으로 스스로를 평생 동안 개발해야 하는 상황이 되어버렸기 때문에, 실제적으로 우리에게 자유란 하나의 개념에 불과하다. 즉 오늘날의 자유는 결국 자기 삶을 관리하는 하나의 테크놀로지가 되어버렸다는 것이다. 자유롭게 움직일 수는 있지만 결국 우리는 작은 방에 갇혀 있다. 좀 더 거시적으로 우리는 자신의 이익만을 추구하는 정치적 소인배들의 터무니없는 의사 결정과, 이에 대해 침묵하고 동조하는 대형 교회들의 배신을 목격하고 있다. 또한 거시적으로는, 해방 이후 우리의 삶과 문화 속에 깊숙이 자리 잡은 미국이라는 거대한 제국의 간접적 압력과 영향력 아래 살고 있다. 독도가 어느 나라의 땅인지도 국제 관계의 역학에서 결정되는 것이지 논리나 감정으로 해결할 수 있는 문제가 아닌 것이다. 우리의 신앙생활의 패턴 역시 백여 년간 미국식 복음주의의 틀을 아직 벗어나지 못하고 있다. 미국에서도 20세기 초·중반에 유행하다가 쇠퇴한 근본주의 신학이 유독 우리나라에서는 반공 및 무속 사상과 결합되면서 아직까지 꽃을 피우고 있다. 한국 교회의 80%가량은 성경의 글자 하나하나가 오류가 없는 하나님의 계시라고 믿는 근본주의 교회라는 조사 결과를 발표하기도 했다. 교회는 경직되고 사회의 문제와 타인의 고통에 참여하지 않으려 하며, 하나님의 축복을 오직 현실적 풍요와 연관시키는 상황 속에서 우리는 쉼 없이 긴장하며 하루하루를 살아간다. 그중에 우리가 주체적으로 결정할 수 있는 것이 얼마나 될지 궁금하다.

나꼼수 현상의 원인, 광기

나꼼수 현상은 앞에서 설명한 맥락 속에서 관찰되어야 한다. 분명히 나꼼수는 한국인들에게 강한 충격을 주었고 무언가 본질적인 부분을 건드렸다. 많은 사람들에게 빠르게 메시지가 전달되는 팟캐스트라는 미디어의 발명도 기술적 여건으로 한몫을 했지만, 나꼼수는 그 메시지의 전달 방법에서 탁월한 전략을 선택했다. 즉 우리의 무속적 성향과 광기를 건드리는 전략을 선보였던 것이다. 욕설을 포함한 파격적 진행, 실명이 거론되는 엄청난 음모의 폭로, 진행자들끼리 서로 구박하면서 씹는 술자리 형식의 토크, 그들이 써내려가는 소설의 정확성과 디테일은 사람들에게 무언가 후련함과 대리 만족을 주었다. 체면을 중요시하는 유교 문화에서 욕설이 포함된 콘텐츠를 함께 들어야 한다면 불편했겠지만, 개인용 디바이스로 혼자 듣는 미디어인 팟캐스트는 이런 점에서 별다른 장애가 없었다. 퇴근 후 술자리에서(전문적인 근거는 없지만) 흔히 읊어대는 음모론이나 권력자들의 이야기를, 옆에 앉아서 이야기하듯 생생하고 구체적으로 설명해주는 나꼼수는 분명히 파격적이고 위험하고 애매한 방식의 미디어임에 틀림없다.

우리 민족은 예로부터 무속적 믿음을 뿌리에 지니고 있었다. 역사적으로 다양한 종교의 의복(불교, 유교, 도교, 기독교)을 입어왔지만 그 믿음의 근간에는 무속적 신앙이 깊이 자리 잡고 있다. 우리나라 무속이 가지는 가장 큰 특징은 "현세적 기복주의"다. 무당을 통해 신을 강림시켜 대화하고 같이 울고 웃고 놀아주는 것이다. 그러면서 복을 기도하고 병이 낫기를 구하며 미래의 불확실성을 감소시키기를 빈다. 미래나 내세의 복은 크게 중요하지 않으며, 현재 내가 건강하고 복을 받는 것이 가장 중요하다. 무속의 구원관은 기독교의 것과는 달리 도덕적으로 선을 쌓고 남에게 악을 끼치지 않으면 극락으로 가거나 다음 세상에서 복을 받는 것이기 때문에, 특별히 이타적인 헌신이 필요하지 않으며 현실 세계의 문제에 적극 참여하거나 미래를 준비하는 데도 별 관심이 없다. 또한 무속에서는 선악의 구분이 명확하지 않기 때문에 옳고 그른 것에 대한 기준이 엄격하지 않다. 하늘의 뜻을 따르는 것이 선이고 그렇지 못한 것이 악이다. 모든 것이 하늘의 뜻에 의해 정해져 있다는 결정론적 성격이 강하다. 심지어 기독교인들도 자신이 노력하지 않았거나 다른 이유로 어떤 목표를 달성하지 못한 경우에 "하나님의 뜻인가 봅니다", "하나님이 막으시나 봅니다"라고 표현한다. 하늘의 뜻을 대행하는 성직자는 구별된 사람이기 때문에 웬만한 죄로부터는 자유롭다고 생각한다. 그래서 교회에서 벌어지는 성직자들의 비리는 종종 "교회의 덕을 세운다"는 명분으로 덮어지는데, 이것은 사실 성과 속을 엄격히 분리하여 성스러운 것을 건드리지 않으려고 하는 무속적 믿음에 근거한 경우가 많다. 무속은 기본적으로 하늘을 경배하고 신을 접하는 "광기"를 필요로 한다. 그래서 무속적 제의가 거의 사라진 오늘날에도 우리 민족은 술과 축제로 그 허전함을 채우고 광기를 발산하고자 한다. 이성과 비이성의 세계, 코스모스(질서)와 카오스(혼돈)의 경계를 왕복하면서 나름대로의 삶의 체계를 세워온 것이 우리의 역사다. 이러한 혼돈 속에서 우리는 나름의 질서를 찾아왔고 그 가운데 불가피한 희생양들이 만들어졌다. 세계 최고의 음주율, 흡연율, 자살률은 이를 반증한다.

우리는 세계 어느 민족보다 지혜롭고 부지런하고 신속하고 감(感)이 탁월하고 종교심이 깊고 집단의식이 강하면서도, 동시에 혼란스러운 민족이다. 그래서 교회도 세계에서 유래를 찾아볼 수 없을 정도로 빠르게 성장했다. 순전히 복음의 능력이라고 보기에 이 현상에는 상당한 무리가 있다. 교회가 빠르게 성장하기 위해 사용한 방법들이 과거 우리가 무속적 집단의식 속에서 배워왔던 본능적인 패턴과 그리 다르지 않기 때문이다. 정작 교회가 나서야 할 순간에는 복음의 힘을 발휘하지 못하는 것이 왜곡된 압축 성장의 증거인 것이다. 또한 지나친 경쟁과 긴장으로 인한 스트레스로 많은 소외자들을 양산하기도 했다. 종교는 여기에 대한 대안을 제공하지 못하고 오히려 그 경쟁 구도에 기름을 부었다. 기독교뿐 아니라 다른 종교도 무속에 힘입어 고속 성장한 결과로 발생한 필연적 딜레마에 직면하고 있다. 연일 불교계도 현세 기복화된 불교를 개탄하는 실정인데 그 내용이 교회의 자성과 아주 비슷하다. 따라서 우리나라에서 최근 강하게 일어나는 반기독교 정서는 기복적 성격보다는 배타성과 공격성 또는 선민의식에 기인한다고 보는 것이 타당할 것이다.

나꼼수를 들으면 우리는 일종의 광기를 느낀다. 내용의 무게를 보면 비장함이 느껴지고 앞에 놓인 암담한 상황을 생각하면 매우 비관적이지만, 그들은 낄낄거리면서 상황을 희화화한다. 최근 경찰 소환을 두고 줄다리기 하는 상황을 보면 마치 무슨 게임을 하는 듯 보이기도 한다. 힘은 공권력에 있지만 공권력은 이들을 함부로 다루지 못한다. 그럴 만한 명분이 약하기 때문이기도 하지만, 무엇보다 이들이 함부로 건드리기 힘든 광기를 가지고 있기 때문이다. 광인이 떠드는 소리에 권력이 민감하게 반응하는 것은 난처한 일이다. 때려도 웃고, 잡아가도 축제를 하고, 소환하면 무시하고, 억압하면 그 사실을 도로 다 폭로한다. 이 시대의 "폭력"은 사회의 광기를 불러일으키고 희생양 기제를 가동시키는 동력이다. "광기"는 그들의 생존 전략이며 "폭로"는 그들의 저항 방식이다. 그들은 "인지도"라는 이익을 얻었지만 그것으로 돈을 벌기를 포기했기 때문에 결국 나꼼수를 통해 아무런 실제적인 이익을 취하기가 힘들어졌다. 그들을 지지하는 청취자들은 이 시대의 폭력에 분노하고 나꼼수의 폭로에 동의하는 다수의 대중이다. 하지만 진정한 희생양이 되는 사람들은 여전히 소수이며 그들에게는 아무런 힘이 없다. 대중은 혁명을 일으킬 수는 있지만 혁명 속에서도 여전히 소수는 희생양이 된다. 이제 나꼼수는 스스로 희생양의 대열에 서버렸다. 그들의 희생에 대중은 분노 이상의 행동을 취하지 않을 것이며 역사는 다시 혼돈과 추상성과 속으로 휩쓸려 들어갈 것이다.

나꼼수의 저항 방식, 그리고 교회와의 불편한 관계

우리가 주목해야 할 사실은 나꼼수는 나름대로의 생존 방식으로 이 시대의 문제에 직면하여 가장 평화로운 방법으로 목소리를 냈다는 것이다. 나는 그들의 투쟁 방식을 보면서 교회가 지향해야 할 평화주의의 길을 발견한다. 명예를 아는 사람에게는 정의와 진리를 요구할 수 있고 상식이 있는 사람에게는 양심을 요구할 수 있다. 그리고 자기만 아는 수준 이하의 사람에게도 염치를 요구할 수는 있다. 그러나 그것조차 없는 대상에게는 아무것도 기대할 수 없다. 우리 정서에서 욕이란 이런 상황에서 사용된다. 경찰과 검찰은 말의 내용을 문제 삼고 종교인들은 태도와 표현을 문제 삼는다. 우리는 복음서에서 예수님과 세례 요한도 감정적으로 감당이 안 되는 순간에는 욕설과 저주를 서슴지 않았다는 사실을 알 수 있다

(마 3:7; 12:34; 23:33; 눅 3:7). 사실 무속적 개념에서 욕은 심각한 문제를 낳지 않는다. 우리는 주먹다짐을 하며 싸운 후에도 술 한 잔 하며 금방 관계를 다시 회복한다. 한국 교회가 나꼼수를 불편해하는 이유는 사실 다른 곳에 있다.

일부 한국 교회는 나꼼수가 하나님에게 도전한다고 믿는 지경에까지 이르렀다. 나꼼수가 직접적으로 한국 교회를 비난한 적이 없음에도 그들의 점잖지 못한 태도와 교회에 대한 존경이 없다는 점이 불편한 요인으로 작용했다. 그리고 김용민 PD가 개인적으로 했던 발언을 일부 편집해서 그들이 "한국 교회는 범죄 집단, 척결의 대상"이라고 선언했다는 극단적인 해석을 해버렸다. 사실 김용민 PD가 지칭했던 대상은 비리를 저지르고도 아무런 처벌도 받지 않는 일부 대형 교회 목회자들이었다. 하지만 목회자가 곧 교회이고 (지역)교회가 곧 하나님 나라이며 그 나라는 국가주의에 권위를 부여한다는 등식이 성립되어 있는 우리의 현실에서, 이런 반응이 나오는 것은 별로 이상한 일이 아닌지도 모른다. 전후 문맥도 없이 나꼼수 일원들이 참람한 말로 교회를 공격한 것으로 결론 나버렸다. 더구나 모든 권세는 하나님이 주신다고 믿는 반공 국가주의 신앙관을 가진 이들에게는, 국가에 도전하고 목회자를 비난하는 것처럼 보이는 나꼼수는 신성모독이자 반역에 해당하는 자들로 여겨질 수 있다. 나꼼수와 교회의 긴장은 사실 김용민 PD의 발언이 문맥 없이 부분 인용되면서 확산되었는데, 그것이 곧 나꼼수의 입장이 되어버리면서 확대 재생산되었다. 하지만 갈등의 본질은 발언의 진의를 떠나서 이미 태도의 문제에서 결정된 것이라고 볼 수 있다. 일부 대형 교회를 포함한 기득권 집단에 이미 미운 털이 박힌 나꼼수는 어떤 발언을 했더라도 보수적 기독교와의 갈등을 피해갈 수 없었을 것이다.

나꼼수가 생존 수단으로 사용한 무속적 광기는 우리 민족의 코드와 잘 들어맞았다. 그들의 선풍적인 인기는 우연한 것이 아니다. 네 명의 진행자 모두는 나름의 광기를 풍긴다. 여기서 말하는 광기는 가식이 없는 진정성, 여과되지 않은 감정의 폭발, 목숨을 걸었을 때 느껴지는 비장함, 정말로 무슨 일을 낼 것 같은 두려움 등을 의미한다. 우리는 이런 진정한 광기를 김진숙의 309일간의 크레인 농성에서 보았다. 거대 기업인 사측과 폭력적인 경찰이 전 세계 여론의 집중 조명에 부담을 느끼면서도 조속히 한 여성의 농성을 진압하지 못했던 것은, 무리한 진압 시에 그녀가 정말 한 치의 주저도 없이 뛰어내릴 것이라고 생각했기 때문이다. 결국 김진숙은 사측으로부터 조건부 동의를 얻어내는 성과를 거두었다. 광기가 진짜라고 생각하면 함부로 건드리기가 힘들어진다. 한국 교회 역시도 무속적 종교심을 기반으로 급격하게 성장했다. 하지만 교회가 취한 광기는 나꼼수와는 다르다. 교회는 생존하기 위해 미친 척할 필요가 없었으며 권력의 억압도 받지 않았다. 오히려 권력의 힘을 빌려 대중화되었으며, 지금은 하나의 거대 문화로 자리 잡을 정도로 대중적 성공을 거두었다. 교회는 양적 성장을 얻은 대신 진정한 광기를 상실했다. 아무도 목숨 걸고 교회를 다니지는 않는다. 성도들의 일상적 삶과 분리된, 그 삶에 진짜 관심도 없는 목사들의 추상적 설교에서 진정성을 찾기가 어려워졌다. 아직도 우리 사회에는 복음의 이름으로 비장하게 광기를 내보일 수 있는 영역이 너무나 많지만 대부분의 교회는 이런 영역에 접근도 하지 않으려 한다.

이런 의미에서 나꼼수는 교회가 아니지만 가장 한국적이면서 기독교적인 방법으로 현실의 문제에 접근한다고 볼 수 있다. 그들은 비장한 각

오로 현실과 부딪쳤고 평화적인 방법으로 권력의 압제를 폭로하며 저항하고 있다. 그 외에 그들이 할 수 있는 것은 아무것도 없으며 도울 수 있는 다른 권력도 없다. 자신의 할 일을 다하고 하늘의 도움을 기다린다는 말은 이 경우에 적용할 수 있을 것이다. 교회는 이들에게서 평화적인 방법으로 저항하고, 체제와 시스템이 조장하는 구조적인 악을 폭로하는 방법을 배워야 한다.

교회의 대응 방식, 하박국

이제 우리는 보수적이지만 보다 열려 있는 교회들을 생각해볼 수 있다. 어떤 이들은 나꼼수의 역할과 기여는 충분히 인정하지만 그것을 하나님나라의 일과는 무관한 것으로 보기도 한다. 마치 그들의 정서는 이스라엘의 범죄에 대해 왜 하나님이 침묵하시는가를 질문했던 하박국 선지자의 심정과 비슷하다. 의외로 하나님의 답변은 이스라엘보다 더욱 악한 바벨론 민족을 사용하여 이스라엘을 심판할 계획이니 그때를 기다리라는 것이었다. 하박국은 이 풀리지 않는 답변에 분노하면서 높은 망대에 올라가 하나님께 항의한다. 오늘날 교회 중심주의에 사로잡힌 사람들은 이와 비슷한 심정을 토로한다. "교회가 잘못했고 변혁되어야 한다는 것은 인정하지만 왜 세상 사람으로부터 욕을 먹으며 나꼼수 같은 사람들에게 비난을 받아야 한단 말인가?" 이들이 가지고 있는 관점은 몇 가지로 요약될 수 있다. 첫째는 교회란 곧 자신들이 매주 출석하는 지역 교회를 의미한다는 생각이고, 둘째는 현재 교회가 가진 교리적 틀이 신학적으로 올바르다는 확신이다.

하나님의 궁극적 관심은 그분의 백성이며 당신이 통치하는 나라에 있다. 따라서 주님의 몸인 교회는 마지막까지 사명을 다하고 생존하여 그나라의 영광의 잔치에 참여할 것이다. 그러나 교회의 개념을 목회자 중심의 "지역성"에 고정시키고 하나님 나라의 일을 상대화하는 입장에서 본다면, 분명 김용민 PD의 표현은 "교회 폐지론"으로 오해될 소지가 있다. 어째서 우리가 만든 기준과 카테고리로 하나님을 재단하고 그분의 사역을 구분하여 사람들에게 "이것이냐, 저것이냐"를 선택하도록 만들어야 하는가? 하나님의 생각과 길은 우리와 비교할 수 없을 정도로 높고 깊다(사 55:9). 자기의 기준으로 "감히 하나님의 교회를…" 하고 말하는 자들은, 어쩌면 북이스라엘 마지막 시대에 "하나님이 전쟁에서 이기게 해주실 것이다"라고 단언하며 왕을 속였던 400명의 거짓 선지자들을 연상시킨다. 현실 세계에 무관심한 오늘날의 교회를 하나님이 새롭게 부흥시켜 사용하실 가능성은 어쩌면 63빌딩이 바늘귀를 통과하는 것만큼 어려운 일인지도 모른다. 하나님의 뜻을 분별하고 행하는 사람들이 있는 곳에는 지역성을 넘어선 새로운 교회와 공동체가 탄생할 것이다. 현재의 제도적 교회가 충분히 오래 사명을 거부한다면 성령의 바람은 새로운 공동체를 중심으로 다시 불 것이다. 거짓 예언을 분별하고 하박국의 억울한 심정을 극복하기 위한 "그루터기 신학"은 적어도 우리나라에서는 "교회론"에서부터 시작되어야 할 것 같다.

체제에 돌직구를 던지신 주님

주님은 생애 마지막 주간에 성전을 정화하는 사역을 행하셨다(마 21:12-13; 막 11:15-17). 당시 성전은 종교 지도자들이 자신의 기득권을 강화하고 계급 체제를 유지하는 수단으로 사용되고 있었다. 주심은 자신의 정화 사역을 통해 단순히 성전을 "정화"하는 차원을 넘어서, 불의를 은폐하는 당시의 "성전 체제"에 대한 예언자적 공격을 감행하신다. 주님은 이스라엘 선지자들의 전통을 자신과 밀접하게 연관시키곤 하셨는데, 이 장면에서는 이사야 56:7("내 집은 만민의 기도하는 집이라")과 예레미야 7:11("이 집이 너희 눈에는 도둑의 소굴로 보이느냐")을 인용하셨다. 얼마나 탁월한 인용인가!

글렌 스타센에 따르면, 이사야서에 들어 있는 왕국에 대한 17개의 구절 중 무려 16개가 하나님 나라의 가장 중요한 특징으로 "사회적 정의"를 꼽고 있다. 심지어 이사야서가 예언하는 메시아의 정체성이 "대속을 통한 구원자"보다는 "하나님의 공의를 실현하는 자"로 보는 것이 더 타당하다고 느껴질 정도다. 같은 내용을 프란시스 쉐퍼는 "성경은 십자가가 아니라 창조로부터 시작하며, 복음서 이전에 창세기가 있었다"는 말로 표현했다. 예레미야 역시 당시 거짓 선지자들의 성전 체제와 홀로 맞섰던 사람이다. 따라서 "내 집은 기도하는 집이라 일컬음을 받으리라 하였거늘 너희는 강도의 소굴을 만드는도다"(마 21:13)라는 주님의 인용은 단순히 성전에서 장사하는 이들에 대한 분노가 아니라, 당시 성전을 중심으로 고착화되어 있던 불의한 사회 체제에 대한 정면 도전이었다. 희생 동물을 살 수 없으면 희생 제사도 드릴 수 없다. 기구들을 성전 안으로 들여오지 못하면 제사는 중단되고 말 것이다. 이런 장사가 이루어질 수 없다면 성전과 제사장을 위한 재정 지원도 중단될 것이다. 주님은 성전의 기능을 완전히 마비시킴으로써 기득권 계급과 정면으로 충돌하시는데, 이것은 재판 시 주님을 기소하는 이유가 되고(막 14:58) 십자가에서 조롱거리의 근거가 되었다(막 15:29). 주님은 현상과 사람이 아닌 체제와 시스템에 대항하셨다. 때로는 그런 이유로, 때로는 까닭 없이 제자를 책망하기도 하셨고(마 16:23), 자신을 칭송하고 따르는 군중을 흩어버리고 산으로 도망가기도 하셨다(요 6:15). 주님은 체제의 위력을 아셨고, 사탄이 천사를 가장하여 시스템 속에서 사람들의 이기심과 심지어 선한 동기까지 활용하여 궁극적인 악을 만들어낸다는 사실을 간파하셨다.

사회 체제와 시스템에 관심을 두지 않고 도덕주의를 지향하는 것 역시 오늘날 교회가 직면하는 가장 큰 유혹이자 오류다. 도덕이 공의의 한 측면으로서 자리 잡는다면 훌륭한 교회의 지표가 될 수 있을 것이다. 그러나 도덕이 중심을 차지하면 차선이 최선을 대치하는 주객전도가 일어난다. 도덕주의가 공의를 대신할 수 있기 때문이다. 개인이 도덕적으로 살려고 노력하는 것은 훌륭한 일이지만 그것이 자주 하나님 나라의 관점을 상실하게 만들 수도 있다. 도덕적인 삶을 사는 사람들은 종종 구조적인 공의에 헌신하기를 꺼려한다. 십일조와 헌금을 잘 내는 사람들이 이미 충분히 드렸다고 믿기 때문에 오히려 다른 구제에 인색한 것과 비슷한 이치다. 하나님 나라는 도덕성에 제한되지 않는다. 도덕주의의 강조는 기독교인의 삶에 필수적인 요소지만 그것이 하나님 나라의 법과 같을 수는 없다. 기독교 신앙은 "하나님의 계시"에 의해 세워진 믿음이지 윤리나 도덕으로 세워진 것은 아니기 때문이다. 동시에 우리는 우리의 윤리적 기준으로 하나님을 판단할 수 없다. 예수님도 자신이 가족 간에 불화를 조장하려고 오신 것이라고 말씀하는가 하면(마 10:34), 죽은 아비를 장사하는 것도 금하면서 "즉시 나를 따르라"고 명령하기도 하셨다. 심지어 더 중요한 일을 위해 가족에게 작별 인사를 고하는 것마저 금지하는 장면도 있다(눅 9:59-62). 주님이 가정을 버리라고 하시는 것이 아님은 분명하다. 사람이 헌신해야 할 더 큰 가치가 있는 법이며, 이것이 결국은 가정도 모두 살릴 것이라는 역설을 보여주신 것이다.

오늘날 시스템은 신학이 아닌 과학과 철학의 영역에서 실체를 드러내고 있다. 학문적 성과로 인해 우리는 고대의 사고방식과 문화를 이해하게 됨으로써 성경을 보다 잘 해석할 수 있게 되었다. 이것은 하나님이 허락하신 보편적 은혜의 한 측면이다. 하나님의 지혜는 교회에만 주어진 것이 아니며, 하나님은 당신을 알 만한 충분한 증거와 흔적들을 삼라만상에 심어놓으셨다(롬 1:19). 우리는 비록 듣기 싫고 고통스럽다 해도 교회 바깥에서 하나님이 말하게 하시는 소리를 무시해서는 안 된다. 사회의 불의에 대해 터져 나오는 외침들은 결국 교회의 직무 유기에 대한 꾸짖음이며, 교회를 통해 평화에 관한 일(눅 19:42)을 하기 원하시는 하나님의 이상이기 때문이다.

드러나버린 교회의 현실

이 글은 나꼼수의 모든 측면을 정밀하게 분석하는 것을 목적으로 쓰인 것이 아니기 때문에 그 한계와 미래에 대한 예측까지 담지는 못했다. 물론 나꼼수를 무조건적으로 수용할 수는 없다. 그들과 교회는 분명 섞일 수 없는 영역을 가지고 있다. 그러나 합당하지 않은 이유로 그들을 무조건 비난하거나 그 가치를 평가절하해서는 안 된다. 나꼼수를 무조건적으로 비판하는 일부 교회에게는 일단 나꼼수 방송을 한 개라도 끝까지 들어보라고 권유하고 싶다. 분명히 나꼼수는 교회(또는 기독교) 자체를 비판하거나 타도 대상으로 삼지 않았으나, 이상하게도 나꼼수의 존재 자체는 교회의 실체를 드러내는 결과를 가져왔다. 교회가 세상의 빛이 되어 어두움을 드러내야 할 것인데, 오히려 교회의 어설픈 공격이 투쟁과 희생으로 망가져가는 나꼼수를 통해 자신의 편향된 신학과 무지를 드러내버린 것이다. 그리고 교회는 다시 요나와 하박국이 가졌던 피해 의식으로 더욱 분노하고 있다. 사회의 불의에 대한 도전과 현실 참여가 없으니 박해도 받지 않았던 한국의 교회는, 이제 대중적인 문화로 기득권을 확보해가고 있다. 그리고 여기서 파생된 이상한 특권 의식과 선민의식이 여전히 세상과의 단절을 강화시키고 있다. 이 허위 계급장을 내려놓지 않는 한 교회가 나꼼수와 화해할 날은 아직 멀다고 할 수 있다. 교회는 세상을 섬겨야 하지, 세상에 대해 어떤 권위도 가질 수 없다. 교회의 권위가 인지된 권위가 되는 순간 그것은 더 이상 권위가 아니게 된다. 교회의 권위가 참된 영적 권위라면 스스로가 전혀 권위라고 느끼지 않아야 한다. 따라서 교회의 권위는 참되신 한 분 하나님에 의해서만 만들어지고, 권위 의식이 없는 사람들에 의해 유지되며, 자발적으로 헌신하는 백성들 사이에서 행사되어야 한다. 받아들이기 힘들지 모르지만, 세상의 본질을 정확히 볼 수 있는 특권은 교회에만 주어지지 않았다. 주님의 계시는 때로는 진정으로 분노하고 참여하는 사람들에게 임하며 광인들을 통해 해석된다. 복음서의 가르침을 보아도, 주님의 신성을 정확히 알아본 이는 제자들이 아니라 귀신들린 사람 또는 광인들이었다(막 5:7; 눅 4:41). 우리 또한 어설픈 일꾼이 아니라 하나님 나라의 진정한 광인이 되어야 하는 이유도 바로 여기에 있다.

교회는 그의 시대와 함께 살고 죽도록 운명 지워졌다. 당대의 독일 사회의 범죄에 직면한 본회퍼가 히틀러 암살이라는 차선을 선택한 사실은 널리 알려져 있다. 하지만 본회퍼가 그로 인한 피할 수 없는 죄의식에 심하게 괴로워했다는 사실은 간과되고 있다. 풍요로운 시대의 교회가 심각한 핍박과 윤리적 결정으로부터는 어느 정도 자유로울 수 있지만, 그 사회의 풍요로움을 유지하기 위해 희생되고 있는 공의의 사각지대에 대해서는 여전히 책임을 면할 수 없다. 동시에 여전히 고통당하는 피조세계의 신음소리에 대해서도 자유로울 수 없다. 만약 사회가 도덕적·정치적·경제적으로 무너져야 한다면 어쩔 수 없이 교회도 함께 무너져야 한다. 그것이 자기 시대와 함께하는 교회의 실존이다. 가장 비겁한 것은 고난을 피하면서 종교적 선민의식으로 다른 이들을 판단하는 것이다.

이번 대선에서 누가 승리할까에 많은 관심이 집중되고 있지만, 기독교인이 관심을 가져야 할 지점은 어떻게 하나님의 공의가 선거 과정에서 실현될 수 있는가 하는 것이다. 우리는 사람에게 지나친 희망을 걸 수 없다. 또한 특정한 사상이나 국가주의에 열광해서도 안 된다. 교회는 공의에 대해서는 민감해야 하지만, 정치적으로는 열광적이지 않은 상대주의적 입장을 견지해야 한다. 우리가 추구해야 할 가치는 특정 정치 이념이 아니라, 세상의 길과 반대로 하향성의 삶을 지향하는 그리스도의 길이기 때문이다. 이런 맥락에서 다음과 같은 마틴 루터 킹의 말은 깊이 음미될 필요가 있다. "복음의 모든 면을 설교하면서 당신 자신의 시대가 직면한 문제만 제외했다면, 당신은 전혀 복음을 설교하지 않은 것이다."

제3부

2012년 대선, 우리는 이런 대통령을 원한다

Ecclesia
Politica

8장_진정한 소통과 공감을 위하여

정윤수
(문화평론가)

2002년 12월, 혼전 끝에 노무현 후보가 당선되었을 때 나는 「한겨레21」 에 다음과 같은 글을 썼다.

"노무현 후보가 대통령 당선자로 확정됐을 때, 나는 젊은 친구들과 개표 방송을 보며 이것이 기성세대가 너희에게 줄 수 있는 유일한 선물이라고 말했다. 그 말을 하면서 나는 속으로 꽤 그럴듯한 표현이라고 생각했다.…하지만 나는 곧 내 말을 수정했다. 노무현은 젊은 세대가 스스로 선택한 정답이었으며 오히려 감사해야 할 쪽은 기성세대가 아닐까라고 말이다."

그때 내가 생각한, 비정치적인 당선 이유는 대중문화였다. 새로운 세대, 곧 1990년대를 자신의 성장기로 삼았던 세대에게 진정한 스승은 학교 안에 있지 않고 학교 밖의 대중문화였다고 나는 생각했다. 그렇다고 무슨 "좋

8장_진정한 소통과 공감을 위하여 _153

은" 대중문화, 그러니까 선량한 내용의 영화나 도덕적인 가사의 음악 또는 학교 교육의 모순을 담은 "저항적인 문화" 같은 일종의 "계몽적인 대중문화"를 의미한 것이 아니라, "좀 더 근원적인 감수성의 혁명"이 그들의 정치적 선택에 내재되어 있었다고 생각했다. 다시 그때의 칼럼을 살펴본다.

"그들은 지난 10년 가까이 왕성한 소화력으로 모든 종류의 대중문화를 통해 스스로 학습했다. 기성세대가 그들에게 베푼 교육이라고는 좀 더 나은 과외 선생과 좀 더 좋은 학원을 물색하는 것뿐이었다. 그곳에서 그들의 육체는 시들었지만 왕성하게 분비되는 호르몬이 그들의 감수성을 자극해 스스로 진화했다."

이렇게 그들은 스스로 진화하면서 왕성한 식욕으로 대중문화의 온갖 요소를 소화해내며 취미·기호·성향·관심사·감수성의 "다양성과 공존"을 자연스럽게 깨우쳤다. 이러한 새로운 세대의 원칙과 상식이 하나의 집합적 세대 감수성을 형성했고, 이 젊은 세대의 감수성의 혁명이 이른바 "대세론"으로 당선이 유력했던 막강한 상대 후보(이회창)보다 생물학적 나이로 젊을 뿐만 아니라 고루하고 진부한 주류의 문화적 관습을 태생적으로 거절했던 노무현 후보의 당선에 문화적 원인이었다고, 나는 생각했다.

그리고, 그로부터 이제 10년이 흘렀다. 지금 우리는 새로운 정치적 격변, 곧 문화적 충돌 앞에 서 있다. 10년 전의 흥분은 다 사라졌다. 그때의 젊은 세대도 어느덧 30대가 되었다. 2002년에는 월드컵이 있었고, 나름대로 경제적인 사정이 아주 형편없지는 않았다. 그러나 지금 이곳의 삶은 참혹하게 헝클어졌고 고단해졌다. 낯설었던, 그래서 저 어딘가 운이 나쁜 사람의 이야기일 거라고 짐짓 태연해했던, "비정규직 정리해고"라는 말이 이제는 이 사회 거의 모든 중하층 사람들에게 운명의 사슬이 되어버렸다.

생산직 노동자뿐만 아니라 사무직 노동자들도 이 사슬에 어김없이 포박당한 상태다. 10년 전의 열정은 조금도 찾아보기 어려운 이 곤고한 시대에, 다시 12월의 선택이 다가오고 있다. 어떤 모색이 필요한 시점이다.

수색 정찰의 시대

지그문트 바우만의 말대로 우리의 인생은 "수색 정찰"의 연속이다. 예컨대 이런 식이다. 급속한 근대화의 욕망이 집중된 아파트를 보라. 아파트 값이 올라도 불안하고 떨어져도 불안하다. 가격의 등락이 어떤 사람에게는 불안하고 다른 사람에게는 편안한 게 아니라, 모두에게 동시에 불안하다. 안정 값이란 존재하지 않는다. 교육은 또 어떤가. 강남으로 보낼 수 없다면 수도권 바깥의 대안 학교로 보내야 하는가. 그 어느 쪽도 불안하다. 취업은 어떠하며 적금은 어떠하며 결혼은 또 어떠한가. 바우만이 "세계화가 낳은 인류의 단일화란 근본적으로 달아날 곳이 아무 데도 없다는 뜻"이라고 말한 것은, 우리 사회에 적용할 때 한 치의 틀림도 없다. 빈 좌석이 하나도 남지 않은 심야의 좌석 버스에서 홀로 쓸쓸하고도 위태롭게 손잡이를 잡고 가야 하는 삶의 전면화다. 그러니 수색 정찰의 연속이다.

불확실한 공포, 정체를 알 수 없으며 따라서 강구할 대책도 뾰족하지 않은 상황, 막상 달려들어 싸워보려 해도 그 대상이 불분명하거나 심지어 자기 자신이 바로 그 표적일 수도 있는 이 불안과 공포의 연대기!

뭐라고? 엄살이라고? 바우만의 『유동하는 공포』가 대체로 그러하듯, 묵시록적인 수사로 슬쩍 얼버무린 공허한 독백일 뿐이라고? 그렇다면 아래와 같은 사례는 어떠한가.

2011년 8월 교보증권은 리테일 부문 영업 인턴사원을 공개 모집했다. 60명이 2주간 기초 교육을 받은 후 곧바로 영업점에 투입되었다. 곧 그들은 일반 직원과 같이 주식 영업 업무를 수행했다. 그 성과가 정규직 전환에 반영될 수 있다는 이야기가 퍼졌다. 인턴들은 수색 정찰을 마치자마자 곧바로 전투에 돌입했다. 약정 수수료나 계좌수를 채우는 일, 예탁 자산을 늘리거나 잠재 고객을 확보하는 일이 그것이었다.

"전투"는 과열되었고 일부는 가족과 친척들에게 구조 신호를 보냈다. 거의 "다단계"와 흡사한 무리한 실적 경쟁이 벌어졌고 교보증권은 힘들이지 않고 수수료 이익을 확보했다. 영업 실적을 위해 손해가 뻔한 상황에서도 주식 사고팔기를 반복하는 경우도 있었다. 전투가 끝난 후 정규직으로 전환된 사원은 16명. 교보증권 측은 "인턴사원들의 실적은 여러 평가 항목 중 하나에 불과하다"고 했지만, 어쨌든 40여 명은 자기 돈과 시간을 들여 취업 실패와 주식 거래 손해를 떠안고 패잔병처럼 취업 시장에서 패퇴했다.

이렇게 우리 사회는 태어나는 것 자체가 일종의 전투 시뮬레이션이 되고, 성장기 내내 그것이 과열되어 단 한 번밖에 없는 삶의 절정기를 가망 없는 약속 어음을 든 채 쓸쓸히 노년의 늪으로 내몰려가는, 냉혹한 사회가 되었다.

이런 상황에서 특정한 이념이나 가치에 따라 자신의 삶을 스스로 결정하고자 하는 일부 사람이나, 혹은 삼신할미의 랜덤으로 상당히 여유 있게 많은 것을 취사선택할 수 있는 입장에 있는 일부 사람을 제외하고, 대부분의 사람은 두 가지 선택밖에 할 수 없다.

자기를 착취하는 길

두 가지 선택지 중 하나는, 재독 철학자 한병철의 표현을 빌리자면, 자기 자신을 착취하는 것이다. 『피로사회』에서 한병철은 "성과 주체는 성과의 극대화를 위해 강제하는 자유 또는 자유로운 강제에 몸을 맡긴다. 과다한 노동과 성과는 자기 착취로까지 치닫는다. 자기 착취는 자유롭다는 느낌을 동반하기 때문에 타자의 착취보다 더 효율적"이라고 쓴다.

스펙? 이 대목에서 우리는 단박에 지난 10여 년 동안 가속화된 신자유주의에 의해 우리 사회의 청년들이 집단적으로 내면화하고 스스로의 통제 원리로 승인한 용어, 곧 스펙을 떠올리게 된다. 사물이나 기계의 물리적 능력이나 사양을 뜻하는 "스펙테이션"이 스펙이란 말로 축약되어 이 시대 청년들의 영혼을 주형 뜨게 되는 기막힌 병리적 현상에 대하여, 한병철은 "착취자는 동시에 피착취자"라고 말한다. 스스로를 억압하고 착취하는 "성공 담론"의 시대에 우리의 청년들은 속수무책으로 몸을 던진다. 앞에서 예로 든 어느 기업의 인턴사원 사례는, 그것이 어디 음습한 다단계나 사채 같은 음지가 아니라 우리 사회에서 상당히 번듯한(그리고 그룹 전체적으로도 모범적인 이미지로 평가받는) 대기업에서 발생했다는 점에서 충격을 준다. 몸을 던지지 않으면 안 되는 현황인데, 그렇게 전투적으로 투사한 사회의 첫 번째 발자국은 어김없이 늪으로 향하는 것이다.

그런 위험한 현실은 가공할 만한 판타지를 만들어낸다. 예컨대 홍정욱 전 의원을 생각해보자. 1990년대의 베스트셀러 『7막 7장』의 저자 홍정욱은 미국 하버드대, 스탠퍼드대 로스쿨을 졸업한 뒤 뉴욕, 런던, 홍콩 등에서 변호사와 금융 투자 전문가로 활동했으며 18대 국회의원으로 노원 병을 지역구로 활동하다가 19대 총선을 앞두고 "정당과 국회를 바로 세우기에는 역량과 지혜가 모자랐다"며 불출마 선언을 한 인물이다.

그가 불출마를 했다고 해서 넓은 의미를 정치를 하지 않는 것은 아니다. 당대의 삶에 대한 공적인 활동 전체를 넓은 의미의 정치라고 할 때, 비록 그는 총선에는 불출마했지만 다양한 직책과 위상 및 스스로 획득한 상징 자본을 바탕으로 왕성한 사회(정치) 활동을 하고 있다.

홍정욱은 1990년대 이후 확연해진 "자기 계발과 성공"의 아이콘이다. 18대 총선에서 원래는 동작구를 희망했다가 정몽준 의원에서 밀려 투표를 한 달도 남겨놓지 않은 상황에서 노원 병에 출마했을 때 그의 당선 가능성은 높지 않았다. 하지만 결과적으로 그가 당선되었는데, 당시 한나라당이 서울시 지역구를 싹쓸이 하는 "바람"을 탄 효과도 있지만, 기본적으로 노원 병은 "성공 아이콘" 홍정욱을 받아들일 준비가 되어 있던 곳이었다.

서울의 학원가는 크게 목동, 대치동, 중계동으로 나뉘는데 그중에서도 중계동이 포함된 노원구는 강북의 유명 외고 학생들이 밀집해 공부하는 학원가다. 밤마다 수천 명의 중고생들(외고 재학생이든 외고에 못 간 일반고 학생이든 외고를 가고 싶어하는 중학생이든)이 미래의 홍정욱을 꿈꾸며 희미한 형광등 밑에서 공부하는 곳이다. 다른 지역 학원가에 비해 대원외고, 서울외고, 대일외고 등과 비교적 가까운 노원구 학원가의 중고생들이 지난 1990년대 이후 가장 널리 읽은 책은 『7막 7장』이었다. 또한 그들의 부모도 자기 자식이 냉혹한 경쟁에서 승리하여 미래의 홍정욱이 될 수 있도록 그 책을 함께 읽었다. 『7막 7장』을 읽고 함께 토론하는 모임도 있었다. "성공 아이콘"을 받아들일 준비가 되어 있던 곳에 출마한 홍정욱은 당시의 수많은 후보자들 중에서 능력과 인물 면에서 높은 평가를 받고 있던 노회찬 후보를 1,500표 이상으로 따돌렸다.

그리고 수년이 흐른 오늘, 여전히 그 성공 신화가 깨지지 않고 있는 지금 홍정욱은 치열한 입시 경쟁을 뚫고 명문대 입성에 성공한 학생들에게 "모험의 리더십"을 가르치고 있다. 2012년 6월 4일 홍정욱은 연세대학교 위당관에서 "미래의 리더가 될 젊은이들에게 실패를 두려워하지 말고 도전하는 모험 정신"을 강조하는 이른바 "모험의 리더십" 특강을 가졌다.

나는 그가 획득한 상징 자본과 스스로 표현(연출)해내는 스타일을 잠시 들여다보고자 한다. 「중앙일보」 2012년 5월 5일자에 기고한 글에서 홍정욱은 "방은 스칸디나비아풍 가구 등 내 취향대로 꾸며져 있다. 의자도 덴마크의 가구 디자이너 핀 율의 작품으로 장만했다. CEO용 회전의자가 아닌 학교 걸상 같다. 책상 옆에는 보스(BOSE)의 아이폰 데크, 벽에는 전 BMW 디자인 총괄 담당자였던 크리스 뱅글의 스케치, 이우환의 그림이 걸려 있다. 수백 권의 책과 함께 조지 소로스, 김대중 전 대통령, 앨빈 토플러 등 명사와 함께한 사진도 책꽂이에 놓여 있다"고 썼다.

수백 권의 책과 그림과 세계적 명사들과 함께 찍은 사진이 걸려 있는 그의 서재(삼청동 소재)에 놓인 의자는 "CEO용 회전의자가 아닌" 핀 율의 작품이다. 검은 회전의자가 아니라 핀 율의 의자라는 점이, 그가 기존의 한국 사회의 지배 엘리트와 어느 정도 다른 맥락의 아이콘임을 말해준다. 세계적 수준의 인테리어 가구(핀 율의 진품이라면!), 예술 작품(이우환의 진품이라면!), 명사들과의 교유(틀림없이 함께 찍었을!) 등은 『7막 7장』의 청년이 오늘날 한국 사회의 최상위 수준의 학력과 문화와 정치력 등의 상징 자본을 획득하고 또한 그것을 근사하게 현시하는 광경을 증거하고 있다.

하지만 어떤 면에서는, 홍정욱이 그것을 지나치게 자세히 묘사하고 있다는 점에서 이런 상징 자본의 내면이 얼마나 현시적인가를 잘 보여준다. 그러니까 기존의 성공 에스컬레이터를 타고 가장 높은 지점에 막 도착한 자의 미적 취미와 그것의 드러냄이, 그가 직접 기고한 글에 적나라하게 나타나듯, 대단히 과시적이며 그런 점에서 천박하다는 것이다. 아마도 그는 글에서 묘사한 서재를 언젠가는 새로 도착한 트렌드로 다시 근사하게 바꿀 것이다.

같은 글에서 홍정욱은 "초등학생인 둘째가 어떤 책을 읽어야 하느냐고 물어서 이런 대답을 해줬다. '사람을 읽으려면 한비자를, 사람을 이기려면 손자병법을, 사람을 다스리려면 논어를, 사람을 구하려면 성경을 읽어라'라고." 책과 문명과 사람에 대한 이런 정도의 안이한 인식과 저렴한 판단 수준은, 비록 그가 과거의 지배 엘리트와 전혀 다른 유전자를 지닌 성공 신화의 스타라고 하더라도, 여전히 그 옛날 마호가니 장식장 안에 시바 료타로의 『대망』 전집이나 앨빈 토플러의 『제3의 물결』을 (자기가 보기보다는) 남에게 보이려는 목적으로 비치해두던, 과거 지배 엘리트의 문화적 스노비즘과 그리 멀리 떨어져 있지 않다. 거기다 바흐에 원두커피라니, 너무 잘 맞아 떨어지는 나머지 의도적으로 적절하게 배치한 것에 틀림없는 그런 세계가 홍정욱의 세계인 것이다.

이런 세계, 이런 스타일, 이런 욕망이 웬만해서는 통과하기 어려운 바늘구멍 저 너머의 세계라는 것은 어김없는 현실이다. 그 비좁은 구멍을 통과하려 하는, 세속적 성공의 기나긴 행렬은 여전히 줄어들지 않고 있다. 중요한 것은 이런 욕망을 "중산층의 허위의식"이라고 잘라 말하기가 어렵다는 것이다.

그렇다면 성공하여 어떤 삶을 살고자 하는가. 홍정욱이 직접 쓴 글에서 두서없이 나타나듯, 이른바 "노블리스 오블리제"의 근사한 스타일이 그 욕망의 외피가 된다. 얼핏 보면 거기에는 "자유로운 삶"이 있다. 수많은 중고생들이 『7막 7장』을 읽으며 꿈꾼 미래의 자화상이란, 과거 권위주의 시대에 한국 사회를 지배했던 검은 세단, 검은 양복, 검은 소파 따위로 장막을 친 케케묵은 권위가 아니라 청바지에 데님 셔츠를 입은 근사한 자유인이다.

이 욕망은 지긋지긋한 현실이 배태한 사생아다. 이 욕망은 자식의 성공을 위해 모든 것을 바친 부모 세대의 궁상맞은 현실로부터 벗어나고자 하는 욕망이다.

아이들은 말한다. 공부 열심히 해서 성공할 거라고. 그리고 덧붙인다. 돈에 구애받지 않고 자유롭게 살 거라고. 그렇게 하기 위해 그들은 매우 비현실적이기 때문에 너무나 현실적이기도 한 직업을 연상한다. 국제 변호사, 외국계 회사 컨설턴트 등. 요컨대 아파트 값과 교육비와 생활비에 전 생애를 바친 부모 세대로부터 벗어나기 위해 그들은 정확히 뭘 하는지도 모르는 국제 변호사나 컨설턴트 같은 것을 장래 희망란에 적으면서, 지극히 현실적인 학원가의 지옥도로 내몰린다. 그런 이유로 "홍정욱의 아이들"은 『7막 7장』을 열심히 읽었으며 그 이후 비정규의 나락으로 떨어졌다.

공감과 연대의 길

그리고, 다른 삶이 있다. 엇비슷해 보이지만, 다른 삶이다. 성공 자체가 목적이 아니라 자기 나름의 길을 걷다 보니 성공이라는 범주 안에 들어가게 된, 그런 삶이다. "안철수 현상"의 안철수가 바로 그 사람이다.

안철수 현상의 세대론적 측면은 바로 위와 같은 환상이 냉엄한 현실 앞에서 산산조각 나는 것을 목격하거나 체험한, 바로 그 목격과 체험 때문에 20대의 청춘이 너무도 일찍 시들어버린 수많은 청년들의 가혹한 일상 때문이다.

정치적 국면에서 볼 때 안철수의 정체는? 아직 불확실하다. 의견이 분분하다. 최근 1-2년 사이에 안철수는, 십수 년 동안 정치판에서 제 이름 석자를 각인시키고자 했던 수많은 여의도 "행려병자"들을 제치고 단박에 검색 순위 1위의 상종가를 치고 있다. 하지만 그가 누구인지 말할 수 있는 자는 아직 없다. 이 질문에 대해 가장 정확한 답을 할 수 있는 사람은 안철수 본인이지만, 사람들이 근원적으로 궁금해하는 질문, 곧 "출마할 것이냐?"에 대해서는, 적어도 2012년 8월 31일 현재까지 자신조차 분명한 어조로 답하지 않고 있기 때문에, 정치인으로서 그의 정체는? 불분명하다(편집자주. 9월 19일 안철수는 대선 출마를 공식 발표했다).

미확인 비행 물체? 이렇게까지 표현하는 것은 실례가 될 것이다. 대선(혹은 2011년 가을의 서울 시장 재보선) 출마 여부와 관련된 예민한 갑론을박만 제외하고, 안철수는 이미 오래전부터 공인된 셀러브리티다. 중산층 가정에서 양질의 교육(이른바 가정교육을 포함해)을 받으며 자라나 서울 의대에 진학했고, 백신 회사를 창업하여 역시 양질의 성공을 거뒀으며, 미국 유학과 이후의 실사구시적 학자의 길을 견실히 걸어왔다. 우리 모두가 다 아는 인물이며 더러 모자란 부분은 MBC "무릎팍 도사"나 수많은 책을 통해 손쉽게 보완할 수 있다.

그럼에도 분명치 않다. 무슨 얘기인가 하면, 많은 사람들이 실은 한마디로 묻고 싶은 것이다. "당신은 어느 쪽이냐? 누구 편이냐?" 거의 사생팬에 가까운 열정으로 안철수에게 던지는 수많은 질문은 바로 이것이며 안철수는 이에 대해서 즉답을 피하고 있다.

이런 판국이니 노회한 쪽에서는 "안철수"와 "안철수 현상"을 구분하려고 한다. 선의로 구분하여 보고자 하는 사람도 없지 않지만, 대부분은 "안철수 현상"의 그 현상, 곧 기존 정치에 대한 환멸과 새로운 변화의 욕구는 인정하되 그것이 "안철수"를 통해서 실현되는 것은 한사코 막으려고 한다.

안철수가 지금보다 더 불투명한 안개 속에 가려져 있을 때 이른바 "조중동"으로 불리는 보수 언론은 안철수라는 뉴스메이커를 어떤 식으로든 견인하기 위해 다양한 유인구를 던졌다. 실제적인 정치적 행보를 하기 이전부터 보수 정치권과 조중동은 안철수의 속내를 염탐하는 변화구를 쉬지 않고 던졌으며 안철수는 간혹 헛스윙을 한 적은 있으나 침착한 선구안으로 그들이 던지는 프레임의 포충망에 사로잡히지 않았다.

이를테면 이런 풍경을 증거로 삼을 수 있다. 2011년 6월 29일. 박경철과 함께 기획하고 진행한 "청춘콘서트"의 대전 충남대 강연 현장. 무려 3천여 명의 젊은이들이 몰려왔다. 자리가 모자라서 계단에도 앉고 그것도 모자라 결국 연단 위로까지 올라온 학생들이 박경철과 안철수 주위로 옹기종기 모여 앉는 진풍경이 벌어졌다.

주제는 "한국의 미래와 리더십." 법륜 스님의 격려사와 박경철, 안철수 두 사람의 토크. 그러나 이날의 풍경에서 진심으로 충격을 받은 사람은 게스트로 참석했던 윤여준이다. 치밀한 전략가, 합리적 보수주의자, 노회한 책사 등 또 한 명의 베일에 싸인 인물인 윤여준은 이날의 열기에 깊은 인상을 받는다.

오늘날처럼 심성이 공허하고 일상이 파탄 직전에 이른 때에 그 누가 3천여 명의 자발적 청중을 모을 수 있단 말인가. 그것도 청년들을 말이다. 정치 공학적인 측면에서 볼 때, 40대 이상이 특별한 상황이 발생하지 않는 이상 일관된 투표 방향을 가지고 있다면, 20대 유권자는 정치적 풍향을 예측하기 힘들다. 어떤 후보라도 40대 이상의 집토끼를 안전하게 지킨 후 20대라는 산토끼만 잡는다면 "40% 대통령"이 될 확률이 높아진다. 따라서 3천여 명의 자발적 청중(청년!)이 전국 각지에서 모여드는 상황이라면, 현실 정치에 깊은 영향을 미치고자 하는 사람(집단 혹은 정당)이라면 얼마든지 베팅해 볼 수 있는 자산이 되는 것이다. 김종인이나 윤여준은 충분히 이런 생각을 했을 것이다. 그러나 안철수는 2011년 서울시장 재보선 과정에서 자신에 대한 보수 일각의 기대를 단칼에 내쳐버렸다. 바로 이 지점이 일차 분기점이다. 그리고 그 여진은 지난 4·11총선에서 젊은 층에게 투표를 독려하는 "앵그리 버드" 퍼포먼스로 재확인되었다. 그 후, 정중동이다. 이 글을 마무리하고 있는 지금도, 안철수는 대선 출마를 "공식적"으로 선언하지 않고 있다. 중요한 것은 안철수의 내면이며 그 "현상" 이다(편집자주. 앞에서 이미 밝혔듯 안철수는 9월 19일 대선 출마를 공식 발표했다).

안철수와 "안철수 현상"

일각에서 말하는, 안철수와 "안철수 현상"을 분리하자는 의견은 표면적으로는 미증유의 정치 현상을 제대로 보고자 하는 논리적인 의견이지만, 기본적으로는 안철수와 그 "현상"을 따로 떼어내서 현상은 그것대로 분석하거나 대응하거나 치유하지만, 그것을 안철수에게 맡기는 것은 한사코 사양하려는 기성 정치권의 수세적인 항변에 지나지 않는다. 어떤 점에서 이것은 여의도 정치권에서 흔히 말하는 "신뢰의 정치"를 스스로 저버리는 행위이기도 하다. 청년들의 급증하는 불안과 연대에 대한 희망이 "안철수 현상"을 통해 드러났다고 할 때, 그것을 중요한 사회 현상으로 취급하되 안철수라는 잠재적 대권 주자와는 분리하여 수거함으로써, 그동안 안철수가 나름대로 청년들과 만나면서 서로가 서로를 격려하고 치유해온 과정 전체를 독식하려는 심각한 불신 정치의 단면에 지나지 않는 것이다.

이 "분리수거"가 위험한 것은, 비단 안철수의 현실 정치적 영향력을 약화시키려는 기성 정치권의 집합적 의도 때문만은 아니다. 더 중요한 것은 "안철수 현상"이 안철수라는 개인의 정치적 영향력이라는 표층의 측면보다는 이 시대 청년들의 불안한 현실과 희망의 연대라는 현실 정치로 나타남을 뜻한다고 할 때, 왜 그것이 박근혜나 김문수, 정몽준이나 문재인, 손학규나 김두관을 통해 나타나지 않고 안철수를 통해 나타났는가 하는 중요한 현실 지형을 간과하게 만든다는 점이다.

2-3년 사이에 전국 도처에서 벌어지는 그 많은 "토크 콘서트", "북 콘서트", "청춘콘서트"에서 왜, 유독, 안철수만이 하나의 사회적 현상으로서 청년들의 열광적이며 자발적인 관심을 증폭시키는가를 파악하기 위해서는, 결코 안철수와 안철수 현상을 분리해서 보아서는 안 된다. 그것이 분리 가능하다고 보는 것은, 또는 그것을 분리하고자 하는 것은, 서태지와 "서태지 현상"을 분리수거할 수 있다고 믿는 것만큼이나 어리석다. "서태지 현상"은 당대 젊은 세대의 문화적 욕망이 서태지라는 육체를 간절히

원했기 때문이며, 서태지 또한 이를 증폭시킬 만한 예술적 내공을 충분히 발현했기에 가능한 현상이었다. 안철수와 "안철수 현상"도 마찬가지다.

그렇다면 "안철수 현상"의 문화적 내면은 어떻게 형성되었는가. 첫째, 수많은 사람들이 현장에서 직접 목격하고 "간증"한 대로, 안철수 본인의 진실성이다. 진심으로 공감하고 진심으로 격려하고 진심으로 아파하고 진심으로 대화하려는 그의 자세는, 바로 대상이 되는 청년들이 어떤 부가 설명도 필요 없이 현장에서 그대로 느끼는 대목이다. 기성 정치인 중 누구라도 이런 행사를 통해 눈물의 공감을 표명할 수는 있다. 그러나 정치 공학적인 측면에서 보면 이런 "청년, 공감, 연대"의 프레임은 이미 안철수의 몫이 되었다. 중요한 것은 왜 이렇게 되었는가 하는 점이다. 동어반복이지만 그 원인으로는 안철수의 진실함(진정성이라는 표현도 가능하다)을 꼽지 않을 수 없다.

다음으로 생각해볼 대목은, 그렇다면 안철수의 진실함은 어디서 발생하는가 하는 점이다. 세간에 널리 알려진 그의 이력은 청년들의 고단함을 어루만지고자 하는 그의 진실함이 여의도 정치인들의 세련된 화술에는 미치지 못해도, 그들이 도저히 흉내 내기 어려운 생의 과정임을 말해준다. 2011년 9월 「한겨레」가 주최한 토론회에서 이원재 한겨레경제연구소장은 "안철수는 탐욕 없이 정직하고 선한 의지를 가진 기업과 기업가가 성공할 수 있다는 사실을 보여주었다. 탐욕이 선이라는 비상식적 경제 논리를 흔들고, 선의가 선이라는 상식을 되찾고 싶은 국민들이 안철수에 열광하는 것"이라고 정리했다. 2011년 6월 16일자 「머니투데이」 인터뷰에서 안철수는 "청년들이 능력이 부족하거나 노력이 적어서가 아니다. 기성세대가 만들어놓은 사회 구조적인 문제 때문에 불이익을 받는 것이다. 사회 구조적 문제이다 보니 20대는 일종의 포기 상태다. 수동적으로 상황을 받아들이고 어떻게 하면 살아남을까 행동한다. 불행하고 안타깝다"고 말했다. 이런 발언 역시 그가 오랫동안 기업 활동을 하면서 직접 목격하고 해결하고자 한 바탕 위에서 이루어진 진솔한 토로임을 우리는 쉽게 알 수 있다.

강준만은 『멘토의 시대』에서 "안철수를 두고 좌우니 진보·보수니 하고 따지는 건 무의미하다. 아니 이런 구분 자체가 시대착오적이다. '영혼이라도 팔아 취직하고 싶다', '실업자로 사느니 교도소에 가겠다', '우리에게 애국은 없다. 우리에게 고통을 전가하는 나라는 애국 받을 가치조차 없다'고 절규하는 청춘에게 무슨 얼어 죽을 좌우며 진보·보수 타령이란 말인가. 일관되게 청춘의 고통을 위로하며 일자리의 중요성을 강조하는 안철수가 대다수 청춘에게 가장 진보적인 정치인으로 여겨진다고 해도 놀랄 일은 아니리라"고 말했다. 이는 기성 정치권에 대한 강준만 특유의 비판적 냉소가 묻어 있는 문장이기는 하지만, 안철수의 진실성이 어디에 기인하는가에 대해 정확한 답이라고 할 수 있다.

한 걸음 더 나아가보자. 안철수가 오랜 기업 활동과 교수 생활을 통해 오늘날 한국 경제의 위기와 청년들의 불안을 현장에서 구체적으로 확인해왔다는 점은 두루 확인되는 바다. 하지만 이것만으로 그가 "눈물의 공감"과 "연대와 희망"의 아이콘이 된 것은 아니다. 이런 현실 이력의 밑바탕에 깔려 있는 멘털리티를 생각해볼 필요가 있다.

「한국일보」 2009년 12월 28일자 인터뷰에서 안철수는 "사람마다 성공의 정의는 다르다고 생각한다. 아니 달라야 한다. 사람마다 가진 능력이 천차만별인데, 어떤 기준으로 성공을 규정할 수 있겠나. 내 경우에 비춰 (성공을 이야기해)본다면, 내가 죽고 나서 사람들의 생각이 조금이라도 바뀌고 내가 한 일이 그들의 삶에 어떤 영향을 줬으면 하는 것이다. 그래서 성공의 정의를 말하라면, 흔적을 남기는 것이라고 얘기하고 싶다"고 말했다.

흔적? 이 단어는 그가 종종 쓰는 말이다. CBS 라디오 "시사 자키 정관용입니다" 2011년 5월 11일자 인터뷰에서 안철수는 이런 요지의 답변을 했다. "기왕에 생명을 가지고 이 세상에 태어났는데, 존재했을 때와 죽고 나서의 차이가 없다면 그것 참 서글픈 일 아닌가. 죽고 나서 없어지더라도 제가 했던 말 때문에 사람들의 생각이 조금 더 좋은 쪽으로 바뀐다든지, 또는 제가 쓴 책이 그때도 남아서 사람들의 생각에 영향을 준다던지, 사회에 기여를 한다든지, 국가 제도가 바뀌어서 사람들에게 좋은 영향을 미친다든지, 그런 게 흔적인 것 같다. 최선을 다해 살면서 조금이라도 흔적을 남길 수 있는 그런 삶을 살고 싶다."

이 "흔적"이란, 지배 블록에 한사코 기어들어가고자 하는 수많은 성공 신화의 아이콘들이 입에 올리는 번지르르한 말들과 확연히 차별된다. 바로 위의 인터뷰에서 확인되듯, 이 "흔적"은 가치의 실현에 의한 "흔적"이다. 2001년에 출간된 『CEO 안철수, 영혼이 있는 승부』에서 그는 "언젠가는 같이 없어질 동시대 사람들과 좀 더 의미 있고 건강한 가치를 지켜가면서 살아가다가 '별 너머의 먼지'로 돌아가는 것이 인간의 삶이라 생각한다"고 썼다.

앞의 문장은 2011년 11월, 1,500억 상당의 주식 지분을 사회에 환원하면서 직원들에게 보낸 이메일에도 다시 등장한다. 여기서 "별 너머의 먼지"라는 표현은 천문학자 칼 세이건의 저서 『코스모스』에 등장하는 "별의 재가 의식을 갖다"라는 문장과 잇닿아 있다. 별의 재가 의식을 가진 생명체를 이루다가 다시 재로 돌아가는, 그런 과학철학적 사유를 안철수는 내면화하고 있는데, 이는 그가 상당한 독서와 사유를 통해 인간의 유한한 삶의 영속적 가치에 대해 고민해왔음을 보여준다. 이런 측면 역시 "명문장 모음집"이나 "격언집" 같은 데서 슬쩍 빌려온 것을 앵무새처럼 읊어대는 기성 정치권과는 다른 면모다.

합리주의를 위하여

"안철수 현상"이 있기 전에 "조국 현상"이 있었고 "문재인 현상"이 있었다. 이 의미 있는 현상의 주인공 가운데 한 사람은 넓은 의미의 정치에는 참여하지만 현실 정치와는 거리를 두겠다는 의사를 여러 차례 밝혔으며, 다른 한 사람은 "낙동강 전투"에서 선전하면서 "초선"임에도 유력한 대선 후보로 활동하고 있다.

세 현상의 발생학적 동기는 다르지만, 그것을 관류하는 흐름은 "합리주의"다. 이명박 정부의 현저히 퇴보한 정치 행위에 환멸하면서도 이른바 "박근혜 대세론"을 극복할 만한 범야권의 4번 타자가 부재한 상황에서 두드러지게 나타난 세 현상의 저류가 "합리주의"라는 점은, 다음과 같은 사실을 시사한다. 즉 기본적으로 "민주주의 재실현"이라는 전제 아래 앞으로 전개될 정치와 사회의 운행이 기득권의 장벽이나 재벌의 만행에 가까운 행태나 어떤 우연적 요행이나 스펙 등이 아니라, 최소한 기회의 공정성과 투명한 집행이라는 "사회 합리성"에 의해 이루어지기를 원하는, 또한 그 "사회 합리성"이 진지하게 제고되기를 원하는 사회적 열망의 반영이라는 것이다. 더욱이, 온 국민이 "생생 라이브"로 지켜보는 가운데(그렇게 지켜보는 것 자체를 잘 알면서도) 거침없이 행동한 통합진보당 "사태" 이후로 합리성 또는 합리주의는 상당한 공명을 얻는 것으로 보인다. 문재인을 일컬어 "합리적 성품"이라는 표현이 자주 사용된다는 사실에서 알 수 있듯, 이는 박근혜로 표상되는 1인 지배 체제의 도래에 대한 공포와 혐오에 대한 반작용임은 물론이려니와, 범야권의 정치적 불규칙 바운드에 대한 경계로도 나타나는 심리적 현상이다. 안철수 현상의 저류에도 합리주의가 흐르고 있다.

요컨대 "안철수 현상"은 성공 자체가 지고의 선이 되는 홍정욱식의 신자유주의적 자기 계발 아이콘과 다르며, 강고한 장벽과 이너서클이 작동하는 네트워크로 이 사회를 쥐락펴락하는 지배 엘리트의 "리더십"과도 다르며, 뒤늦게 도착하여 청년들의 눈물자욱을 확인하고 있는 기존 야권 지도자들의 행보와도 다르며, 자기만족적인 감언과 가당찮은 이설로 불안한 청년들과 일종의 부흥회를 가질 뿐인(예컨대 김주하, 조수미, 현정화 등 유명 인사와 그룹 임원진이 대거 출연하는 삼성그룹의 "열정樂서" 같은) 판에 박힌 "청춘콘서트"와도 다른, 불안한 시대의 청년들의 집합적 열망과 분노가 응축된 현상이다.

공감의 시대를 위하여

2010년 봄 나는 좀처럼 쓰기 쉽지 않았던 글 하나를 겨우 쓴 적이 있다. 고 노무현 대통령의 1주기를 맞아 "노무현 재단"에서 발간하는 18인의 추모 문집 『노무현이, 없다』(학고재)에 수록될 글이었다. 노무현 대통령의 감성과 취향과 스타일이 어떤 슬픔의 역사 속에서 형성된 것인가를 되새기고 그가 남긴 흔적을 쓰다듬어보는 글이었다. 그 글 속에서 나는, 한 정치인의 "스타일"이란 선거 때 어떤 양복을 입고 어떤 색깔의 넥타이를 매고 어떤 유머와 화술로 연설하느냐 하는 식의 저열한 겉모습 스케치가 아니라고 썼다. 한 정치인의 스타일이란 "한 인간의 성장 과정과 지향하는 가치와 성격과 문화 취향을 보여주는 동시에, 어떤 결함을 가리고자 하는, 외부로 노출된 내부, 곧 한 인간의 내면세계 전체"이다. 이런 전체성에 의해 그에 대한 지지와 반대가 갈리고, 그렇게 나뉜 대립 항은 서로를 향해 핏발 선 논쟁과 입씨름을 벌이는 것이다.

그런 측면에서 나는 노무현이 시장판에 가서 떡볶이나 사먹는 것으로 서민의 아픔을 이해하는 흉내나 내는 저열한 정치판의 스타일을 일찌감치 벗어던진 사람이며, "삶 전체가 온전히 막막한 어둠" 속에 갇혀 있었던 사람, 가난과 시련과 저항의 그늘을 자신의 운명으로 마음 깊숙이 받아들이고, 수많은 고난 속에서 그것을 다스리고 위로하면서 애틋한 눈물 한 방울로 자신을 단속해낸, 진정한 매혹과 슬픔의 스타일을 지닌 정치인이라고 썼다. 그리고 이렇게 덧붙였다.

"이제는 누구도 그와 같은 스타일을 갖고 있지 않다. 그와 같은 정서와 눈물을 가진 사람, 그처럼 농축된 스타일의 정치인이 없기 때문에 그와 같은 스타일은 결코 재연되지 않을 것이다. 어쩌면 우리는 우리의 가난한 서정과 그 서정에서 길러진 애이불비(哀而不悲)의 위대한 연대와, 그 연대에 의해 형성되는 진실한 마음의 울림이 불가능한 시대를 살고 있는지 모른다."

거의 유일하게, 그 애틋한 눈물을 진심으로 흘릴 수 있었던 사람, 그가 1년 전에 자연의 다른 한 조각이 되어 우리 곁을 떠나갔다. 진실로 슬픈 것은, 그런 사람이 이제는 없다는 것이다.

그리고 이제 2012년의 겨울이 다가오고 있다. 상황은 여의치 않다. 민주적인 헌정 질서를 파괴하고 온 국민의 안온한 삶을 송두리째 철저한 감시 체제로 만들어 "강요된 평화"를 조장했던 장기 독재자의 딸이 이른바 "유력 후보"로 수년째 거론되고 있다. 당선되어서는 안 될 이유가 수천 가지도 넘지만, 그의 당선을 막을 만한 현실적인 방도는 거의 없어 보이는 형국이다.

이런 이유로 나는, 2년 전에 조금은 비감한 어투로 썼던 앞의 내용을 어느 정도 수정해야 할 필요성을 느낀다. 이장에서 군수를 거쳐 도지사까지 지낸 어느 후보는 "국민 아래에서" 정치를 하겠다고 한다. 그 진정성을 의심하지는 않는다. 어느 후보는 "저녁이 있는 삶"을 이야기하고 있다. 최장의 노동 시간, 가혹한 노동 조건, 가족의 해체와 관계의 박탈이 있는 위험천만한 사회에서 "저녁"은 단지 물리적인 오후와 밤 사이의 시간이 아니다. "저녁의 삶"이란 휴식과 성찰이 있는 삶이며 문화와 나눔과 여백이 있는, 요컨대 인간적인 삶이다. 이것 또한 소중하다. 또 다른 후보는 노무현 후보의 정신을 발전적으로 계승하여 소수의 특권층이 아니라 다수의 서민들이 서로 연대하는 진정한 복지와 평화의 삶을 추구한다. 공감할 만한 움직임이다. 그리고 앞서 두루 살핀 바와 같이, "장외"에서는 안철수가 새로운 소통과 공감의 문화적 지평을 넓히고 있다.

이런 흐름이 "정치적인 일정"에 따라 어떤 식으로든 하나의 방향으로 수렴되고, 그 수렴된 방향 속에서 진정한 소통과 공감의 정치가 12월 이후에 제대로 펼쳐지는 꿈, 그 상상, 그 희망을 버릴 수는 없다.

9장_절취와 반복에 대해서: 시인이 호명하는 대통령

김응교
(시인, 문학평론가, 숙명여대 교수)

아마 내가 이십대 말쯤이었을 것이다. 시 낭송회가 끝나고 시인들과 독자들이 종로 술집에 모여 술과 밥을 나누는 왁자지껄한 자리였다. 1987년 민주화 시위가 끝나고 뭔가 새로운 희망이 봄나물 피듯 스멀스멀 움트던 시기였다. 지겹도록 오랜 기간 서로의 얼굴에서 어둠만 확인했던 사람들이 조금씩 큰 소리로 웃기 시작했던 무렵이었다. 사람들은 주전자에 담긴 막걸리를 조심스레 마시며 서로를 위로했다. 구석에 아무 말 없이 앉아 있다가, 간간히 웃음을 흘리던 긴 머리 아가씨가 있었다. 작가들이 모이면 가끔 동석하던 작가 지망생 중 한 명인 듯싶었다. 그녀는 늘 말수가 적었다. 아니 그녀가 말하는 걸 본 적이 없다. 밤을 꼬박 새워 졸린 눈 비비며 이제는 눈을 붙여야 할 동틀 녘, 자리를 떠나려는 내게 긴 머리 아가씨가 말했다.

"가는 길에 태워줘요."

집이 불광동 어디라고 했던가, 함께 가기로 했다. 얼마쯤 갔을까. 그녀가 말했다.

"혹시 내가 지금 가장 가고 싶은 곳에 데려다 줄 수 있어요?"

"어딘데?"

"그냥…지금 소원이에요."

그 어디가 어디인지 그녀는 말하지 않았다. 그렇지만 이 짧은 말이 가볍게 들리지는 않았다. 모임에서 몇 번이고 보아왔던 그녀의 작은 소원을 들어주고 싶었다.

그녀는 경기도 파주 쪽으로 차를 몰아달라고 했다.

안개가 통일로에 희뿌염이 가득 깔려 있었다. 그나마 통일로를 통해 북쪽으로 달릴 때는 괜찮았는데 좌회전해서 들길에 들어섰을 때, 안개는 더욱 짙어져 헤드라이트를 켜야 했다. 그리고 조금 지났을 때 내 차가 들어선 곳이 새벽의 공동묘지라는 것을 알게 되었을 때, 내 머리는 쭈뼛해졌다. 그리고 긴 머리의 아가씨 옷이 하얀색이었다는 것을 전혀 몰랐던 일처럼 새삼 깨닫게 되었다. 아가씨는 손짓만 했다.

"여기요."

차를 세운 곳은 공동묘지 관리소 앞에 있는 주차장이었다.

흰 치마의 그녀는 주차장에서 내려 길가의 꽃을 꺾기 시작했다. 그리고 몇 송이를 꺾어 무덤이 있는 사이로 걸어갔다. 나는 귀신에 홀린 듯 따라갔다. 그녀는 한 무덤에 서서 꽃을 무덤가에 놓았다. 그러고는 무덤 앞에 한참을 서 있었다. 그 무렵 다행히 햇살이 안개를 걷어내면서 두려움도 사라지자 내가 물었다.

"누구야?"

그녀는 말이 없었다. 한참만에 그녀는 겨우 입을 열었다.

"아빠."

"…왜 비석에 이름이 없지?"

그녀는 아주 작게 입을 벌려 말했다. 들릴 듯 말 듯.

"아빠…인혁당이었어."

내 마음을 지탱하던 기둥 하나가 툭 부서지는 소리가 들렸다.

인혁당, 그녀의 아버지는 인혁당 사형수였다.

1974년 당시 유신 반대 투쟁을 벌였던 민청학련(전국민주청년학생연맹)이 수사를 받으면서 "인혁당 재건위"는 배후 세력으로 지목되었고, 곧 국가 보안법과 대통령 긴급조치 4호 위반 등을 이유로 관련자들이 다시 기소 됐다. 피고 중 8명은 1975년 4월 8일 대법원에서 사형을 선고받은 후 18 시간 만에 사형이 집행됐다. 부패한 정권에 저항했다는 이유로 사형이 언 도된 것이다. 죄 없는 피해자에 대한 처형이 이뤄진 1975년 4월 9일의 인 혁당 사건은 "사법 사상 암흑의 날"로 규정되고 있다. 공교롭게도 1945년 4월 9일은 히틀러에 저항했던 본회퍼 목사가 사형당한 날이기도 해서 잊 을 수 없는 날이 되었다.

아직 찬 기운이 남아 있던 4월 어느 날, 돌아오면서 그녀에게 아무것 도 물을 수 없었다. 조수석에 앉아 있던 그녀가 간간히 흐느꼈는지도 모 르겠다. 작가들 모임에 가끔 나와 한마디 말도 없이 구석에 앉아 있던 그 녀의 그림자 닮은 모습이, 저 슬픔에서 생긴 아우라라는 사실을 그때야 비로소 깨달았다. 상상하기조차 어려웠을 그녀의 성장 과정이 내 머릿속 에서 도저히 풀 수 없을 만치 복잡하게 엉켰다. 시도 때도 없이 눈물 흘렸 을 그녀의 어머니가 떠올랐다. 온몸이 고문을 받아 푸르딩딩한 시체로 돌아왔다는 신문 기사도 이후에 읽었다. 죄 없는 아버지가 국가에 의해 사형당한 깊디깊은 슬픔의 단 한 모퉁이도 나는 접근조차 할 수 없었다.

꿈인가 생시인가 서울로 운전할 때, 서서히 떠오른 아침 햇살은 통일로의 안개를 완전히 몰아내고 있었다. 내가 생각하고 싶지 않아 했던 감추어진 역사의 안개를 밀어내고 있었다.

칠쟁이를 밑씻개로 하자

> 진실은 돌연 누군가에게 한 대 맞은 듯 골똘히 생각에 잠겨 있는 상
> 태에서 급작스럽게 내쫓기고, 시끄러운 소동, 음악소리 혹은 도와달
> 라는 소리 따위에 화들짝 놀라 깨어나기를 바란다. 누가 참된 작가의
> 내면을 갖춰진 경보기를 셀 수 있었겠는가? '글을 쓴다는 것'은 그러
> 한 경고음을 켜는 것에 다름 아니다.

발터 벤야민(Walter Benjamin, 1892-1940)이 "긴급기술지원대"(『일방통행로』, 새물결 역간)에 쓴 글이다. 파시즘과 독재가 스멀스멀 독가스를 도시에 흩뿌리고 있을 때, 조금씩 사람들의 영혼에 타들어갈 때, 어떤 시인이 자기 내면에 장착된 경보기의 숫자를 세며 용기 있게 "집필"이라는 행위로 비상경보기를 켤 수 있을까.

독재 시대는 인간을 전체주의의 도구로만 파악한다. 시인들은 파시즘 시대의 비극을 가만히 보고 있지 않았다. 본래 맑은 자유를 호흡하는 시인이란 존재는 탁한 공기가 조금이라도 틈입하면 숨 막혀 고통을 호소한

다. 파시즘이라는 가스가 유럽 세계를 덮칠 때, 베르톨트 브레히트(Bertolt Brecht, 1898-1956)는 히틀러의 나치즘에 반대하며 "칠쟁이 히틀러의 노래" (Anstreicher Hitler)라는 시를 발표했다.

1

칠쟁이 히틀러는
말했네, 친애하는 국민 여러분, 제게 일할 기회를 주십시오!
그리고는 갓 만든 회반죽을 한 통 가져와
모든 독일 집을 새로 칠했다네.

2

칠쟁이 히틀러는
말했네, 이 신축가옥은 곧 완공됩니다!
그리고는 구멍 난 곳, 갈라진 곳, 빠개진 곳들
모든 곳을 모조리 발라버렸다네.
모든 똥덩이를 온통 발라버렸다네.

3

오, 칠쟁이 히틀러여
왜 그대는 벽돌공이 되지 않았나?
회반죽이 빗속에서 발라지면 그대 집은
똥덩이가 줄줄 흘러내리지 않나?
온 똥덩이 집으로 말일세.

4
칠쟁이 히틀러는
색칠을 빼놓고는 아무것도 배운 바 없어
정작 일할 기회가 주어지자
모든 것을 칠하기만 했다네.
독일 전역을 칠하기만 했다네.

히틀러가 브레히트 체포령을 발표하자, 그는 1933년 2월 28일 독일을 떠나 15년간의 긴 망명 생활을 시작한다. "구두보다도 더 자주 나라를 바꿔가며"라는 자신의 표현대로 이 나라 저 나라 떠다니던 브레히트지만 독재자 히틀러에 대한 비판은 멈추지 않았다.

덴마크에 망명하고 있던 브레히트가 "나의 내부에서 싸우고 있는 것은 / 꽃으로 만발한 사과나무에 대한 도취와 / 저 칠쟁이의 연설에 대한 분노이다 / 그러나 후자만이 / 나로 하여금 당장에 펜을 잡게 한다"라고 "서정시를 쓰기 힘든 시대"(1939)에 썼듯이, 칠쟁이 히틀러에 대한 그의 분노는 가라앉지 않았다. 브레히트는 학살과 전쟁의 주범이자 젊은 시절 화가 지망생이었던 히틀러를 "칠쟁이"로 희화화한다. 브레히트가 보기에 히틀러는 독일 전역에 폭력을 칠하는 칠쟁이에 불과했던 것이다.

압제자에 대한 시인의 분노는 유럽의 브레히트만이 아니라, 우리에게도 적지 않았다. 자본의 출판 시장에서 세련된 모더니스트로 포장된 시인 김수영은 이승만 정권의 몰락을 목도하며 "우선 그 놈의 사진을 떼어서 밑씻개로 하자"(1960. 4. 26)라는 천박한 제목의 시를 남겼다. 이 시가 쓰인 4월 26일 아침은 이승만 대통령이 사의를 표명했던 날이었다.

우선 그 놈의 사진을 떼어서 밑씻개로 하자
그 지긋지긋한 놈의 사진을 떼어서
조용히 개굴창에 넣고
썩어진 어제와 결별하자
그 놈의 동상이 선 곳에는
민주주의의 첫 기둥을 세우고
쓰러진 성스러운 학생들의 웅장한
기념탑을 세우자
아아 어서어서 썩어빠진 어제와 결별하자

이제야말로 아무 두려움 없이
그 놈의 사진을 태워도 좋다
협잡과 아부와 무수한 악독의 상징인
지긋지긋한 그 놈의 미소하는 사진을
대한민국의 방방곡곡에 안 붙은 곳이 없는
그 놈의 점잖은 얼굴의 사진을
동회란 동회에서 시청이란 시청에서
회사란 회사에서
××단체에서 ○○협회에서
하물며는 술집에서 음식점에서 양화점에서
무역상에서 가솔린 스탠드에서
책방에서 학교에서 전국의 국민학교란 국민학교에서 유치원에서
선량한 백성들이 하늘같이 모시고

아침저녁으로 우러러보던 그 사진은
사실은 억압과 폭정의 방패였느니
썩은 놈의 사진이었느니
아아 살인자의 사진이었느니

(중략)

밑씻개로 하자
이번에는 우리가 의젓하게 그놈의 사진을 밑씻개로 하자
허허 웃으면서 밑씻개로 하자
껄껄 웃으면서 구공탄을 피우는 불쏘시개라도 하자
강아지장에 깐 짚이 젖었거든
그놈의 사진을 깔아주기로 하자…

4·19혁명이 일어난 지 일주일이 지난 1960년 4월 26일 이른 아침에 쓰인 이 시는 자유를 희구하는 절정의 순간을 거칠게 호흡하고 있다. 김수영 문학의 매력이 폭력적으로 발휘된 시다. 짧은 행으로 빠른 속도를 읽히는 가독성, 거칠게 난도질당한 의미들, 뜻밖의 우연한 표현들이 독자를 시원하게 한다. 김수영은 이 시에서 "민주주의는 인제는 상식으로 되었다 / 자유는 이제는 상식으로 되었다 / 아무도 나무랄 사람은 없다 / 아무도 붙들어갈 사람은 없다"라고 썼다. 김수영이란 존재는 오직 자유를 위해 발버둥친 시인이었다. 그렇지만 이 시를 쓴 지 1년 뒤인 1961년 5월 16일, 이런 시를 쓰면 잡혀가서 고문당하는 18년간의 긴긴 어둠의 시대가 "반복"

되며 다가오고 있었다. 김수영은 군인이 정권을 잡는 시대를 예언자처럼 이렇게 예언했다.

철조망을 우리집은 닮아가고 있다
바닥이 없는 집이 되고 있다 소리만
남은 집이 되고 있다 모서리만 남은
돌음길만 남은 난삽한 집으로
기꺼이 기꺼이 변해 가고 있다
　　　　　　　　　　—「의자가 많아서 걸린다」(1968.4.23)

김수영은 권위주위와 압제, 검열과 고문이 "집"이라는 일상 공간으로 다가오는 것을 시인의 더듬이로 감지했다. 행복해야 할 집이 아버지와 아들이 끌려가는 "난삽한 집"으로 변해가는 18년의 유신 시대는 비극으로 끝났다. 그렇지만 비극은 끝나지 않았다. 한번 굴러가는 비극의 바퀴는 잠시 멈추는 것 같지만 제대로 막지 않으면 또 굴러온다. 1980년 광주민주화항쟁과 함께 또 다른 야만의 시대로 "반복"되며 이어졌다.

잊혀진 과거의 반복

시간의 흐름 속에서 일어났던 사건들을 어떻게 평가할 수 있을까. 그 흐름을 어디서 어디까지 취하는가, 곧 절취(截取)하는가에 따라 역사에 대한 해석은 전혀 달라진다. 그 떼어낸 부분을 우리는 부분 대상(partial object)이라고 부른다.

박정희 시대를 평가하는 사람은 자신들의 입장에 따라 부분 대상을 절취한다. 박정희 시대를 경제개발 5개년 계획에 따라 한강의 기적, 경부고속도로 건설, 포항제철 공장 건설 등의 사건으로 "절취"하는 사람들에게 박정희는 나라를 구한 구국의 대통령으로 보일 뿐이다. 그렇지만 반대의 부정적인 부분을 절취한 사람들에게 박정희는 부정적인 인물이 된다.

식민지 시대 모두 친일할 수밖에 없었다는 사람들이 외면하는 사진이 있다. 똑같은 식민지 시대에 참을 길 없어 기관총을 들고 저항할 수밖에 없었던 광복군 장준하(오른쪽), 김준엽(전 고려대 총장), 노능서 선생의 사진이다. 만주군 장교 출신인 박정희가 5·16쿠데타로 정권을 잡았을 때 장준하는 이렇게 말했다고 한다.

"일제가 그냥 계속 됐다면 너는 만주군 장교로서 독립투사들에 대한 살육을 계속했을 것 아닌가."

만주군 중위 출신인 박정희에게 광복군 대위 출신 장준하는 냉엄하게 반박했다. 장준하에게 "절취"된 박정희의 시간은 만주군 장교로 있던 시절이다. 이외에도 박정희의 조선노동당 가입 등을 빤히 알고 있던 장준하는 의문의 죽음을 맞이한다.

2012년 8월 대전에서 열렸던 한국작가회의 수련회에서 시인 신경림

선생은 이 시대를 이렇게 증언했다.

> 대통령을 우리 손으로 뽑게 해달라고 박정희에게 청원서를 냈던
> 1975년 61명 작가들이 모두 끌려갔어요. 끌려갔다가 나와서 독재에
> 맞서 싸우자 해서 만든 것이 자유실천문인협회예요. 고은, 박태순,
> 조태일, 염무웅 등 101명이 자유실천문인협회를 만들고 거의 모두
> 끌려가 박정희 정권에게 반쯤 죽도록 맞고 나왔지요. 이시영, 송기영
> 시인은 그때 젊은 나이로 실무를 봤죠. 5년쯤 맞아가면서 모두 더욱
> 단단해졌죠.

작가란 표현의 자유를 희구하는 존재다. 그러나 박정희 정권은 공산
주의를 몰아낸다는 명목으로 민주주의의 모든 가치를 고문하고 무시했
다. 브레히트와 김수영이 저주했던 시대가 다시 실현되었던 "비극적 반
복"이었다. 이처럼 시인 신경림에게 "절취"된 박정희 시대의 부분 대상은
자유를 억압하는 기간이었다.

박정희가 5·16쿠데타 직후 쓴 『우리 민족의 나아갈 길』에는 "민주주
의라는 빛 좋은 개살구는 기아와 절망에 시달리는 국민 대중에게는 너무
무의미한 것이다"라는 섬뜩한 언사가 있다. "민주주의라는 빛 좋은 개살
구"라는 표현은 지독히 충격적이다. 누구든 이 말을 빌려 쿠데타를 일으
켜도, 몇 놈이 죽든 말든, 기아와 절망에 시달리는 국민 대중을 일으킨다
는 명목으로 무력으로 정권을 잡을 수 있다는 선례를 남긴 것이다.

비단 이 일뿐만 아니다. 5·16쿠데타, 유신 쿠데타, 최종길 교수 고문
살인, 인혁당 조작 고문 살인, 장준하 암살, 김대중 암살 실패 등 유신 시

대에서 "절취"된 참혹한 "부분 대상"들은 단순한 두 치 혀의 사과로 끝날 수 없는 사건이다. 이런 상황과 비교하여, 스탈린의 딸이 고백한 말을 들어보자.

> 우리 아버지는 독재자였고, 딸로서 침묵한 나도 공범자다. 이제 아버지는 세상에 없으니 내가 그 잘못을 안고 가겠다…아버지가 독재할 때 왜 여러분은 침묵하셨습니까? 그건 공모입니다. 나도 아버지가 잘하는 줄 알고 침묵했습니다. 나도 공모했습니다. 하지만 아버지가 이제 죽었습니다. 이제 아버지에 대한 욕과 비판을 나에게 하십시오.

스탈린의 외동딸 스베틀라나는 회고록에서 이렇게 밝혔다. 그런데 우리의 독재자들에게는 그런 자식이 없다. 오히려 그런 시대가 "최선의 선택"이었다고 한다. 오히려 "아버지"가 계셨기에 조국이 근대화될 수 있었다고 한다. 이러한 논리가 한국 사회의 기층 세력에게 통하는 것은 비극적인 상황이다.

한국인이 집단적으로 반복하는 하비투스(habitus, 習俗) 중 하나는 샤머니즘적인 충성심이다. 즉 카리스마 독재자를 숭앙하는 하비투스가 존재한다. 이러한 하비투스는 새마을 운동이니 경부고속도로니 포항제철 등만을 높이 숭앙하는 태도와 이어진다. 반민주주의적 폭력과 상관없이 경제 성장을 부분 대상으로 취하여, 반복, 반복, 또 반복하여 박정희 시대를 숭앙하는 태도다. 이러한 부분 대상에 취한 하비투스의 무리는 집단 마취되어 컬트적인 환호를 보낸다. 그렇지만 그 이면에 있었던 인권 말살은 도외시하고, 마치 일본군 성 노예와 독립군 고문 학살을 저질러놓고도 반성하지 않는 일본이 "한국이 일본의 식민지가 되었기에 근대화될 수 있었다"는 논리를 주장하듯, 이 하비투스는 한국의 경제 성장을 지도자 박정희 덕이라고만 강조한다. 부자가 된다면 인간은 돼지가 되어도 좋다는 논리와 무엇이 다를까. 과거의 역사를 반성하기는커녕 오히려 박정희를 이성계에게, 박근혜를 세종에 비기는 사람까지 있다. 이에 대해 시인 고은은 이렇게 일갈(一喝)했다.

> 아주 무식한 혈통주의네. 박정희는 극복해야 될 인물이지 세습해야 할 인물이 아니에요. 다시 나타나면 안 될 시대를 의인화한 것이 박정희지. 고통스런 과거를 아주 희미하게 여기는 경향이 있어 그러면 안 돼…어떻게 박정희와 박근혜를 이성계와 세종에 비유해! 범죄적 수준의 견강후회네. 아주 무식한 놈이나 지능범이 할 말이야. 세종의 위대성은 자기 아버지를 복제한 것이 아니고, 아버지를 내친 데 있어.
>
> —고은, "박정희는 극복해야 할 인물이야", 「한겨레신문」(2012. 7. 22)

박정희의 딸에게 5·16을 묻는 것은 세종대왕에게 할아버지인 이성계의 고려 멸망을 묻는 것과 같다는 생각은, 대한민국은 주권이 국민에게 있는 민주 공화국임을 망각한 망언이다. 대한민국을 무슨 왕조국으로 착각하는 치매다. MBC 언론 독재, 부패 인권위원장 연임, SJM 폭력 컨택터스에 대해 박정희 전 대통령의 딸은 한마디 언급도 없다.

영화 "밀양"에서 가장 구토 나는 장면은 살인자가 하나님께 용서받았다며 피해자와 상관없이 웃으며 자위하는 장면이다. 영화 "우리들의 행복한 시간"에서 가장 아름다운 장면은 살인자 윤수가 피해자 할머니를 뵙고 벌벌 떨며 통곡하며 잘못을 비는 장면이다. 지금 박정희를 숭앙하는 이들의 광폭 행보는 어느 쪽에 가까운가. 전태일과 인혁당의 가족들은 "밀양"에서 보았던 비루한 미소를 대하는 기분이 아닐까. 최저 임금이 얼마인지도 모르고, 전태일 벗들 수천 명 구속한 박정희 동상을 세우고, 전태일의 현재형인 쌍용 피해자들 문전박대하고 쌍용 국정 조사 외면하면서 갑자기 국민 통합을 외치는 장면은 "밀양"의 미소를 상상케 한다.

　오랫동안 독재가 이어져왔던 한국 사회 속에서 한 시인이 그리던 대통령의 모습을 인용해본다.

　스칸디나비아라든가 뭐라구 하는 고장에서는 아름다운 석양 대통령이라고 하는 직업을 가진 아저씨가 꽃리본 단 딸아이의 손 이끌고 백화점 거리 칫솔 사러 나오신단다. 탄광 퇴근하는 광부들의 작업복 뒷주머니마다엔 기름 묻은 책 하이덱거 럿셀 헤밍웨이 장자(莊子) 휴가 여행 떠나는 국무총리 서울역 삼등대합실 매표구 앞을 뙤약볕 흡쓰며 줄지어 서 있을 때 그걸 본 서울역장 기쁘시겠오라는 인사 한마디 남길 뿐 평화스러이 자기 사무실문 열고 들어가더란다. 남해에서 북강까지 넘실대는 물결 동해에서 서해까지 팔랑대는 꽃밭 땅에서 하늘로 치솟는 무지개빛 분수 이름은 잊었지만 뭐라군가 불리우는 그 중립국에선 하나에서 백까지가 다 대학 나온 농민들 추럭을 두대씩나 가지고 대리석 별장에서 산다지만 대통령 이름은 잘 몰라도 새이름 꽃이름 지휘자 이름 극작가 이름은 훤하더란다. 애당초 어느쪽 패거리에도 총쏘는 야만엔 가담치 않기로 작정한 그 지성(知性) 그래서 어린이

들은 사람 죽이는 시늉을 아니하고도 아름다운 놀이 꽃동산처럼 풍요
로운 나라, 억만금을 준대도 싫었다 자기네 포도밭은 사람 상처 내는
미사일기지도 땡크 기지도 들어올 수 없소 끝끝내 사나이나라 배짱
지킨 국민들, 반도의 달밤 무너진 성터가의 입맞춤이며 푸짐한 타작
소리 춤 사색뿐 하늘로 가는 길가엔 황토빛 노을 물든 석양 대통령이
라고 하는 직함을 가진 신사가 자전거 꽁무니에 막걸리병을 싣고 삼
십 리 시골길 시인의 집을 놀러 가더란다.

—신동엽, 「散文詩 · 1」

시인 신동엽은 "스칸디나비아" 반도 지역의 북유럽 사회 민주주의를
작은 풍경화 한 편으로 한국 사회에 제시하고 있다. 이 시에는 "석양 대통
령"이라는 한없이 겸허한 지도자가 자전거 타고 등장한다. 전쟁 없는 평
화로운 일상, 문화적 만족감이 "일상성"으로 존재하는 사회는 시인 신동
엽이 꿈꾸었던 중립적이며 인간적인 사회였다. 고통스럽게 살아갈 것 같
은 광부들도 릴케나 하이데거를 읽으며 만족스런 삶을 누리고, 포도밭 주
인이 대통령 이름을 기억하지 못할 정도로 자신의 삶을 즐기는 사회다.
서민용 삼등 열차를 기다리는 국무총리에게 비굴하게 굽신거리지 않는
역장은 자기 일에 충실하다. 박정희 시대였던 1968년 11월, 시인 신동엽
이 죽기 1년 전에 「월간문학」 창간호에 발표한 이 시는 44년이 지난 지금
도 의미를 갖는다. 이 시에서 시인이 꿈꾸는 사회는 "총 쏘는 야만", "탱크
기지"를 거부할 줄 아는 국민이 주인 되어 있는 사회다.

사실 우리에게는 이 시 속의 주인공과 비견될 수 있는 대통령이 있었
다. 까마득한 절벽에서 몸 던져 아내와 가족과 자존심을 지켰던, 역사상

최초의 자전거 대통령. 그러나 그는 환상이었다. 신자본주의를 적극 받아들여 빈부의 차를 발생시켰고 평택 대추리에 살던 사람을 몰아냈고 이라크 전쟁에 참여했다는 등의 비판을 받지만, 그는 잠시나마 한국의 대통령이 자기 마을로 돌아가 자전거를 탈 수 있다는 가능성을 보여주었던 "실패한 환상"이었다.

시인은 화재경보기

이제 2012년 대선에 참여할 선수들의 윤곽이 드러났다.

2012년 9월 15일 문재인 후보가 민주통합당 대선 후보로 결정되었다. 9월 19일 안철수 교수도 대통령 선거 후보로 나섰다. 두 사람은 박근혜 후보와 경쟁할 것이다.

그런데 박근혜 후보 및 캠프는 지금을 30~40년 전쯤으로 착각하고 있는 듯하다. 대선이 90일도 채 남지 않았는데 긍정적인 부분 대상만을 절취하고, 나아가 "인혁당에 대한 판단은 두 가지"라는 등 사실 자체를 왜곡해서 조작된 과거를 고집하고 있다. 반면 인혁당 사건의 피해자들이 흘린 눈물은 끝나지 않았다. 아직 피해자의 자녀들은 미친 유령처럼 무덤가를 헤매고 있다. 살아 있는 전태일들이 아직도 죽음을 향하고 있다. 자유를 꿈꾸는 시인들이 절망을 호소하고 있다.

자유를 억압한 시대에 대해 반성이 없는 사람을 어떻게 선택할 수 있는가. 민(民)이 나라의 주인인 대한 "민국"(民國)에 살고 있지만, "국민이 악마인가요? 저항을 왜 해요"라며 제왕적 발언을 서슴지 않는 이를 어떻게 선택할 수 있는가. 파시즘 시대를 "최선의 선택"이라 하고, 은연 중 그 시대를 그리워하는 후보를 국민은 선택하기 어려울 것이다.

2012년 12월 19일에 투표함을 열어보아야 알겠지만, 이 글이 발표된 후 남은 2개월 동안 역사를 만들어갈 주권자인 우리가 해야 할 일은 분명하다. 히틀러 파시즘에 본회퍼 목사가 저항했듯, 박정희와 전두환의 독재에 문익환, 서남동, 안병무 목사님이 저항했듯, 이제 다시는 같은 비극이 반복되지 않도록 예언자들은 정언(正言)을 전해야 한다.

브레히트와 김수영, 그리고 신동엽의 시에는 민주주의와 자유정신이라는 보석이 오롯하게 박혀 있다. 시인의 말과 글을 모으자, 말과 글을 전하는 데 큰돈이 들지 않는다. 이제 더 이상 거짓된 정부, 영혼 없는 언론, 양심 없는 검찰 아래 백성 노릇 하느라 서러워 울지 말기 위해, 말을 전하자. 이제 문제는 좌편향이냐 우편향이냐가 아니라, 상식이냐 몰상식이냐, 진실이냐 거짓이냐 하는 문제다. "불이 다이너마이트에 이르기 전에 타고 있는 심지를 자르지 않으면 안 된다"(발터 벤야민, 『일방통행로』). 퇴행하는 역사는 비극이다. 역사는 사스락사스락 잠잠히 앞으로 나아갈 것이다. 예언자는 비상경보기다. 시인은 화재경보기다.

10장_박정희 시대의 허구적 이미지들과 진정한 맨살

조희연
(성공회대 교수, 민주화를 위한 전국교수협의회 상임의장)

대한민국은 동남아시아의 가문 정치의 예를 따를 것인가?

2012년 대선에서는 특징적인 현상이 나타난다. 그것은 박근혜라고 하는 1960, 70년대 독재 지도자의 딸이 집권당의 대선 후보로서 출마한다는 사실이다. 내가 접근하고 싶은 관점은, 단순히 박근혜가 12월 대선에서 당선되고 안 되고의 문제가 아니라, 과연 한국의 정치가 동남아시아의 수많은 선례를 따를 것인가 아닌가 하는 지점이다. 사실 필리핀 등 동남아시아의 여러 나라에서는 명문 출신 정치인이 자기 가문의 정치적 자산을 배경으로 유력 정치인이 되거나 심지어 대통령이 되는 사례가 많다. 필리핀 전 대통령 아로요 같은 경우가 대표적일 것이다. 대통령뿐만 아니라 국회의원이 되는 사람들 중에도 명문 가문 출신의 2세대 또는 3세대 정치인이 많다. 그런데 흥미로운 것은 지금까지 한국에서는 이런 현상은 거의 나타나지 않았다는 점이다. 심지어 야당 지도자인 김영삼 대통령의 아들 김현철조차도 공천 관문도 통과하지 못하고 번번이 좌절했다. 김대중 대통령의 자녀도 비리 혐의로 곤혹을 치렀으면 치렀지, 선대의 정치적 자산을 밑거름으로 2세대 정치인으로 성공하지는 못했다. 과연 박근혜가 이런 현상을 역류하여 성공할 수 있을까?

여기에 대해서 나는 부정적인 예상을 한다. 전 독재자 박정희의 후광으로 박근혜가 대통령이 되는 것은 궁극적으로 어렵지 않을까 예상하는 것이다. 물론 박근혜가 박정희의 후광으로만 유력 정치인이 된 것은 아니다. 한나라당이 비리 혐의로 곤혹을 치룰 때 풍찬노숙(風餐露宿)하는 식으로 천막 당사를 치고 버텨 당의 위기를 넘기게 만드는 등, 자력으로 나름의 정치적 자산을 쌓아온 것도 사실이다. 그러나 누구 뭐래도 박근혜의 중요한 정치적 자산은 박정희에서 유래한다. 박근혜만 보면 눈물이 글썽이는 영남의 아주머니들에게 이는 결코 부인할 수 없는 사실이다. 왜 2세대나 3세대 정치인이 힘든가 하는 점을 천착해볼 때, 나는 기본적으로 한국 국민들의 정치적 민도가 대단히 높기 때문이라고 판단한다. 높은 민도를 가지고 있기 때문에 기성 정당과 정치인에 대해서 불신을 가지고 있으며, 변화를 바라면서 새로운 정치인과 새로운 정치를 요구하는 방향으로 나아간다고 생각하는 것이다.

한국에서 박근혜가 당선된다면 그것은 단순히 새누리당 후보가 대통령이 된다는 의미를 뛰어넘는다. 이것은 한국의 보수의 원조 격에 해당하는 박정희 시대가 부활한다는 뜻이다. 결코 박근혜를 박정희와 떼어놓고 생각할 수 없다. 박근혜가 움직이니 박정희 시대의 유력 인사들도 움직이고, 이런 현상의 하나의 징표로서 이미 6인회라고 하는 것이 논란이 된 바 있다. 이런 측면에서 나는 박정희 시대의 허상에 도전하는 식으로, 박근혜의 당선은 한국 사회와 정치의 거대한 후퇴라는 점을 드러내고자 한다.

정치적 불안정의 시기

박 정권의 전 시기는 정치적으로 대단히 불안정한 시기였다

먼저, 통상적으로 한국의 보수는 박정희 시대를 "조국 근대화"가 급속히 일어난 "기적 같은 시기"로 묘사한다. 그런데 찬찬히 들여다보면 이 시기는 거의 매년 "정치적 위기"의 때이기도 했다. 그만큼 전 국민적 저항으로 첨예한 갈등이 전개되었던 시기였고, 그만큼 정치적으로 불안정한 시기가 지속된 때이기도 했다. 사실 박정희 시대를 독재 시대라고 하는데, 독재는 장기 집권한다는 의미도 있지만, 폭력과 폭압으로 강압적 통치를 한다는 의미도 담고 있다. 국민들이 박정희 체제에 대해서 광범위하게 저항하니까 박정희 정권은 스스로를 유지하기 위해 강압적이고 폭력적인 통치를 했던 것이다.

보수가 주장하는 바처럼, 고속 성장을 추동한 공로를 박정희에게 돌릴 수도 있을 것이다. 하지만 정확히 표현하자면 그나마 고속 성장과 같은 경제적 실적(economic performance)이라도 성취했으니까 19년을 버텼지, 그렇지 않으면 단명했을 것이라고 볼 수 있다. 박정희 시대는 높은 정치적 민도를 가진 국민들이 저항하는 정치적 위기가 지속되는 상황 속에서, 그나마 경제적 업적이라도 성취하기 위해 부단히 노력하는, 그리고 그런 노

력으로 정권이 유지되는 시대였다. 하지만 1972년 10월 유신 이후 박 정권은 완전히 "반민주주의적" 방식으로 통치하려 함으로써 정권의 위기는 오히려 가속화되었고, 결과적으로 붕괴하게 되었다. 실제로 다음의 도표는 박정희 시대에 위수령과 계엄령과 같은 폭압적 수단이 동원된 내용을 보여준다. 19년 동안 1963년, 1967년, 1969년, 1972년, 1974년, 1975-1979년의 전 기간이 정치적 저항과 강압적 통제의 연속이었음이 나타난다. 이런 강압적 통제에는 통상적인 공권력, 즉 경찰력 등이 아닌 군대와 같은 예외적인 공권력이 활용되었다. 이런 점에서도 박정희 체제는 전형적인 권위주의적 체제이며, 통치의 전 기간에 정치적 위기가 만연했던 시기라고 할 수 있다.

연도	조치
1961. 5	군사 쿠데타
1961. 5 - 1962. 12	비상계엄
1963. 10	전국 비상 계엄령
1964. 6	비상계엄(6·3사태)
1965. 8	서울 위수령
1971	교련 반대 시위 및 대학 휴업령
1971. 10	서울 위수령. 10개 대학에 무장 군인 진주
1971. 12	국가 비상사태 선포
1972. 10	10월 유신 선포. 전국 비상계엄
1974	긴급 조치 1호와 4호 선포
1975 - 1979	긴급 조치 9호
1979. 10	부산 비상계엄 및 마산·창원 위수령
1979. 10. 26	박정희 시해 사건

– 박정희 지배 하에서의 강압적 조치의 시행 연도와 내용

청렴했다는 거짓된 이미지

다음으로 박정희 시대는 부패가 적었던 시기로 간주된다. 죽음 후 박정희는 청와대의 방에서 변기의 물을 담는 수조에 벽돌을 괴서 사용할 정도로 검소했으며 막걸리를 먹는 텁텁한 대통령의 이미지로 표상화되어 있다. 하지만 사실 이런 이미지는 관제 언론이 만든 허상에 불과하다. 더구나 1990년대 이후 민주화 시기처럼 언론이 통제되어 있었기 때문에, 부패 사안의 보도 자체가 억압되고 있었다.

박정희 정권의 주도 세력의 초기에는 기성 정치인의 부패를 비판하는 일관성 있는 "반(反)부패"적 정서가 있었다고 할 수 있다. 그러나 점차적으로 그들은 스스로 구조적 부패의 담지자들이 되어갔다. 자신들이 내걸었던 "부패 추방" 같은 명분에 대한 경각심이 있었던 초기에는 그나마 부정이 만연하지 않았지만, 체제가 군부 세력 주도로 작동하고 스스로가 특혜를 배분하는 지위에 있게 되면서, 이런 특혜 배분의 반대급부로 대가를 챙기는 관행이 확산되었던 것이다. 더구나 군부 출신들의 "결과 중심적인" 사고방식은 과정의 투명성이나 민주성 등은 무시하는 경향을 띠었으므로 이런 관행은 더욱 강화되었다. 이는 결과적으로 부패를 구조화시키는 다른 요인이 되었다.

다음으로 박정희 정권은 권력 엘리트들을 통합하고 충성을 강화하는 기제로 "돈"을 활용하게 되면서 구조적 부패를 심화시켰다. 초기에 박정희는 반부패를 표방했지만 점차 충성을 강화하기 위해 퇴직 장관이나 고위직 인사에게 "전별금"이나 위로금의 형태로 거액을 "하사"하는 관행을 만들어갔다. 나아가서 각종 관급 공사에서 특혜를 배분받는 기업이나 개인들에게 그에 대한 반대급부를 관행처럼 수취해서, 이를 지도자의 의중에 따라 배분하는 방식으로 권력 엘리트들을 통합하고자 했다. 예컨대 1965년경부터 공화당 재정위원장 김성곤은 재벌들에게서 돈을 거두어서 대통령에게 상납하는 역할을 했으며, 김성곤이 모금한 내역은 대통령이 직접 결재하고 관리하는 형국이었다. 당시 정부가 발주하는 공사비의 10%는 무조건 정치 자금으로 상납하는 것도 관행적으로 통용되었다. 고위층에 상납되는 돈 외에도, 직접 공사를 관리하는 중하급 공무원들도 상납을 받는 관행이 널리 퍼져 있었다. 심지어 비공식적으로 제공한 자금에 대해서 국세청에서 세금 감면까지 받았던 것으로 알려져 있다. 이런 점에서 박정희 체제의 부패는 어떤 의미에서 구조적인 것이었다.

막대한 격려금을 줌으로써 지도자의 "은덕"에 "감읍"하게 하는 방식으로 이반(離反)을 방지하고 자신에 대한 변함없는 충성을 확보하고자 했다는 사실은 많은 증언에서 확인되는 바다.

여기에 대한 한 가지 예화가 기자의 증언에 나온다. 1971년 8월 28일 병을 앓고 있는 서울대 총장에게 돈을 보냈는데, 그 돈의 규모에 감동되었는지 청와대를 향해 절을 하는 사례도 있었다고 한다("집중 연재 박정희 육성 증언: 선우연 공보 비서관, 8년간의 육성 비망록 여섯 권, 역사적인 대공개!", 선우연, 「월간조선」 1993년 3월, 148쪽). 당시 억대의 돈이 봉투에 들어 있었다고 하니, 하사금의 규모를 짐작할 수 있다. 장기 집권에 반대해 군복을 벗고 대사로 나간 전 주월 한국군사령관 채명신에게도 아이들 학비에 보태라고 자주 봉투를 보내서 "청와대에서 웬 봉투를 그리 많이 보내느냐고 묻기도 했다"고 한다. 여당 의원은 말할 것도 없고 야당 의원에게도 돈 봉투를 전달했다. 특히 주요 군 지휘관들에게는 상당한 자금과 혜택을 주었다. 촌지 봉투가 박정희 리더십의 한 곁에서 부패를 동원하는 기제로 작동하고 있었음을 말해준다. 물론 박정희 옹호론자들은 이런 점이 "옥의 티"거나 통치의 불가피한 측면이라고 항변한다. 그러나 박정희 체제의 중후반으로 갈수록 이는 점점 더 구조적인 관행으로 고착되었다.

실제로 박정희가 죽은 후 청와대 금고에서는 지금으로 치면 수백억 원에 달하는 돈이 발견되었다고 한다. 재미 교포 문명자의 증언에 따르면, 스위스 은행에도 이후락을 통해서 관리되는 돈이 있었으며, 이후락의 아들 이동훈은 당시 일본 은행에 2백만 달러를 예치했다고 한다(문명자, "내가 본 박정희와 김대중", 「월간 말」, 1999년, 216쪽). 박정희가 자신의 영구 집권을 당연하게 생각했으며 퇴임 후 자금을 모아 둘 필요가 없었던 점을 감안한다면, 이것은 대단히 많은 액수였다. 단지 높은 성장이 지속되어 어떤 의미에서는 이런 국가의 부패 또는 약탈이 상쇄됨으로써, 부패가 성장에 대해서 가지는 부정적 요인이 구조적 위기로 표현되지는 않았던 것이다.

결국 우리의 결론은 다음과 같다. 즉 박정희 체제는 부패로부터 자유롭지 않았으며, 고도성장을 추동하는 국가는 그 막강한 권력으로 인해 부패가 구조적으로 발생하는 조건 속에 있었다. 한 걸음 더 나아가 박정희 정권은 전략적 측면에서 좀 더 능동적으로 대통령에 대한 충성을 촉진하기 위해 전별금이나 위로금의 형태로 경제적 혜택을 부여하고자 했고, 이를 위해 조직적으로 음성 정치 자금을 조달하는 부패한 구조를 가지고 있었다. 이런 측면에서 박 정권은 "약탈적" 국가의 성격을 가지고 있었다고 표현해도 무방할 것이다.

일반 국민들은 민주화 시대 이후 부패가 더 확산되었다고 이해한다. 하지만 오히려 민주화 이후에는 사회가 상대적으로 투명해지고 반부패

의식이나 반부패 운동이 강화됨으로써 이전에 비해 "적발"이 더 많이 이루어지기 때문에, 부패 사건의 노출 자체가 많아지게 된다. 또한 부패 사건에 대한 언론의 감시 기능도 독재 시대와 달리 훨씬 폭넓게 이루어지기 때문에 더욱 부패가 많이 노출되고, 그 결과 마치 독재 시대에 비해 부패 자체가 확산되는 것처럼 인식될 수 있다. 하지만 이는 인식의 전도된 모습이다. 우리는 "청렴한 박정희", "막걸리 먹는 소탈한 박정희"의 이미지가 얼마나 허구적인가를 새삼 반추해보아야 한다.

언론에 대한 박 정권의 폭력성

다음으로 박정희 정권이 언론의 감시와 저항적 운동에 대해 비관용적이고 폭압적이었음을 살펴보자. 1972년 10월 유신 이후에 대해서는 일반 국민들도 폭압적이라고 인식하기 때문에, 그나마 낫다고 여기는 1960년대의 예를 보겠다.

먼저 상징적 사례로서, 당시 정부 비판의 선두에 있었던 천주교 재단 소속 「경향신문」에 대한 탄압이 있다. 「경향신문」은 1964년 5월 연재물인 "하루는 책보 이틀은 깡통: 대전에 목불인견의 구걸 대열"이라고 하는 기사와 "허기진 군상: 칡뿌리 먹는 가족"이라는 제목의 기사를 내보냈다. 이 문제로 1965년 5월 13일 사주 겸 사장이었던 이준구와 사진부 손충무 기자 등이 반공법 위반 혐의로 구속되었다. 박정희로부터 「경향신문」을 정부 소유로 만들라는 엄명을 받은 김형욱 중앙정보부장은, 은행 부채를 갚지 않았다는 이유로 1966년 1월 경매를 강제로 시행하여 당시 기아

산업 대표에게 신문을 인수시켰다. 이후 「경향신문」의 논조는 급속히 박 정권 일변도의 신문으로 변화하기 시작했다. 이후 1960년대 후반에 신문은 우여곡절을 거쳐 박 정권이 통제하던 MBC에 인수되어 박 정권의 친위 언론으로서의 역할을 강제 당한다. 1964년 6월 4일과 5일에는 동아방송의 "앵무새" 프로그램이 부패 사건을 비판했다는 이유로 6명의 간부가 반공법 위반 등의 혐의로 구속되었다. 또한 1964년 11월에는 대전방송국에서 빈부 격차를 다룬 "송아지"라는 프로그램을 책임졌던 편집부장 김정욱이 반공법으로 구속된, 이른바 "송아지 사건"이 있었다.

한일회담 반대 투쟁이 한창이던 1965년에는, 한일회담에 비판적인 언론인에 대한 테러도 있었다. 1965년 9월 7일 밤에는 「동아일보」 편집국장 대리 변영권의 집 대문이 폭파되는 사건이 발생했다. 동아방송 제작과장 조동화의 집에 괴한이 들이닥쳐 그를 납치하여 노상 구타하는 사건도 발생했다.

또한 박 정권은 1966년 4월 5일부터 「조선일보」가 시작한 연재 기사 "부정부패를 추방하자: 우리는 탁류 속에 밀려가고 있다"를 정권 비판 기사로 인식하여 "세무 사찰과 은행 융자금 회수, 신문 용지 배당 중단" 등의 협박을 가하였다. 당시 주필이던 최석채 기자는 박정희를 만나 사죄하고 양해를 구해 사태를 수습하기도 했다.

1966년 4월 25일에는 「동아일보」의 최영철 기자가 박정희를 우회적으로 비판한 "소신은 만능인가"라는 기사를 쓴 후, 골목길에서 괴한 2명에게 테러를 당하는 사건이 터졌다. 이후 최영철을 해직시키라는 협박 편지가 배달되기도 했다. 7월 20일에는 「동아일보」 정치부 차장 권오기가 괴한으로부터 전치 10주의 테러를 당하기도 했다.

1967년 2월에는「동아일보」정치부장 남재희 등 4명의 정치부 기자들이 수사 기관에서 47시간 동안 억류된 사건이 있었다. 1967년 1월에는 「호남매일신문」기자가 군 장교에 의해 폭행을 당하고,「강원일보」사회부장 집에 괴한이 침입하는 사건이 있었다. 6월 17일에는「동아일보」기자 이종율과 박지동,「조선일보」기자 박범진과 김학준 등이 반공법 위반 혐의로 구속되는 사건도 발생했다.

하지만 사실「사상계」만큼 당시 정권의 탄압을 많이 받은 잡지도 없었다. 정권과의 타협을 거부한「사상계」는 호된 탄압을 받았다. 심지어 한일회담 당시 여기에 비판적이었던 이 잡지는 테러의 위협 때문에 1965년 10월 호부터는 편집위원 명단을 게재하지 않기도 했다.

반공법과 남정현과 천상병

박 정권의 정치와 언론, 저항 운동에 대한 탄압은 반공주의와 긴밀히 연관되어 있었다. 어떤 점에서 비판 세력에 가해지는 폭력의 중요한 명분이 반공이었던 것이다. 이 시기에 박 정권은 반공법을 활용해 정부에 대한 진보적 비판을 탄압했고 이로 인해 지식인들이 고초를 당하는 사건이 다수 발생했다. 예를 들어 유명한 "분지"(糞池) 사건을 들 수 있다. 남정현은 「현대문학」1965년 3월 호에 실린 자신의 소설 때문에 반공법으로 구속되었다. "썩어빠진 국회와 정부"에 대한 비판과 반미적인 요소를 담고 있다는 것이 이유였다. 심지어 남정현의 구속에 항의하는 글을 쓴 백낙청과 원고를 청탁한 남재희 문화부장도 중앙정보부에 끌려갔다.

천상병의 경우는 박 정권의 폭력성을 세상에 알린 유명한 사례다. 동백림 사건으로 6개월간 구금되는 동안 천상병은 중정에서, 베를린 유학생 친구와의 관계를 자백하라고 전기 고문을 무수히 당했다. 중정에서 풀려난 후 행려병자로 서울시립정신병원에 오랫동안 유치(留置)될 정도였다. 박정희 정권이 동원하고 강화한 반공 앞에서, 그리고 중앙정보부의 무소불능의 권력 앞에서 처참하게 짓밟히는 시인의 삶을 보여준 이 사건은, 이런 폭력성이 시대의 단면임을 웅변하는 것으로 문학인들에게 기억되고 있다.

심지어 1967년에는 "남한에서는 쌀값이 수시로 변하고 농촌에서는 돈만 있으면 물건을 얼마든지 살 수 있다. 돈 있는 사람은 잘 살고 돈 없는 사람은 못 산다"라고 말한 사람이 군사상 기밀 누설 명분으로 반공법으로 구속되는 사례도 있었다. 여기에 대해 강준만은, "'돈 있는 사람은 잘 살고 돈 없는 사람은 못 산다'라는 자본주의 사회의 뻔한 진리마저도 그걸 발설하는 한 군사상 기밀을 누설하는 걸로 간주되었던 것이다"라고 쓰고 있다(강준만, 『한국현대사산책』 제3권, 인물과 사상사, 123쪽). 리영희 필화 사건도 한 예가 될 수 있다. 「조선일보」 외신부 기자였던 리영희는 "남북한이 유엔에 동시 가입하는 안건을 아시아·아프리카 외상회의에서 검토 중"이라고 하는 기사로 반공법 위반으로 구속되었다. 적성 국가나 단체의 고무, 찬양을 금지하는 반공법 4조 2항을 위반했다는 죄목이었다.

앞에서 본 대로, 박 정권은 정부 시책에 대한 낮은 수준의 비판에서부터 이념적 쟁점이 제기되는 사안에 이르기까지 다양한 방식으로 반공법을 적용하여 탄압했다.

박 정권의 붕괴는 자체적 도덕적 붕괴다

박 정권의 붕괴는—민중의 저항을 기본 요인으로 하고 있지만—사실상 군부 권력 엘리트 자신의 도덕적 붕괴의 성격을 지닌다고 나는 생각한다. 초기에는 기성 정치인의 부패를 비판하는 우국충정의 자세를 일면 가졌지만, 나중에는 스스로 부패의 화신이 되는 동시에 동료들의 부패를 목도하면서, 그들 스스로가 박 정권에 대한 도덕적 자부심을 상실하고 체제에 대한 자신감을 상실해갔던 것이다.

권력 엘리트들의 도덕적 자부심을 실추시키는 사건은 헤아릴 수 없이 많았다. 한 예를 들자면 1970년 3월 발생한 정인숙 사건이 있다. 정인숙의 오빠 정종욱이 여동생을 한강변에서 살해한 이 사건은, 일반 국민들 사이에서도 박 정권의 도덕성에 대한 의문을 확장시키는 데 기여했다. 왜냐하면 정인숙 사건에는 당시 정일권이나 박정희 등 권력의 핵심 인사가 연루되어 있는 것으로 인식되었기 때문이다.

당시 박 정권의 수뇌부는 이른바 "요정 정치"에 광범위하게 물들어가고 있었다. 1970년대 서울에는 비밀 요정을 포함해서 100여 개의 요정이 있었는데, 이들 대부분은 정계의 거물들을 모시는 요정 정치의 산실이었다. 많은 경우 이곳은 재계 인사와의 만남의 장소로 활용되기도 하고 정치권의 회의 장소이자 호화 호색의 현장이 되기도 했다. 당시 "박 정권의 주요 현안은 요정에서 결정된다"는 말이 나돌 정도였다. 심지어 이후락의 지원을 받는 삼청각의 개업식에는 이후락을 포함해 중앙정보부 요원 50명이 참석할 정도였다. 문제는 이런 사실이 주간지와 월간지 등에서 다루어지고 유언비어로도 확산되면서, 박 정권의 도덕성의 기반이 붕괴되어갔다는 것이다.

또한 요정은 고위층에 대한 중정의 정보 수집 통로이기도 했다. 요정 주인이나 접대부들은 중앙정보부의 요원 노릇을 강요당했다. 직접적으로 망원으로 활동하는 경우도 있었고 수시로 중정에 불려가 자신들이 지득(知得)한 정보를 제공하는 경우도 있었다. 당시 중정에 협조하지 않으면 요정이 폐쇄당한다거나, 요정 출입 탤런트가 TV에 출연하지 못한다거나 하는 일도 다반사였다.

이런 측면에서 나는 박 정권의 붕괴는 도덕적 자부심의 붕괴라고 생각한다. 사실 이런 점은 모든 체제의 말기적 모습이기도 하다.

10·2항명 파동에서 보인 박 정권의 야만성

앞에서 살핀 도덕적 붕괴와 함께, 박 정권의 종말은 정권 자체의 야만성에 기인했다. 박정희에게 권력이 무한대로 집중되면서 그의 일부 측근은 심지어 쿠데타를 같이 했던 군부 권력 엘리트에게까지 폭력을 행사하는 그런 야만성을 보였다.

1960년대 말에서 1970년대 초의 예를 들어보자. 1970년대 초를 거치면서 민주공화당은 박정희의 1인 권력 체제로 전환되어갔고 그에 반대하는 세력들은 충성파 및 중정 등 공안 기관에 의해 가혹한 탄압을 받는 상황이었다. 1971년 10·2파동은 유신으로 가는 사전 정지 작업의 일환으로서 중정을 중심으로 한 박정희 극렬 충성 그룹의 폭력적 반격이었다.

1968년 국민복지회 사건이 날 때만 하더라도 박정희에 대한 핵심적인 충성 그룹으로 공화당의 중심에 있었던 김성곤, 김진만, 길재호, 백남억 등 4인방이 이 10·2파동으로 제거되었다. 사건의 발단은 당시 야당이 발의한 내무부 장관 오치성 해임 안이 통과된 일이었는데, 여기서 문제가 된 것은 20여명의 공화당 의원이 야당의 해임 안에 찬성한 일이었다. 이에 대해서는 4인방의 오만이자 박정희에 대한 항명으로 규정이 내려졌다.

당시 증언을 들어보면 박정희가 "주동자는 누구든지 잡아다가 반쯤 죽여 가지고 공화당에서 내쫓아라"라고 말했다는 사람도 있다. 실제로 해임 안이 가결된 후 중정은 박정희의 지시 하에, 4인방을 포함해 공화당 23명을 연행하여 조사했고, 이 과정에서 극심한 구타와 고문이 자행되었다. 당시 김성곤 의원은 중앙정보부 수사관에 의해 콧수염이 반만 뽑혀 밖에 다니지도 못했다. 육사 8기로서 5·16쿠데타 세력 중 한 사람인 길재호 의원은 고문 후유증으로 후에도 지팡이에 몸을 의지해야 하는 처지가 됐다. 혹자의 표현에 따르면, 대통령 한 사람에게만 충성하는 중앙정보부는 "마치 암흑가 폭력 조직의 보스가 등 돌리는 부하를 잡아다가 린치 하는 것과 조금도 다르지 않은 행동을 했다."

10·2파동은 권력 엘리트 내부에 심각한 상흔을 남긴 사건이었다. 즉 박정희에 대한 극렬 충성 이외에 다른 "다원적인" 행동 양식은 허용되지 않는다는 사실을 간명하게 보여주었으며, 이는 역설적으로 자발적 동의에 기초한 충성을 극도로 약화시키는 계기로 작용했다. 또한 10·2항명 사건은 정보부의 폭력이 저항 그룹에게만 행사되는 것이 아니라, 공화당과 지배 블록의 구성원들에게도 가해질 수 있음을 각인한 사건이었다. 이는 공화당 의원들의 심적 이반, 권력 엘리트의 결속력의 약화 등 부정적인 결과를 낳았다. 조갑제조차도 어딘가에서 "10·2항명 하동 이후 여권

분위기는 싸늘하게 식어버렸습니다. 공화당은 독자성을 잃고 슬슬 기기만 했습니다. 공화당 운영은 위탁 경영에서 대통령 직영 체제로 바뀐 것이지요"라고 쓰고 있다.

1인에게로 향하는 권력 집중과, 충성파 이외의 비판적 그룹에 대한 폭력 행사 및 제거 과정은 지배 블록 내의 도덕적 결집력과 기풍을 급속도로 약화시키는 과정이었다. 또한 이 과정은 지배 블록에 속하던 성원들 일부가 이탈하여 저항 운동에 참여하는 과정도 동반했다. 이리하여 이른바 재야에는 지식인이나 야당 인사뿐만 아니라 여당 이탈파도 등장했다. 예컨대 1969년 공화당에서 제명된 양순직, 예춘호 전 의원들은 재야의 길로 들어서게 된다. 5·16 이후에는 저항 진영의 일부가 분열하여 쿠데타를 지지하고 이에 포섭되었다면, 이제는 권력 엘리트의 일부가—예춘호처럼—운동 정치에 합류하는 현상이 나타난 것이다.

젊은 세대를 도덕적으로 훈육하고자 했던 국가

마지막으로 박정희 정권 말기가 어떤 모습이었는지를 가장 잘 드러내는 장발 단속과 미니스커트 단속 이야기를 해보자. 현재의 자유로운 젊은 세대가 박 정권 당시의 단속을 당했더라면 더 큰 저항을 했을 것이라도 나는 믿는다. 아마 혁명이라도 났으리라.

1973년 6월 16일 언론인 출신의 문화공보부 윤주영 장관은 자숙해주기를 요청하면서 "방송이 조속한 외래 풍조를 무분별하게 받아들여 내용의 저속화는 물론 퇴폐풍조를 확산시키고 있다"고 질책했다. 흥미로운 것은 박정희 개인을 포함하여 박 정권의 주도 세력이 젊은 세대의 새로운 문화 현상에 대해 강력한 도덕적 훈육 의식을 가지고 있었다는 점이다.

이런 도덕적 훈육 국가의 모습은 젊은 세대에게는 "폭력적인" 단속으로 나타났다. 대체로 장발을 한 대학생들이 반정부 시위에 참여하는 경우가 많았으므로 장발 단속은 일종의 정치적 저항을 제어하려는 시도였다. 1973년 3월 10일은 장발과 미니스커트를 단속하는 "개정 경범죄 처벌법"이 발효된 날이었다. 이미 1970년 8월, 1971년 10월에도 전국적인 일제 장발 단속이 있었고 개정 이후 1973년 9월, 1974년 4월, 1975년 4월에도 집중적인 장발족 일제 단속이 이루어졌다. 1973년 장발 단속 실적은 12,870건이었다. 또한 1974년 6월 1일부터 장발 단속에 나선 서울 시경은 8일까지 10,103명을 잡아 이중 9,841명의 머리를 깎아 훈방했고, 머리 깎기를 거부한 262명은 즉심에 넘겨졌다. 1976년에도 5월에서 6월까지, 1개월간의 단속 기간이 있었는데, 이때 단속 기준은 "공무원형" 조발, 즉 "옆머리는 귀의 윗부분을 조금도 덮지 않고 뒷머리는 옷깃 윗부분을 가리지 않는 단정한 형태"였다.

1969년 8월 제주시에서는 무릎 위 30cm의 초미니스커트를 입고 거리를 활보하던 여성이 사상 초유로 즉심에 회부되어 25일간의 구류 처분을 받았다. 1973년 3월 박 정권은 무릎 위 17cm 이상 올라가는 미니를 과다 노출로 규정하고 이를 경범죄 처벌법에 포함시킴으로써 처벌 기준을 강화했다. "한 손에 가위, 다른 손에 자를 들고" 단속에 나서는 풍경을 상상해 보자. 이렇게 지나가는 여성을 세워놓고 미니스커트가 무릎으로부터 얼마나 올라가 있는가 수치를 재는 경찰의 모습이 이 시기에 나타났다. 1973년 4월 26일에는 무릎 위 20cm의 미니스커트를 입은 천안시의 20대 여성이 개정 경범죄 처벌법에 의해 2일간의 구류 처벌을 받기도 했다.

국가가 도덕적 계도 역할을 하는 이런 현상은 일견 윤리적인 것으로도 보이지만, 사실 국가를 중심으로 하는 전체에 개인과 국민들을 일체화하고자 했던 독재 국가의 또 다른 얼굴이라고도 할 수 있다. 이는 박정희의 유신 체제가 극단적인 정치적 통제 체제였을 뿐만 아니라, 사회적 통제 체제였음을 말해주는 증거이기도 하다.

국가 엘리트들이 가진 특정한 도덕적 잣대로 이렇게 젊은 세대를 훈육하고 통제하려 했던 모습에서 나는 박정희 시대의 야만적인 모습을 본다. 바로 이런 야만적 모습 때문에 젊은 세대는 더더욱 박 정권으로부터 멀어지게 되었고 저항적 존재가 되어갔다고 믿는다.

어떻게 보면 박 정권은 자신들이 추동한 고속성장으로 인해 변화한 젊은 세대와 충돌했던 것이다. 이는 박정희 국가가 젊은 세대와 정치적으로 괴리될 뿐 아니라 문화적으로도 괴리되었음을 의미한다. 부모가 자식을 성인으로 키워놓지만, 이제 성인이 된 자식은 때로 부모와 갈등하기도 한다. 마찬가지로 박 정권의 "성공적" 성장 전략이 가져온 변화는 이미 젊은 세대를 새로운 감수성을 가진 존재로 탄생시켰던 것이다. 그들은 통기타를 치고 장발을 늘어뜨리며 기존의 엄숙한 의복 문화로부터 벗어나서 미니스커트를 입으면서 자신을 자유분방하게 드러내고 싶어했다. 하지만 도덕적 훈육 의식을 가진 독재 엘리트들은 결국 고속성장으로 인한 변화된 경제적 기반 위에서 살아가는 젊은 세대와 문화적으로 적대적 대립을 했다. 박정희는 "내 무덤에 침을 뱉어라"고 하며 자신이 일종의 악역을 담당하게 될 것이고 후세대들은 이 악역이 가져오는 변화의 혜택을 누릴 것이라고 말한 바 있다. 어떤 의미에서는 그의 예측이 맞았다. 박정희가 가져온 변화 속에서 잉태된 새로운 존재들, 즉 "개발의 자식들"은 박 정권과 불화하기 시작했다.

글을 마치면서

나는 한국 사회가 박정희 시대로 돌아갈 수는 없다고 생각한다. 물론 박근혜 시대가 곧 박정희 시대를 의미하지는 않을 것이다. 그러나 박근혜 시대는 박정희 시대의 수많은 망령과 암울한 측면들을 되살려낼 것이다. 박근혜의 정치적 자산이 많은 부분 아버지 박정희에 기대고 있다면, 앞에서 서술한 박정희 시대의 폭압과 야만적 모습들을 상기해볼 때, 나아가 박정희 시대의 허구적 이미지들을 뛰어넘어 그것의 진정한 맨살을 보게 될 때, 우리는 박근혜 시대를 결코 수용할 수 없다. 만일 박근혜 시대가 도래한다면 그것은 한국 사회의 진보가 아니라 명백한 후퇴라고 아니할 수 없다.

11장_하나님은 또 한 명의 노아를 찾습니다

_____ 최병성
(새생명교회 목사, 환경운동가)

최근 우리는 100년 만의 가뭄과 폭염 그리고 연이어 찾아오는 태풍을 단 3개월 만에 경험했습니다. 그만큼 지구의 기후 이상이 심각하다는 이야기겠지요. 지금 병들어가는 지구는 하나님이 하늘과 땅과 나무와 새와 동물들을 만드시며 그 모든 것 하나하나가 보시기에 심히 좋다고 감탄하시던 명품이었습니다.

예수님은 이스라엘의 들판을 거닐며 자연 속에서 하나님을 만나고 이야기를 나누셨습니다. 예수님이 하나님의 명품인 자연과 친숙했기 때문에 들의 백합화, 참새 한 마리, 겨자씨 한 알, 하늘의 징조 등 친숙한 자연의 이미지들을 통해 우리에게 하늘나라의 생명 말씀을 전해주실 수 있었던 것이지요.

다윗은 시편 19:1에서 "하늘이 하나님의 영광을 선포하고, 궁창이 그

손으로 하신 일을 나타내는도다"라며 창조세계가 하나님의 영광을 드러내고 있다고 말합니다. 그러나 하나님의 영광을 드러내던 아름답던 자연이 이제 하나님의 영광은 고사하고 인간의 생존마저 위협하는 심각한 환경오염과 기후 이변까지 이른 것입니다.

우리는 노아의 홍수 사건에서 피조물에 대한 하나님의 지극한 관심과 사랑을 알 수 있습니다. 하나님은 노아에게 공중의 새와 들짐승들의 생명을 보존하고 유전케 하라고 세 번이나(창 6:19-20; 7:3) 강조하셨습니다. 하나님은 노아의 가족들만 구원될 수 있는 작은 방주가 아니라, 하늘을 나는 새와 모든 들짐승들을 각기 쌍쌍이 실을 수 있는 엄청난 크기의 방주를 만들게 하셨습니다.

홍수가 끝난 후 하나님은 노아에게 "내가 내 언약을 너희와 너희 후손과 너희와 함께한 모든 생물 곧 너희와 함께한 새와 육축과 땅의 모든 생물에게 세우리니 방주에서 나온 것 곧 땅의 모든 짐승에게니라"(창 9:9-10)라는 새 언약을 주셨습니다. 놀랍게도 하나님의 새 언약은 단순히 인간만을 위한 것이 아니라 이 땅의 모든 생명들, 즉 하나님이 심혈을 기울여 만드신 아름다운 창조세계를 향한 언약이라고 강조한 것입니다.

우리는 "땅에 충만하라. 땅을 정복하라. 바다의 고기와 공중의 새와 땅에 움직이는 모든 생명을 다스리라"(창 1:28)라는 말씀을 잘 알고 있습니다. 그러나 참된 "정복"과 "다스림"이란 "보호"와 "책임"을 수반하는 것임을 잊고 살아왔습니다. 우리의 왕 되신 예수님이 우리에게 보여주신 다스림이란 "사랑"과 "섬김"이었습니다. 따라서 자연에 대한 인간의 "다스림"이란 그저 인간의 이익을 위한 이용이 아니라, 자연에 대한 돌봄과 섬김을 통해 자연의 아름다움이 잘 보존되도록 청지기적 사명을 잘 감당하는 것입니다. 자연은 그저 인간의 탐욕을 위한 이용의 대상이 아니라, 인간과 더불어 살아가는 존귀한 대상이기 때문입니다. 생명을 보존하는 것은 이 시대를 살아가는 하나님 자녀들의 사명입니다.

이명박 대통령의 창조 질서 보존 점수는?

하나님 나라를 더 확장시키리라는 기대 속에 기독교인들의 열렬한 지지를 받은 이명박 장로가 대통령에 당선되었습니다. 그리고 5년의 시간이 흘렀습니다. 이명박 대통령은 창조세계를 보존하고 유전케 하라는 하나님의 명령을 얼마나 잘 지켰을까요?

놀랍게도 이명박 정부의 지난 5년 동안은 역대 그 어느 정부보다 환경 파괴가 심각했습니다. 입으로는 녹색을 외쳤지만, 녹색을 가장한 생명 파괴가 산과 바다와 강에서 5년 내내 지속되었습니다. 골프장을 개발할 수 있는 산림 경사 기준을 완화하여 산림을 황폐하게 하고 골프 공화국의 기반을 닦았습니다. 친환경 에너지란 이름으로 바다를 죽이는 세계 최대의 조력 발전소를 추진하고 있습니다.

지난 2011년 일본 후쿠시마 원전 사고 이후 세계는 원자력발전의 위험을 깨닫고 원전 폐쇄로 정책 방향을 잡고 있습니다. 그런데 이명박 대통령은 원전이 안전하고 깨끗한 녹색 에너지라며 새로운 원전 건설을 서두르고 있습니다. 선진화를 외치며 세계의 추세와는 거꾸로 가는 청개구리 정책을 펴고 있습니다.

원자력 발전은 하나님의 걸작품인 지구와 모든 생명의 생존을 한순간에 날려버릴 수 있는 인류 역사상 가장 위험한 흉기입니다. 원전이 경제적이고 안전하고 깨끗하다는 이명박 대통령의 주장과는 달리, 원전은 결코 경제적이지도 않고 깨끗하거나 안전하지도 않습니다. 원전은 발전소를 운영하는 기간뿐 아니라, 원자력 발전 이후에 남는 방사성 폐기물의 위험성이 10만 년에서 100만 년이나 지속됩니다.

최근 강한 바람으로 한반도를 휩쓴 태풍 볼라벤이 지나간 후 제주도에서는 1만5천 년 전의 사람 발자국 화석 7개와 새 발자국 화석 50개가 새롭게 발견되었습니다. 1만5천 년 전에 지각 변동이 있었음을 말하는 것이지요. 그렇다면 방사성 폐기물의 위험성이 상존하는 최소 10만 년이란, 지금까지 지구상에 인류 전체가 살아보지도 못한 상상할 수조차 없는 오랜 기간입니다. 100년도 살지 못하는 인간이 순간의 전기 풍요를 누리기 위해 10만 년 넘게 위험이 지속되는 폐기물을 만든다는 것은 세상에서 가장 흉악한 범죄입니다. 10만 년에서 100만 년 동안 지구에 어떤 지각 변동이 발생할지 누구도 알 수 없고, 그 안전을 장담할 사람과 근거는 어디에도 없기 때문입니다.

이명박 대통령은 경주에 건설 중인 방사성 폐기물 지하 저장소에 잘 보관하면 안전하다고 주장합니다. 그러나 독일의 경우 지하에 매장한 원전 폐기물 저장소에 지하수가 유입되면서 지하수가 오염되는 문제가 발생하여, 저장소를 건설한지 20년 만에 방사성 폐기물을 다시 꺼내 이전을 추진하고 있습니다. 그러나 지하에 묻었던 방사성 폐기물을 다시 꺼내 이전하는 일이 과연 안전한지? 얼마나 오래 걸릴지? 비용이 앞으로 얼마나 소요될지 아무도 모른다고 독일 방사성 폐기물 담당자가 실토했습니다. 그런데 지금 경주에 건설되고 있는 원전 폐기물 저장소에는 엄청난 양의 지하수가 흐르고 있음에도 공사가 강행되고 있습니다. 앞으로 대한민국에 어떤 화가 발생할지 끔찍할 뿐입니다.

더욱이 올 11월이면 1983년부터 가동에 들어간 노후 원전인 월성 원전 1호기가 30년의 수명을 마칩니다. 그런데 이명박 정부는 수명이 다한 원전을 계속 가동시키려 하고 있습니다. 원전이 가져올 화를 자초하는 것입니다. 요즘 원전의 고장과 발전 정지도 잦은 편입니다. 7월 30일 영광 6호기, 8월 19일 신월성 1호기, 그리고 8월 23일 울진 1호기…겨우 한 달 사이에 원전 세 곳에서 잇따라 발전이 정지됐습니다. 만약 원전 사고라도 발생하는 날에는 일본에서 보듯 감당해야 할 비용은 상상할 수조차 없고, 작은 국토 면적의 대한민국에서는 사람이 살 수조차 없는 재앙이 될 수도 있습니다. 원전은 국민의 목숨과 대한민국의 미래를 건 위험한 도박입니다. 원전은 사고가 발생한 후에는 너무 늦습니다. 안전하다고 할 때 폐쇄하는 것이 가장 현명한 방법이기 때문입니다.

대한민국 역사 이래 최대 국토 파괴의 재앙인 4대강 사업

이명박 정부의 가장 심각한 창조 질서 파괴 재앙은 4대강 사업입니다. 이명박 대통령은 가뭄과 홍수를 막고 수질을 개선하며 생태계 복원을 위해 4대강 사업이 필요하다고 했습니다. 많은 사람들이 "대통령이 하는 일인데, 설마 강을 죽이기나 하겠어?"라며 이대통령의 4대강 사업을 믿고 싶어합니다. 언론이 4대강 사업의 진실을 보도하지 않기에 아직도 4대강 사업에 대한 진실은 감춰 있기 때문입니다. 이명박 대통령은 4대강 사업을 위해 먼저 언론을 벙어리로 만들었습니다. KBS, MBC, SBS 세 방송국에서 기자와 피디들에게 4대강 사업은 금기어가 되어 보도 자체가 금지되었습니다. 심지어 이명박 대통령에게 불리한 4대강 사업을 보도하는 기자들은 압력을 받거나 더 이상 보도할 수 없도록 다른 부서로 이동되거나, 심하면 파면되기도 했습니다. 그렇게 국토 파괴 재앙인 4대강 사업이 언론의 침묵 속에서 강행될 수 있었던 것입니다.

마침내 이명박 대통령의 4대강 사업이 완공되었습니다. 강의 모래는 다 파먹었고, "보"라 부르는 16개의 거대한 댐이 그 위용을 자랑하고 있습니다. 공사를 시작한지 단 2년도 되지 않아 690킬로미터가 넘는 4대강 변종 운하를 완성한, 세계 어디서도 유례를 찾아볼 수 없는 쾌거를 이뤄냈습니다.

이처럼 놀라운 세계 유일의 역사를 이루기 위해 22조원이 넘는 4대강 공사의 환경 영향 평가를 단 4달 만에 졸속으로 해치운 환경영향평가법 위반, 국회 예산 심의 없이 사업을 조기 착공한 헌법54조 위반, 500억 이상 대규모 사업에 반드시 해야 할 예비 타당성 조사를 하지 않은 국가재정법 제38조 위반, 하천법 상위 계획에 위배된 하천법 위반 등 4대강 사업은 수많은 불법과 편법으로 가득합니다. 더욱 놀라운 것은 온 나라가 구제역으로 350만 마리가 넘는 소, 돼지와, 조류 인플루엔자로 500만 마리가 넘는 닭과 오리를 생매장하는 안타까운 일이 벌어졌지만, 이대통령은 마치 전쟁이 난 것처럼 4대강 죽이기에만 몰두했다는 사실입니다.

"녹색 성장"이라는 가짜 녹색으로 포장된 4대강엔 갈기갈기 찢기고 처절하게 파괴된 생명들의 절규가 흐릅니다. 이명박 대통령 임기 내 완공을 위해 밤낮 없는 무리한 공사로 얼음물에 빠져 죽고, 무너진 모래 더미에 깔려 죽는 등 비명횡사한 24명 노동자들의 안타까운 피울음도 함께 담겨 있습니다. 2011년엔 4대강 이포보 공사로 발생한 급류로 인해 훈련 중이던 4명의 군인이 빠져 죽었고, 올 8월엔 이대통령이 살려냈다는 한강 여주보 주변에서 고기 잡던 보트가 여주보 물살에 휩쓸려 2명이 빠져죽었습니다. 이대통령의 4대강 사업은 수많은 생명의 죽음을 부른 망국적 "死大江" 사업이었던 것입니다.

홍수 예방 뻥! 가뭄 예방 뻥! 수질 개선 뻥! 뻥뻥뻥…

그동안 이명박 정부는 4대강 사업 홍보를 위해 여기저기서 전용한 예산으로 거짓말 가득한 4대강 광고를 쏟아냈습니다. 이는 "홍보"가 아니라 국민을 바보로 만드는 "세뇌"에 불과합니다. 그러나 4대강 변종 운하에 아무리 장밋빛 칠을 덧입힐지라도 국토 파괴 재앙의 진실은 결코 변하지 않습니다.

4대강 사업이 왜 국토 파괴 재앙이지 그 증거를 찾는 것은 어렵지 않습니다. 지난 2011년 여름, 100년 동안 굳건히 자리를 지켜오며 근대 문화유산으로 지정된 칠곡 왜관철교가 무분별한 4대강 준설로 인해 붕괴되었습니다. 저는 이미 2년 전에 4대강 사업으로 강을 준설하고 교량 보호 공사를 제대로 하지 않으면 왜관철교 등의 다리가 붕괴된다고 경고한 바 있었습니다. 왜관철교 붕괴 소식을 듣고 많은 분들이 2년 전 4대강 재앙을 경고한 제 글을 기억하며 너무도 정확한 예언에 소름 끼친다며 놀라워했습니다. 그러나 이는 전혀 놀랄 일이 아닙니다. 4대강 사업은 과학이 아니라 아주 기초적인 상식조차 지키지 않는 잘못된 삽질이었기에, 4대강 사업이 초래할 재앙을 정확히 예견할 수 있었던 것입니다.

다리 붕괴와 취수장 사고를 예견한 제 글을 읽은 언론사 기자들이 다음 재앙은 무엇이냐고 물어왔습니다. 이대통령의 4대강 사업 덕에 다가올 재앙들을 예견하는 것 역시 어렵지 않습니다.

지금 4대강엔 16개 괴물 댐에 물을 가둔지 얼마 되지 않았는데, 벌써 물이 녹색으로 변했습니다. 그래서 4대강 녹조 라떼라는 신조어까지 등장했습니다. 물은 흐르지 않으면 썩는다는 하늘의 진리를 증명하는 것입니다. 최근 4대강은 이대통령이 늘 입에 달고 있던 "녹색 성장"을 제대로 보여주었습니다. 4대강이 녹색으로 변해가자 전국 상점엔 생수가 동났다는 뉴스가 보도되기도 했습니다. 지금처럼 4대강의 물이 짙은 녹색으로 썩기 시작하면 국민들은 심각한 물 부족 사태를 겪게 될 것입니다. 4대강 16개 괴물 댐 덕에 유람선이 떠다닐 수 있는 썩은 물은 넘치지만, 국민들이 안전하게 마실 "맑은 물"이 없기 때문입니다.

이명박 전 현대건설 사장의 작품인 여의도 앞 한강에 물은 많으나 물이 썩어 취수장이 단 하나도 없는 것과 똑같은 이치입니다. 한강 잠실수중보로 인해 항상 물이 넘침에도 불구하고 서울시가 1,800억 원을 들여 구의, 자양취수장을 물이 맑은 상류로 이전했습니다. 앞으로 4대강의 물이 썩기 시작하면 엄청난 혈세를 퍼부어 취수원을 이전해야 하는 대재앙을 맞게 될 것입니다. 우리는 "많은 물"이 중요한 것이 아니라 "흐르는 맑은 강물"이 더욱 중요하다는 사실을 분명하게 기억해야 합니다.

4대강 재앙은 썩은 물 부족 사태에 그치지 않습니다. 4대강 16개 괴물 댐에 가득 채워놓은 물은 어느 날 거대한 물 폭탄이 되어 국민들에게 고통으로 다가올 것입니다. 그동안 4대강의 홍수를 막아주던 강변 습지를 파괴하고 썩은 물로 가득 채운 4대강은 국민의 생명과 재산을 쓸어갈 흡혈귀로 변했습니다. 4대강변의 모래 때문에 홍수가 난다더니, 모래가 쌓여 있던 높이보다 수 미터나 더 높게 물을 가득 채워놓는 앞뒤 다른 짓을 벌였습니다. 4대강 사업은 "홍수 예방"이 아니라, 홍수를 유발하는 "물 폭탄"을 제조한 것입니다.

이명박 대통령은 홍수 예방을 위해 4대강 사업이 필요하며, 4대강 사업이 완공되는 2011년이면 모든 자연 재난에서 벗어난다고 주장했습니다. 그런데 지난 2011년 7월 말, 서울·경기북부의 집중 호우로 59명이 사망하고 10명이 실종되었습니다. 특히 서울 우면산 산사태로 16명이 사망하고, 강남역과 대치역 등 서울 시내가 수중 도시가 되었습니다. 그래서 정부는 경기도 포천시, 동두천시, 남양주시, 연천군, 춘천시, 가평군 등 9개 도시를 특별 재난 지역으로 선포했습니다. 심각한 홍수 피해를 입은 9개 도시는 4대강 사업과는 아무 상관이 없는 곳입니다. 홍수란 4대강에서 나는 것이 아니라 전국의 지천과 샛강에서 발생하는 것임이 증명된 것이지요.

올 8월 초, 4대강 사업이 완공된 금강 바로 곁인 군산에 큰 홍수 피해가 발생했습니다. 8월 말에 찾아온 태풍 덴빈으로 인해 목포와 전남 등 전국의 많은 도시들이 홍수 피해를 입었습니다. 서울도 큰 비만 오면 서울 광화문과 강남이 침수됩니다. 이처럼 4대강 사업이 완공되었음에도 전국에서 벌어지는 홍수 피해는, 홍수를 예방한다던 이대통령의 4대강 사업이 거짓말이었음을 만천하에 보여준 것입니다.

이명박 대통령은 홍수를 예방한다며 4대강 634킬로미터를 준설했습니다. 그러나 이는 대한민국 총 하천 길이 64,900킬로미터의 단 1%도 되지 않습니다. 1% 하천을 파서 나머지 99% 하천 홍수를 예방한다는 것은 신에게도 불가능한 일입니다. 그러니 이대통령의 홍수 예방 주장은 처음부터 거짓이었던 것입니다.

4대강 사업이 홍수를 예방한다는 이명박 대통령의 주장이 사실이라면 더 서글프고 기막힌 진실이 여기 있습니다. 4대강의 길이가 대한민국 하천 길이 중에 1%밖에 되지 않듯, 4대강에서 발생하는 홍수 피해액은 수백억 원에 불과합니다. 그런데 4대강에서 발생하는 몇 백억 원의 홍수 피해를 막기 위해 4대강 공사비 22조 원이 넘게 퍼부었습니다. 22조 원으로 끝이 아닙니다. 수자원공사가 4대강 공사에 뜯긴 8조 원에 대한 연간 이자 4,000억 원을 수년간 국민 세금으로 물어줘야 하는 것을 포함하여 4대강 유지 관리를 위해 매년 1조 원에 가까운 돈을 계속 퍼부어야 합니다. 한마디로 이 대통령의 4대강 사업은 1원을 벌기 위해 1만 원을 쓴 어리석은 짓입니다.

지난 6월, 100년 만의 가뭄으로 논과 밭이 쩍쩍 갈라지는 피해가 발생했습니다. 그런데 이명박 대통령이 4대강에 건설한 16개 대형보는 이미 2011년 10월 완공되어 4대강엔 물이 가득했습니다. 4대강엔 물이 철철 흘러넘치고 있었지만, 전국의 농토는 바짝바짝 타들어가고 있었던 것입니다. 가뭄을 막는다던 4대강 사업이 아무 쓸모없었던 것입니다. 진정한 가뭄 대책은 논경지가 있는 지역에 저수지 등을 통해 필요한 물을 저장하는 것이 가장 경제적이고 최고의 해결책입니다. 4대강에 아무리 많은 물을 모아봐야 정작 물이 필요한 지역에 물을 공급할 수 없습니다. 가뭄을 사라지게 한다던 이명박 대통령의 4대강 사업이 완공되었지만, 가뭄에 하늘만을 바라봐야 했습니다.

홍수와 가뭄을 막고 수질 개선을 한다며 25조 원을 강에 쓸어넣었지만, 가뭄과 녹조에 비 오기를 하늘만 바라보고, 홍수가 나면 하늘만 바라보며 비가 그치기를 바라볼 뿐입니다. 4대강 사업이 아무 소용없는 짓이었습니다.

장로 대통령이 거짓말로 국민을 속이는 나라, 누구나 거짓말임을 다 알고 있는데 그 많은 언론이 권력의 하수인이 되어 침묵하는 나라, 이게 바로 오늘 대한민국의 서글픈 현실입니다. 잘못된 나라를 바로 세우기 위해 한국 교회가 먼저 4대강의 진실을 바로 알아야 하는 이유가 여기 있습니다.

하나님의 창조 질서를 파괴한 4대강 사업

하나님이 만드신 생명의 "강"(江)을 생각하면 떠오르는 그림이 있습니다. 굽이굽이 산을 휘감고 흐르는 맑은 물, 햇살에 반짝이는 금빛 모래, 쉼 없이 소살거리며 노래하는 여울, 여유로운 몸짓으로 오가는 물고기, 모래펄에 깃든 작은 새들의 청아한 노랫소리, 물을 박차며 뛰어오르는 철새들의 웅장한 비상, 수많은 생명을 품어주는 우거진 버드나무와 바람 따라 춤을 추는 갈대…. "강"(江)이란 이 모든 것들의 총합입니다. 이중 어느 하나가 빠진 강은 더 이상 강이라 할 수 없습니다. 강은 4대강 사업처럼 단순히 썩은 물만 가득 모아놓은 곳이 아니기 때문입니다.

"강"의 반대말은 "댐"입니다. 댐은 강의 흐름을 정지시켜 강의 생명을 파괴합니다. 4대강 사업은 흘러야 할 강에 16개의 대형 댐을 건설한 "생명의 강 죽이기"입니다. 4대강 사업 후에는 더 이상 "강"(江)은 존재하지 않습니다. 줄줄이 이어진 "댐"에 불과할 뿐입니다.

우리는 흐르는 "강"(江)을 원합니다. 강이 "흐름"을 잃어버리면 "맑음"과 함께 그 안에 깃든 모든 것을 잃어버리기 때문입니다. 고여 있는 물은 더 이상 강이 아닙니다. 강은 언제나 산을 휘감고 굽이쳐 흐르기에 강입니다. 강은 이 세상에서 가장 낮고, 이 세상에서 가장 넓은 바다를 향해 달려가기를 멈추지 않습니다. 흐르는 것이 강의 본질이기 때문입니다.

많은 사람들이 강에 물이 많아야 좋다고 생각하지만, 그건 우리의 무지에 불과합니다. 진짜 강(江)이란 "많은 물"이 아니라, 얕은 "여울"과 깊은 "소"가 반복되고 주변에 습지와 모래밭이 있는 "다양한 환경"이 가장 중요합니다. 다양한 환경이 있어야 다양한 생명들이 깃들게 되고 물이 맑아지기 때문입니다.

혹시 1999년 작품인 "쉬리"라는 영화를 기억하시나요? "쉬리"란 물고기 이름인데, 영화에는 "쉬리"가 등장하지는 않지만, 이 영화 덕에 "쉬리"는 20세기 말의 불세출의 영웅이 되었습니다. 쉬리는 전 세계에서 대한민국에만 사는 토종 물고기입니다. 그런데 쉬리는 맑은 물을 좋아하여 물살이 거세게 흐르는 얕은 여울에서 살아갑니다.

강의 신비는 여울에 있습니다. 흐르던 물길이 여울에 부딪히며 하얀 포말을 일으키면, 물의 표면적이 넓어지며 공기 중의 산소를 품게 되어 강물은 더욱 맑아지게 됩니다. 이런 까닭에 여울을 일컬어 하늘이 만든 천연 정수기라고 부르지요. 특히 여울은 물고기들의 산란장입니다. 천연기념물 어름치는 여울이 시작하는 바로 위에 알을 낳고 그 위에 돌을 물어다 산란탑을 쌓습니다. 어름치는 여울이 없으면 산란을 할 수 없습니다.

자신의 맑음으로 수많은 생명을 품어주고, 또 끊임없이 생명을 잉태케 하는 여울은 거룩한 생명의 터전입니다. 그런데 강을 깊이 준설하는 4대강 사업은 모든 여울을 다 파괴하여 썩은 물만 가득한 수로로 만들었습니다. 천연 정수기인 여울이 사라지면 강물은 썩을 수밖에 없고, 터전을 잃은 쉬리, 돌상어, 꾸구리, 어름치, 흰수마자 등이 더 이상 4대강에 살 수 없게 되는 것입니다.

대한민국 하천법상의 최상위 법인 수자원장기종합계획(2006-2020)에도 "한반도 고유종은 깊은 물이 아니라 얕은 자갈 바닥에 사는 물고기이기에 여울을 파괴하여 호수처럼 만들면 안 된다"라고 분명하게 밝히고 있습니다. 4대강 사업은 여울을 파괴하지 말라는 대한민국의 최상위 법을 어긴 불법입니다.

대교부 바실리우스는 피조세계를 일컬어 "하나님의 영광을 노래하는 합창이요, 즐겁게 이어지는 춤"이라 했습니다. 시편기자는 시편 104:31에서 "여호와의 영광이 영원히 계속할찌며, 여호와는 자기 행사로 인하여 즐거워할찌로다"라고 노래했습니다. 자신의 맑음으로 생명을 끊임없이 잉태케 하는 여울은 여호와의 영광이 이 땅에 영원히 지속되도록 하는 거룩한 성소요, 여울 물소리는 생명의 노랫소리입니다. 그러나 4대강 사업은 생명의 장소인 여울을 파괴하여 더 이상 생명들이 살기 힘든 죽음의 수로로 만들었습니다. 생명의 단절을 부르는 4대강 사업은 하나님 영광의 단절을 의미합니다. 하나님 영광의 단절은 곧 죄를 말합니다.

여울을 파괴하여 수로로 만드는 4대강 사업은 물고기만이 아니라 한국을 찾아오는 철새들을 내쫓는 생명 파괴의 재앙입니다. 이명박 대통령은 4대강 사업이 완성되는 2011년이면 4대강이 철새들의 낙원이 된다고 주장했습니다. 그러나 낙동강 해평습지와 을숙도 등 이미 철새들의 낙원이었던 4대강이, 철새 낙원을 만든다던 이대통령의 4대강 사업 덕에 더 이상 철새들이 찾지 못하는 죽음의 땅이 되었습니다.

철새는 잠수하여 물고기를 잡아먹는 "잠수성 오리"와 얕은 곳에서 머리만 물속에 넣어 바닥의 수초 뿌리와 갯지렁이 등을 먹고 사는 "수면성 오리"가 있습니다. 우리나라를 찾아오는 철새들의 94%가 모래밭과 얕은 곳을 좋아하는 수면성 오리입니다. 천연기념물 제201호 큰고니를 비롯해 천연기념물 제202호인 두루미, 그리고 세계적 멸종 위기종이며 천연기념물 제205호인 노랑부리저어새 등은 4대강 사업으로 인해 강의 수심이 깊어지면 더 이상 이 땅을 찾을 수 없을 것입니다.

하나님은 하늘과 땅을 만드시고 자리자리마다 그곳에 어울리는 생명들을 세워놓으셨습니다. 시편기자는 "높은 산들은 산양을 위함이여, 바위는 너구리의 피난처로다"(시 104:18)라고 노래했습니다. 이 말씀은 산은 산에 어울리는 생명을, 하늘엔 하늘에 어울리는 생명을, 강물 속엔 굽이굽이마다 그곳에 어울리는 생명들을 자리하게 하셨다는 말입니다. 강은 인간이 배를 띄우기 위함이 아니요, 그 안에 깃든 물고기들과 철새들의 터전임을 성경이 말한 것입니다.

성경에 강을 막는 4대강 사업을 하지 말라는 놀라운 말씀이 있습니다. 에스겔 47:9에 "강물이 흘러 들어가므로 바닷물이 되살아나겠고, 강이 이르는 각처에 모든 것이 살 것"이라며 보를 세워 강의 물길을 막는 4대강 사업이 잘못이라고 명확하게 말씀하고 있습니다. 강이 흘러야 강도 맑아지고 바다도 산다는 것은 놀랍도록 과학적인 근거를 지닌 말씀입니다. 육지의 토양과 유기물이 강을 통해 바다로 흘러들어가야 바다의 물고기들도 건강해지고 강도 맑음을 유지할 수 있기 때문입니다. 그러나 강에 거대한 보를 쌓아 강물의 흐름을 차단하면 유기물이 바다로 흘러들지 못해 바다는 영양실조에 걸리고 강은 썩게 됩니다. 이집트 나일 강을 비롯하여 강의 물길을 막음으로써 바다의 물고기 어획량이 80% 이상씩 감소되고 있다고 이미 전 세계의 강에서 보고되고 있습니다. 강은 흘러야 한다고 하나님께서 이미 성경에 말씀하셨던 것입니다. 강의 물길을 막는 4대강 사업은 강과 바다를 죽이며 하나님의 창조 질서를 파괴한 범죄였습니다.

창조 질서 보존을 위해 교회가 나서야 할 때입니다

독일의 이자 강을 비롯하여 스위스의 투어 강과 미국의 키시미 강 등 지금 전 세계는 강을 운하로 만들었던 잘못을 돌이켜 여울과 은빛 모래톱이 살아 있는 자연의 강으로 되돌리려 애쓰고 있습니다. 그런데 이명박 대통령은 이미 전 세계가 잘못이라고 인정한 운하 사업을 "강 살리기"라는 이름으로 국민을 호도하며 심각한 생명 파괴를 일삼았습니다. 비록 늦었지만 이제라도 생명의 강을 제자리로 되돌리기 위해 한국 교회가 제 역할을 찾아야 할 때입니다.

신학자 클라우스 베스터만(Claus Westermann)은 "인간 구원을 위해 모든 것을 다 하지만, 인간 삶의 환경에 대해서는 전혀 관여하지 않는 이 하나님은 도대체 어떠한 하나님인가? 성경의 첫 장이 하늘, 땅, 태양, 달, 별, 풀, 나무, 새, 물고기와 동물에 대해 이야기하고 있다는 사실은 우리가 신앙고백을 통해 예수 그리스도의 아버지로 인정하는 하나님은 단순히 사람만이 아니라 온 피조물에 관심을 갖고 계심을 나타내는 확실한 증거이다. 단지 사람의 하나님으로만 이해되는 하나님은 더 이상 성경의 하나님이 아니다"라며 하나님의 자녀들이 창조세계 보존에 관심을 가져야 함을 역설했습니다.

신학자 몰트만은 "현대 문명 가운데서 '성화'란 무엇보다 생명의 거룩함과 모든 피조물 안에 있는 하나님의 신비를 재발견하는 것으로서, 폭력에 의해 생명이 마음대로 조작되고 지구가 파괴되는 것을 막는 일, 곧 인간의 무책임한 파괴로부터 하나님의 피조물들을 지키는 것"이라고 했습니다. 특히 몰트만은 "생명을 파괴하는 것은 하나님의 몸을 파괴하는 것"이라며 "창조를 회복하기 어렵게 침략하는 것은 신성모독이다. 그 결과는 가해자가 스스로를 출교시키는 것과 같다. 허무주의적인 자연 파괴는 무신론을 실천하는 것과 같다"고 강조했습니다. 홍수와 가뭄을 예방하고 수질을 개선한다던 거짓말뿐만 아니라, 강에 깃들어 사는 생명들을 죽음으로 몰고 간 4대강 사업은 하나님 창조 질서의 파괴요, 하나님을 부인한 범죄이기도 했던 것입니다. 개발이란 이름으로 각종 환경 파괴에 직면하고 있는 한국 교회는 "교회가 약한 피조물의 고통을 공적 저항을 통해 함께 외쳐야 할 것"이라고 일찍이 주장했던 신학자 몰트만의 외침에 귀 기울여야 할 때입니다.

하나님은 "너희는 이 세대를 본받지 말고 오직 마음을 새롭게 함으로 변화를 받아 하나님의 선하시고 기뻐하시고 온전하신 뜻이 무엇인지 분별하도록 하라"(롬 12:2)고 말씀했습니다. 날로 심각해지는 환경 위기 시대에 한국 교회는 창조세계 보존을 원하는 하나님의 뜻을 분별할 수 있는 지혜가 필요합니다.

노아에게 방주를 만들어 이 땅의 생명들을 보존하고 유전케 하라던 하나님은 오늘도 또 한 명의 노아를 찾고 계십니다. 심각한 환경 위기 시대를 살아가는 우리는 하나님의 걸작품인 지구와 이 땅의 생명들을 지켜야 할 노아의 사명을 받고 있습니다.

노아의 사명을 감당하는 길은 내가 직접 환경을 지키는 일에 나서는 것도 있지만, 이명박 정부처럼 하나님 창조 질서를 심각하게 훼손하는 잘못된 정치인을 뽑지 않는 것도 훌륭한 방법입니다. 2012년 12월은 중요한 시간입니다. 한반도의 종말을 초래할 원자력 발전을 폐기하고, 파괴된 하나님의 몸인 생명의 강을 다시 회복할 올바른 대통령을 선택하는 시간이기 때문입니다. 나의 소중한 한 표가 또 다른 하나님의 몸의 파괴를 초래할지, 아니면 창조 질서의 회복을 가져올지 결정할 것입니다.

12장_정의로운 부동산 정책

남기업
(토지+자유 연구소 소장, 웨스트민스터 신학대학원대학교 조교수)

부동산이 뭐가 그리 중요하다고

경제는 유기체와 같아서 한 부분의 경제 현상은 다른 부분에 영향을 주게
된다. 예컨대 재벌 대기업이 중소기업의 기술을 탈취하거나 대기업에게 납
품하는 부품의 단가를 후려치면 중소기업의 생산성과 영업 이익만 떨어지
는 것이 아니라 중소기업에 다니는 노동자들도 제대로 된 임금을 받기 어
렵다. 중소기업에 대한 대기업의 착취는 소득 양극화의 원인이 된다. 그런
데 소득 양극화는 또 다른 곳에 영향을 준다. 우리나라에서 중소기업 노동
자가 차지하는 비중이 2010년 기준으로 전체 노동자의 86.8%인데, 이 많
은 사람들이 저임금에 시달리게 되면 내수가 위축되어 자영업이 어려워지
고 내수 중심의 (중소)기업들은 수요 부족에 시달리게 된다.

이런 점을 생각하면 경제에도 "올바른 관계"를 의미하는 정의(正義)를 확립하는 것이 중요함을 깨닫게 된다. 대기업과 중소기업과의 관계를 올바르게 만들면, 다시 말해 기업 간에 정의를 확립하면 대기업과 중소기업 간의 기업 양극화가 어느 정도 해소되고 이것은 대기업 노동자와 중소기업 노동자 간의 소득 격차를 줄이는 데 도움이 된다. 또한 대기업 노동자와 중소기업 노동자, 혹은 정규직과 비정규직 간에 정의를 확립하면, 즉 불합리한 격차를 시정하면 노동 이동이 활발해지고 노동자들도 자신의 직무 능력을 향상시키기 위해 더 열심히 노력하게 된다. 그리고 세금을 제대로 거둬서 사회적 안전망을 구축하고 모든 사람이 같은 선상에서 출발할 수 있도록 교육과 의료를 제공하면 사회는 안정적이면서 역동적이 되어간다.

그렇다면 부동산, 정확히 말해서 토지의 영향력은 얼마나 큰 것일까? 많은 사람들이 생각하듯 토지는 농경 시대에나 중요한 것일까? 나는 노동, 기업, 금융 등 경제의 다른 영역들보다 토지가 경제 전체에 미치는 영향력이 막강하다고 생각한다. 이런 점은 인간이 자동차와 같은 자본이 없으면 불편하지만 토지가 없으면 생존 자체가 불가능하고 모든 경제 활동은 토지 위에서 이루어진다는 사실 정도만 알고 있어도 이해될 수 있다. 토지의 영향력을 과장한다고 할지도 모른다. 그러면 진짜 그런지 잠깐 다음과 같은 질문을 던져 보도록 하자.

인간의 가장 기본적인 권리인 주거권이 위협받는 원인은 무엇인가? 그것은 땅 문제다. 대표적인 사회 갈등의 예라 할 수 있는 용산 참사의 원인

---

1) 흔히 불평등 지수를 나타낼 때 지니계수를 사용하는데, 지니계수는 완전한 평등일 때는 0, 완전한 불평등일 때는 1로 표시된다. 그런데 우리나라 시장 소득의 지니계수는 0.3을 약간 상회하고 토지 소유의 지니계수는 0.6~0.80이나 된다. 토지 소유의 불평등이 소득 불평등의 원인 중 하나라는 점과 토지가 모든 경제 활동에 사용되는 걸 생각하면, 토지 소유 불평등이 사회 경제적 불평등의 핵심이라는 사실은 분명하다고 하겠다.

은 무엇인가? 역시 토지 문제다. 점점 심화되어가는 사회 경제적 불평등의 핵심 원인에는 무엇이 있는가? 역시 땅 문제다.[1] 도시가 무분별하게 확산되어 보존되어야 할 녹지나 농지가 훼손되는 이유는 무엇인가? 땅 문제다. 지금까지 일어난 수많은 경제 위기에서 가장 빈번하게 등장한 변수는 무엇인가? 그것은 토지 거품의 생성과 붕괴다. 요컨대 토지가 경제 전체에 미치는 영향은 우리가 상상하는 것보다 훨씬 크다.

그런데 지금 대통령을 하겠다고 나온 후보들은 부동산 문제 해법에 대한 종합적이고 체계적인 대책을 내놓기보다는 당장 문제가 되고 있는 하우스 푸어 문제, 가계 부채 문제에 대해서만 가끔 언급하고 있다. 지금이 부동산 침체기이기 때문에 그럴 것이다. 이 지점에서 우리는 지난 1997년 외환위기 때 실기(失期)한 경험을 복기할 필요가 있다. 외환위기의 원인에 대한 여러 가지 설명들이 나왔지만, 재벌 주도의 경제 발전 방식이 근본적인 원인이라는 데에 이견이 별로 없다. 그러나 당시에 재벌 개혁은 경제 살리기라는 미명 하에 흐지부지 되어버렸고, 오히려 지금은 과거보다 재벌로의 경제력 집중이 훨씬 심화된 상태다. 만약 당시에 철저하게 재벌 개혁을 단행했더라면 이렇게까지 양극화가 심화되지는 않았을 것이다. 마찬가지로 부동산 투기가 일어서 경제 전체를 침체에 빠뜨린 지금이 부동산 문제를 근본적으로 해결할 수 있는 적기다. 작금의 기회를 놓치면 부동산 투기라는 호랑이는 다시 등장해서 대한민국 사회를 또 다시 위험에 빠뜨릴 것이다.

리더십에서 가장 중요한 것이 무엇일까? 태도, 소통, 결단력 등을 들 수 있지만, 나는 "방향"이라고 생각한다. 과연 대한민국을 어느 방향으로 이끌 것이냐가 리더십의 핵심이다. 부동산으로 말하면 부동산 문제를 풀기 위한 대화, 결단력 등이 중요할 수 있지만, 가장 중요한 것은 어떤 방향으로의 결단력이라는 것이다. 그러면 리더십의 "방향"을 이해하기 위해 성경이 무엇이라고 말하는지부터 검토해보자.

성경이 말하는 토지와 주택에 대한 가르침[2]

성경에서 토지와 주택에 관한 가르침은 희년(禧年)법에 집약되어 있다. 모두가 아는 바와 같이 50년마다 한 번씩 돌아오는 희년은 자유와 해방의 해이다. 안식년이 7번 지난 다음 해 음력 7월 10일에 전국에 나팔 소리가 울려퍼지면 품꾼 해방·부채 탕감·토지 반환이 동시에 일어났는데, 그중에서 가장 중요한 것은 토지 반환이었다. 그것은 토지 반환 없는 품꾼 해방, 토지 반환 없는 부채 탕감을 생각해보면 금방 이해할 수 있다. 품꾼에서 해방된다고 해도, 부채가 사라진다고 해도, 토지가 없으면 다시 종살이 비슷한 생활을 해야 하고, 빚더미에 올라앉기 십상이다. 한마디로 말해서 희년의 핵심은 토지 반환이다.

희년에 토지를 반환한다는 것은 원래 소유자가 있다는 뜻이다. 그렇다. 하나님은 이스라엘 모든 지파와 가족에게 각자 먹고살 수 있는 터전인 토지를 나누어주시고 그 상태가 유지되도록 하셨다. 우리는 이것을 가리켜 평등한 토지권, 즉 평등지권(平等地權)이라고 부를 수 있다.

성경은 이러한 평등지권의 정신을 제도적으로 정착시키기 위해서 세 가지 규정을 두었다. 첫째가 토지의 경계표를 옮기지 말라는 "지계표 이

2) 2장은 남기업, "토지·주택 정책을 어떻게 볼 것인가?", 『어떻게 투표할 것인가: 한국 사회 핵심 이슈에 대한 기독교적 진단과 대안』에 크게 의존하고 있다.

동 금지 규정"이다. 하나님은 친히 "네 이웃의 지계표를 옮기는 자는 저주를 받을 것이다"(신 27:17)라고 말씀했다. 지계표를 옮기는 행위는 앞에서 다룬 토지의 특성상 다른 사람의 자유, 더 정확히 말해 다른 사람의 생존권을 침해하는 것과 같기 때문이다. 둘째 규정은 "토지를 영영히 팔지 말라"(레 25:23 상반절)는 "영구 매매 금지 규정"이다. 본래 성경은 토지 매매 자체를 금하지 않았다. 한시적 매매는 허용했다. 개인 사정에 따라 토지를 팔 수 있었는데, 그 방식은 50년마다 돌아오는 희년까지의 사용권만 파는 것이다. 그래서 희년이 가까이 있으면 토지 가격이 싸고 희년이 많이 남아 있으면 가격이 비쌌다. 셋째 규정은 희년이 도래하기 전이라도 토지를 되돌려받을 수 있는 "무르기(redemption) 규정"이다. 이는 근족(近族)이 대신 되사주거나, 그럴 만한 친척이 없을 경우에는 가족 스스로 열심히 저축해서 되사올 수 있는 장치다. 그런데 영구 매매를 하게 되면 땅을 되찾아오기 어렵다. 토지를 산 사람이 팔기 싫다고 하면 그만인 것이다. 또한 토지를 다시 사오려면 막대한 돈이 들기 때문에 무르기도 거의 불가능하다. 이렇게 되면 결국 지계표가 이동되는 것이다.[3]

그렇다면 주택에 대해서는 성경은 어떤 이야기를 할까? 희년의 주택법을 논하기 전에, 평등지권 정신이 구현되면 주거 문제는 거의 해결된다는 점을 이해하는 것이 매우 중요하다. 집은 인간이 토지 위에 지은 건물이다. 그런데 토지가 없으면 집을 지을 수가 없다. 남의 땅 위에 집을 짓기도 어렵고, 땅이 없는 사람은 결국 집이 여러 채 있는 사람, 즉 요즘 말로 하면

---

3) 성경 저자들, 특히 선지자들이 평등지권의 정신을 허무는 자들에게 무서운 저주를 퍼붓는 것을 볼 수 있는데, 대표적인 예가 이사야다. 이사야는 "가옥에 가옥을 연하며 전토에 전토를 더하여 빈 틈이 없도록 하고 이 땅 가운데서 홀로 거하려 하는 그들은 화 있을진저"(사 5:8)라고 말한다. 요즘 말로해서 집을 여러 채 보유한 사람, 엄청난 양의 토지를 소유한 사람에게는 "복"(福)이 아니라 "화"(禍)가 임할 것이라고 경고하고 있다. 이는 오늘날의 교회가 선포하는 메시지의 내용과 크게 대조된다.

다주택 소유자의 집에 세 들어 살아야 하는데, 그런 사람의 삶은 매우 불안정할 수밖에 없다. 그러나 평등지권 정신이 구현되면, 즉 각자가 일할 터전이 있으면 주거 문제는 거의 다 해결된다.

그러나 평등지권 정신이 구현되더라도 주거 빈곤층은 있을 수 있는데 성경은 이 부분을 자비, 즉 복지로 해결하라고 명령하고 있다. 희년이 자세히 설명되어 있는 레위기 25:35에는 "네 형제가 가난하게 되어 빈손으로 네 곁에 있거든 너는 그를 도와 거류민이나 동거인처럼 너와 함께 생활하게 하되"라고 쓰여 있다. 빈손으로 있는 가난한 자는 결국 주거 불안정 계층일 수밖에 없다. 이들과 함께 생활하라는 말씀을 지킬 수 있는 가장 좋은 방법은 이들이 살 수 있는 거처를 주위에 마련해주는 것이다. 요즘 말로 하면 공공임대주택을 공급하는 것이다.

정의로운 부동산 정책의 토대: 토지 불로소득 완전 환수

그러면 관건은 평등지권 정신을 오늘날 어떻게 구현하느냐 하는 것이다. 문자 그대로 토지를 골고루 나눠주어야 하나? 모두가 땅을 필요로 하는 농경 사회에서는 그렇게 할 필요가 있었지만, 오늘날과 같은 사회에서는 그렇게 할 수도 없고 해서도 안 된다. 땅을 필요로 하는 양과 위치가 사람마다 모두 다르기 때문이다. 가장 좋은 방법은 소유할 토지의 양과 위치는 각자에게 맡기고 토지에서 발생하는 불로소득을 환수하는 것이다.

우리가 알고 있듯이 집을 여러 채 보유한 사람이 그 집을 다 이용하는 것은 아니다. 서울에 거주하는 사람이 강원도 평창에 땅을 소유한 이유도 그것을 사용하려는 데 있지 않다. 땅과 집을 사랑해서도 아니다. 그러면 무엇 때문일까? 돈, 즉 불로소득이 생기기 때문이다. 일반 물자는 구입 즉시 가격이 떨어지지만, 토지는 일반적으로 가격이 올라간다. 물론 경기 침체가 오면 가격이 떨어지기도 한다. 하지만 경기가 다시 살아나면 부동산 가격이 "먼저" 오른다. 그런데 토지가 돈이 되지 않도록 하면, 즉 토지 불로소득을 환수하면 필요한 사람만 토지를 소유하고 이용할 것이다. 그렇게 되면 투기냐, 투자냐를 따지는 것도 불필요해진다.[4]

그러면 토지 불로소득이란 무엇인가? 소득은 수입에서 그 수입을 얻기 위해서 지불한 비용을 차감한 것이므로, 토지 불로소득을 정의하려면 수입과 비용을 알아야 한다. 그러면 토지를 소유하는 데 치러야 할 비용은 무엇일까? 먼저 처음에 토지를 매입하는 데 드는 비용, 즉 매입 지가가 일차적인 비용이 된다. 또한 매입자의 입장에서 보면 매입 지가의 이자도 비용이 되는데, 이는 토지 소유자가 만약 토지를 매입하지 않고 돈을 은행에 넣어놓았다면 이자라는 이익이 생기기 때문이다. 매입 지가의 이자는 기회비용이다. 따라서 이것을 공식으로 요약하면 다음과 같다.

토지 소유자의 비용 = 매입 지가 + 매입 지가의 이자

그렇다면 토지 소유자의 수입은 무엇일까? 그것은 토지를 매각했을 때의 지가, 즉 매각 지가와 토지 보유 기간 동안 얻을 수 있는 지대의 합이다.

---

4) 여기서 하나 지적해야 할 점은, 불로소득의 진원지가 건물이 아니라 토지라는 점이다. 건물은 시간이 지나면 낡고 가격이 떨어진다. 그런데 토지는 가격이 올라간다. 다 쓰러져가는 재건축 아파트가 비싼 이유를 생각하면 금방 이해될 것이다. 그리고 사람이 만든 일반 물자의 가격은 "과거"에 투입한 비용으로 결정되는 데 반해, 토지 가격은 사람이 만들지 않았기 때문에 결국 "미래"에 얻을 수 있는 지대(land rent)에 의해서 결정된다. 그렇기 때문에 불로소득을 환수하지 않으면 투기(speculation)가 일어나는 것이다.

이것을 요약하면 다음과 같다.

토지 소유자의 수입 = 매각 지가 + 보유 기간 동안의 지대

이렇게 수입과 지출을 정의하면 토지 불로소득은 다음과 같이 정리될
수 있다.

토지 불로소득 = 토지 소유자의 수입 – 토지 소유자의 비용

= [매각 지가 + 보유 기간 동안의 지대] –

[매입 지가 + 매입 지가의 이자]

= [보유 기간 동안의 지대 – 매입 지가의 이자] +

[매각 지가 – 매입 지가]

그런데 여기서 재미있는 지점은, 보유 기간 동안의 지대에서 매입 지
가의 이자를 뺀 부분만 세금으로 환수하면 지가는 고정된다는 점이다. 즉
"매각 지가-매입 지가"가 제로(0)가 된다는 것이다. 토지 가격이 고정된다
고 하면 선뜻 이해가 안 갈 수 있는데, 예를 들어 생각해보자. 예컨대 어떤
토지를 1억 원에 매입했다고 하고 이자율이 5%라고 하자. 그리고 그 토지
의 임대 가치, 즉 지대가 2012년 470만 원, 2013년 490만 원, 2014년 510
만 원, 2015년 530만 원…이렇게 계속 상승한다고 하자. 이런 상황에서 지
대에서 매입 지가 1억 원의 이자에 해당하는 500만 원만 빼고 환수하면 그
토지를 통해서 얻을 수 있는 임대 수입은 500만 원으로 고정된다. 즉, 2013
년 20만 원(520-500) 환수, 2014년 40만 원(540-500) 환수, 2015년 60만 원

환수(560-500)…, 이렇게 500만 원의 초과분만 환수하면 그 토지에서는 앞으로 계속 500만 원의 고정 수익만 발생하기 때문에 토지 가격은 1억 원(500/0.05=1억)으로 고정되고, 매매 차익인 토지 불로소득은 생기지 않는다(참조. 〈그림 1〉).⁵⁾

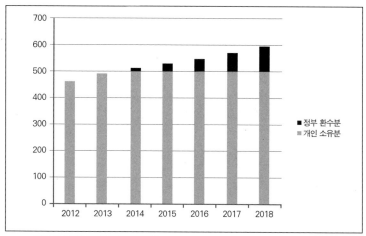

〈그림 1〉 지가 고정의 원리(단위: 만 원)

　　이렇게 현재 지가의 원금과 이자만 인정하는 세제를 우리는 "이자 공제형 토지가치세제"라고 부를 수 있는데, 이 정책을 도입하면 토지 불로소득은 완전히 환수된다. 토지 가격이 고정되면 건물 가격은 시간이 지나면 떨어지기 때문에 주택이나 빌딩의 가격은 하락하지 않을 수 없다. 이렇게 되면 다주택자와 비영업용 토지 소유자들의 양도 소득세 중과도 불필요해지고 이런 방법으로 토지 보유세를 강화하면 거래세도 완화 후 폐지할 수 있다.

---

5) 이에 대해 이자율이 변하면 지가도 달라지는 것 아닌가 하는 의문을 제기할 수 있다. 하지만 이자율에 상관없이 그 시점의 이자율에 의한 이자를 보상한다고 하면 "원금 = 이자/이자율" 공식에 의해 원금의 크기는 그대로 유지된다. 예를 들어 이자율이 7%가 되면 700만 원을 보장하고 나머지만 환수하면 된다는 의미이다.

토지 불로소득 완전 환수는 부동산 시장을 어떻게 바꿔나갈까? 기존 주택 시장, 상가·빌딩 시장, 농지 시장, 산업 단지 시장에 투기 수요가 사라진다. 주택은 거주자가 소유하고 농지는 농민이 소유하고 상가·빌딩도 사용자가 소유하고 산업 단지도 기업주가 소유하게 된다. 자동차 시장에 투기가 일어날까봐 걱정하지 않듯, 부동산 시장에서도 투기를 걱정하지 않아도 되는 것이다.

새로운 대통령이 지향해야 할 부동산 정책 [6)]

위와 같은 세제 정책을 취하면 토지 불로소득은 완전히 환수되어 부동산 투기는 사라지게 된다. 그렇게 되면 토지로 인한 금융 불안정과 빈부 격차가 사라지고 주거 불안정도 줄어든다. 거기에 더해 아래의 구체적인 정책도 필요하다.

고위 공직자 부동산 백지신탁제

부동산 문제의 궁극적 해결은 결국 입법을 통해서 가능한데, 그러기 위해서는 부동산 문제의 심각성을 알고 그 문제를 해결하기 위한 선출직 공무원을 포함한 고위 공무원의 의지가 무엇보다 중요하다. 그렇기 때문에 토지 투기 즉 토지 불로소득을 노리는 행위는 사회적으로 더 이상 용납되지

---

6) 이 부분은 남기업, "토지·주택 정책을 어떻게 볼 것인가?", 『어떻게 투표할 것인가: 한국 사회 핵심 이슈에 대한 기독교적 진단과 대안』에 크게 의존했다.

않는다는 분위기를 만들고, 부동산 문제 해결에 우호적이거나 동의하는 고위 공직자가 국민의 대표가 되도록 공직자 윤리법에 고위 공직자 부동산 백지신탁제(이하 부동산 백지신탁제)를 포함시키는 것이 필요하다.

부동산 백지신탁제는 지자체 의원을 포함한 모든 선출직 공무원과 임명직 고위 공무원 본인과 부인 그리고 직계 비속이 소유한 투기용 부동산을 백지로 신탁하게 하는 제도다. 백지로 신탁하는 입장에서 보면 그것은 엄청난 경제적 손실이기 때문에 그런 손해를 감수하면서까지 공직에 나올 사람은 많지 않을 것이다. 그동안 고위 공직자 인사청문회를 할 때마다 쟁점이 되는 단골 메뉴는 부동산 투기 의혹이었다. 참여정부는 투기 의혹이 있는 인사들을 대부분 낙마시켰으나, 이명박 정부는 투기 의혹에 개의치 않고 입각시켰다. 그러나 부동산 백지신탁제가 도입되면 인사청문회에서 투기 의혹과 관련된 공방은 더 이상 찾아볼 수 없게 될 것이다. 그리고 부동산 문제에 대한 해결 의지가 있는 정치인들이 고위 공직에 오르기가 더 쉬워질 것이다.

"토지임대형"으로 신규 주택 공급과 재건축·재개발 추진

세제를 통하지 않고서도 토지 불로소득을 환수하는 방법이 있는데, 그것은 토지를 공공이 매입하여 임대하는 방법이다. 신규 주택 공급이나 재건축·재개발을 토지임대형으로 하게 되면 더 저렴하고 안정적으로 주택과 상가를 공급할 수 있고, 정부가 기반 시설을 설치하는 데도 용이하며, 복지 차원의 공공임대주택 공급도 쉬워진다.

토지임대형으로 한다는 것은 공공이 토지만 임대하고 인간이 만든 건물은 개인이 소유하는 것을 말한다. 이런 방식으로 공공이 신규 주택을 공급하면 주택 매수자는 건물만 사고 토지는 공공과 사용권 계약을 맺고 정기적으로 임대료를 납부하게 된다. 물론 임대료는 전세 보증금 형식을 취할 수 있다. 또한 토지임대형으로 재건축·재개발을 하게 되면 기존 주택 소유자들은 토지를 공공에 팔고 받은 돈으로 주택의 건물분을 사고 남는 돈으로 토지 전세금의 일부를 내면 된다. 그리고 기존 단지의 거주자 중에서 새로운 집을 구입하기 어려운 재산권자와 세입자는 소득 상황에 따라서 단지 내에 토지 임대료를 낮춰주는 주택과 공공임대주택에 거주할 수 있게 하면 된다.

한편 토지임대형이 의미가 있는 것은 단지 내에 공공임대주택을 손쉽게 공급할 수 있다는 점이다. 대체적으로 내 집 앞에 임대 주택이 건설되는 것을 반대하기 때문에 정부는 갈등을 피하기 위해 개발제한구역 해제 지역에 집중적으로 공공임대주택을 짓게 되어 녹지 훼손 등 환경 파괴 문제를 일으키기도 하고, 임대 주택 단지를 도심지와 뚝 떨어진 곳에 공급하여 슬럼화 문제가 초래되기도 한다. 그런데 토지임대형 단지 내에 공공임대주택을 일정 비율로 공급하면 공공임대주택을 차질 없이 공급할 수 있고, 공공임대주택에서 흔히 발생되는 관리의 문제도 해결할 수 있다.

그렇다고 공공임대주택을 지나치게 많이 공급할 필요는 없다. 많은 사람들이 우리나라의 공공임대주택 비율이 4.3%(2010)밖에 되지 않기 때문에, 스웨덴 22%, 덴마크 20%, 핀란드 18%, 네덜란드 35%, 영국 22%처럼 적어도 20% 정도는 공급해야 한다고 말한다. 하지만 내 판단으로는 이는 지나치다. 그 이유는 토지임대형 주택을 공급하고 세제 개혁을 통해 토지 불로소득을 환수하면, 다시 말해 평등지권의 정신을 구현되면 하위 계층의 주거 불안정은 상당 부분 해결된다고 보기 때문이다. 이는 희년이 잘 지켜지면 주거 문제가 거의 해소되고 최소한의 주거 복지만 필요한 것과 같은 이치다. 그래서 나는 공공임대주택 비율을 2018년까지 10%로 끌어올릴 것을 제안한다.

그리고 토지임대형으로 재개발을 하게 되면 정부가 공원 설치나 도로 확장 등과 같은 기반 시설을 설치하기도 용이해진다. 왜냐하면 토지가 공공 소유이기 때문이다. 그리고 기반 시설 설치는 토지 임대료 상승으로 이어지기 때문에 기반 시설 설치 비용을 회수하기도 쉬워진다.

물론 토지임대형으로 하게 되면 매입 비용이 들어가기 마련인데 우선 공공이 토지를 매입하는 자금은 사용자의 토지 전세금으로 어느 정도 충당이 가능하고, 부족한 것은 채권을 발행할 수 있다. 채권 발행이 큰 문제가 없는 것은 사회가 발전함에 따라 토지 임대료가 계속 증가하기 때문이다.

한 가지 더 첨언할 것은, 앞서 제시한 이자 공제형 토지가치세제를 도입하면 토지임대형 개발이 손쉬워진다는 점이다. 이 제도를 실행하게 되면 재건축·재개발이 가져오는 개발 이익을 누릴 수 없기 때문이다. 지가는 고정되고 그 가격에 공공이 매입하면 된다. 이처럼 새로운 세제의 도입은 토지임대형 개발을 위한 기반이 된다.

하우스 푸어 대책 [7)]

하우스 푸어 문제도 토지임대형으로 해결이 가능하다. 일각에서는 하우스 푸어 주택을 공공임대주택으로 전환하자고 주장하지만, 임대 주택 평형이

---

7) 이 부분은 조성찬(2012)에 의존했음을 밝혀둔다.(참조. 참고 도서).

대체로 10, 20평대이고 하우스 푸어 주택이 30, 40평형인 것을 감안하면 적절치 못하다. 그리고 건물까지 다 매입할 필요도 없다.

이를 위해서 우선 정부는 토지(지분)만 매입한 후 하우스 푸어와 토지 사용권 계약을 체결하는 토지임대형 주택으로 전환한다. 그렇게 하면 하우스 푸어는 당장 시급한 대출금을 갚을 여력이 생기고 안정적으로 기존 주택에서 40년 이상 거주할 수 있게 된다. 정부는 토지 임대료 수입을 확보할 수 있게 되어 재정 부담을 줄일 수 있다. 물론 주택은 자유롭게 매각할 수 있도록 하면 된다.

그러나 공공이 매입하는 토지 가격은 시중 가격보다 낮게 책정되어야 한다. 그들이 무리하게 대출을 받아 집을 구입한 이유 중에는 거주 목적도 있지만 시세 차익을 노린 투기 목적도 있기 때문이다. 그러므로 자신들의 선택에 대해서도 일정 정도 책임을 질 수 있도록 해야 한다.

희년을 지향하는 대통령을 고대한다

성경의 입장에서 본 정치의 제일가는 목적은 무엇일까? 나는 정의를 세우는 것이라고 생각한다. 그래야 억울한 사람이 줄어들고 사회 구성원들이 자유롭고 평등해질 수 있다. 정의를 세워야 출신과 출생을 한탄하지 않고 자신이 가진 재능을 마음껏 펼칠 수 있다.

성경이 말하는 정의의 내용은 희년에 집약되어 있는데, 그중 핵심이 바로 평등지권으로 요약되는 토지정의라고 할 수 있다. 앞에서 살펴보았듯이 토지정의는 모든 정의의 기초다. 평등지권이 훼손되면 수많은 사람들의 주거가 불안정해지고 일자리가 잘 안 생기고 빈부 격차가 벌어지고 경제가 침체되고 금융 기관이 위험해진다. 따라서 토지정의를 확립하여 이런 문제를 예방해야 한다.

그런데 재미있는 사실은 희년의 토지정의 정신은 사실 맑은 양심을 가진 모든 사람들이 동의할 수 있는 지점이라는 것이다. 토지는 인간이 만든 것이 아니며 토지를 한 사람이 소유하면 다른 사람이 사용할 수 없다는 사실, 토지가 없이는 생존이 불가능하다는 사실, 그리고 토지 가치의 상승은 개별 토지 소유자의 노력과 무관하므로 환수해야 한다는 사실은 이해관계를 떠나 생각해보면 모두 동의할 수 있는 내용이다. 그래서 기독교인/비기독교인을 불문하고 인류사의 일획을 그었던 대부분의 지성인들은 하나같이 토지정의를 옹호해왔다.[8] 여기서 우리는 성경이 말하는 사회 경제적 제도가 보편적이라는 것과 사회에서 비기독교인과 함께 희년 정신의 구현을 위해 노력할 수 있다는 것을 알게 된다. 좀 더 구체적으로 말해서 희년 정신을 구현할 수 있는 대통령을 고대할 수 있다는 것이다.

물론 이런 대통령은 그냥 나타나는 것이 아니다. "개혁된" 교회가 토지정의를 지붕에 올라가서 외쳐야 가능해진다. 그러나 교회가 그렇게 하려면 먼저 철저한 회개(悔改)를 해야 한다. 값싼 회개가 아니라, 비기독교인들도 회개를 했는지 안 했는지를 알 수 있을 정도로 뉘우치고(悔) 고쳐야(改) 한다. 희년에 의해서 개혁된 교회가 희년을 지향하는 대통령을 고대할 수 있고 맑은 양심을 가진 비기독교인들과도 연대할 수 있는 길이 열린다.

---

8) 대표적인 예로 루소(J. J. Rousseau 1712~1778)는 토지 정의의 훼손이 인간 불평등의 기원임을 다음과 같이 설파했다. "누군가 땅에 울타리를 친 다음 '이건 내 땅'이라고 말하고 또 주위사람들도 순진하게 그 사람의 말을 믿었을 때 시민사회가 본격적으로 시작되었다. 그 울타리의 말뚝을 빼고 경계를 이루는 도랑을 메우고는 '이런 불한당의 말에 조심하십시오. 땅의 열매는 우리 모두의 것이지만 땅 자체는 누구의 것도 될 수 없다는 점을 잊으면 우리는 망합니다'라고 이웃사람들에게 외치는 자가 있었다면 역사상 무수한 범죄와 전쟁과 살육과 공포와 불행에서 인류를 구할 수도 있지 않았을까?"(『인간 불평등 기원론』, 75쪽).

참고 도서

남기업, "토지·주택 정책을 어떻게 볼 것인가?", 『어떻게 투표할 것인가: 한국 사회 핵심 이슈에 대한 기독교적 진단과 대안』, IVP, 2012.

남기업, 『공정국가: 대한민국의 새로운 국가모델』, 개마고원, 2010.

조성찬, "각계의 하우스 푸어 대책 평가와 '토지임대형 주택 전환방식' 제안", 「토지+자유 리포트」 1호, 2012. 8. 31.

루소, 『인간 불평등 기원론』, 집문당, 1995.

13장_우리 역사 속의 리더십: 세종대왕 vs. 박정희

백승종
(마을공동체문화연구소 대표, 전 서강대 교수)

역사의 수레바퀴를 움직이는 위대한 힘은 어디서 나오는가. 어떤 이는 기술이나 과학 문명에서 답을 찾기도 하고, 어떤 이는 한 시대를 지배한 시대정신에 주목하기도 한다. 정신을 강조하든 물질을 강조하든 그것은 물론 각자의 자유다. 하지만 어느 편에 서든 한 시대를 이끌어나간 "리더십"(leadership)의 문제를 도외시할 수는 없다. 역사상의 긍정적인 변화와 발전은 항상 민중의 자발적 참여에서 비롯되었다. 그런데 이것은 민중의 의지를 결집하고 그들의 복잡한 이해관계를 원만하게 조정한 리더십을 전제로 했다. 훌륭한 리더십이 없었는데도 볼만한 역사가 펼쳐진 적은 인류 역사상 한 번도 없었다.

세종(제위 1418-1450)의 리더십은 한국 역사상 각별한 것이었다. 왕은 무슨 일을 하든지 백성을 위해 최선을 다했다. 그는 한글을 창제하기까지 했

13장_우리 역사 속의 리더십: 세종대왕 vs. 박정희_243

다. 알기 쉬운 우리의 고유 문자를 창안함으로써, 배움의 사각지대에 놓인 백성들도 자신들의 뜻을 마음껏 표현하게 하고 싶었기 때문이다. 그런 점에서 세종은 한국 문화에 하나의 새로운 이정표를 마련했다고 평가된다. 세종의 리더십은, 백성 곧 한국 민중의 세계관까지 근본적으로 바꿔놓았다. 그만큼 성공적인 지도자는 인류 역사상 찾아보기 힘들 것이다.

최근의 여론 조사 결과를 보면 세종과 어깨를 겨룰 만큼 인기 높은 이가 박정희 대통령이다. 그러나 역사가인 내가 보기에 그것은 역사적 성찰의 결과가 아니다. 지레짐작과는 달리 박정희에게는 장점보다는 단점이 훨씬 많았다. 세종의 리더십에 견주어볼 때 박정희의 리더십에는 치명적인 약점이 있었다.

한마디로, 그것은 소통과 불통의 차이였다. 15세기의 인물 세종은 소통의 대가였다. 보다 구체적으로 말해, 세종은 정치의 요체를 소통에서 구했다. 그의 소통 능력은 지식의 융합과 창의적 발전으로도 이어졌다. 세종이 소통을 강조한 것은 천지인(天地人)의 합일(合一)을 확신했기 때문이다. 우주와 인간이 하나 되는 세상을 만드는 것이 그의 꿈이었다. 하늘을 대신하여 백성을 다스리는 왕으로서 그는 하늘의 소리, 땅의 소리, 그리고 백성의 소리에 귀를 기울이는 것이 당연하다고 보았다. 또 백성들에게 하늘과 땅의 뜻을 바르게 전해주는 것이 자신의 역할이라 여겼다. 세종의 노력은 왕조 시대라는 역사적 한계에도 불구하고, 백성들이 크고 작은 국가적 사업에 자발적으로 참여하는 결과를 낳았다. 세종의 치세가 하나의 "황금시대"로 기억되는 이유다.

박정희가 권력을 휘두른 1960-1970년대의 한국 사회는 불신과 상호 비방이 대세였다. 언론은 국가 권력에 의해 무자비하게 유린되었고, 노동자와 농민은 극한의 빈곤과 억압과 차별을 강요당했다. 박정희 시대가 이룩한 이른바 "한강의 기적"은 내적으로는 재벌 위주의 불건전한 경제 구조를 고착시키는 폭력적 과정이었고, 대외적으로는 미국과 일본을 비롯한 경제 강대국의 "하청 국가"로 자리매김 되는 슬픈 역사였다. 게다가 박정희 정권은 영구 집권을 위해 영호남 지역 갈등과 남북한의 불신과 갈등 구도를 심화시켰다. 일본 군국주의 사회를 성공 모델로 설정한 박정희의 국가 재건 프로젝트는 겉으로는 성공한 것처럼 보일지 몰라도 본질적으로는 완벽하게 실패했다. 아직도 많은 사람들이 그의 망령에 사로잡혀 있는 것은, 역사적 실상에 관한 연구가 부족했기 때문이다. 역사적 통찰이 깊어질수록 박정희의 인기는 곤두박질칠 것이다.

아래에서는 유례없이 성공적이었던 세종의 리더십을 분석할 것이다. 이어서 일반이 짐작하는 것보다 문제가 훨씬 많았던 박정희 정권의 리더십에 관해 간단히 검토할 생각이다. 이 과정에서 소통 불가로까지 연결된 박정희의 편향된 역사관을 언급할 것이다.

한글 창제로 이어진 세종의 소통 리더십

세종은 한국인이 가장 존경하는 왕중왕이다. 그에게는 통상 대왕이라는 존칭이 따라 붙는다. 이상한 일이 결코 아니다. 그는 참으로 위대한 왕으로서 많은 업적을 남겼다. 세종은 4군과 6진을 개척해 압록강과 두만강을 경계로 하는 우리의 영토를 확정지었다. 고유 음악인 향악뿐만 아니라 중국에서 도입한 아악도 정리했다. "정간보"(井間譜)라 불리는 채보법까지 왕이 직접 창안했다. 손수 한글도 창제했다. 세종의 업적은 참으로 많다. 불과 30여 년의 재위 기간에 다 이루었다고는 믿기 어려울 정도다.

"민본"의 정치는 "소통"을 통해 가능하다

소년 시절 세종은 정치적 야욕에 불타는 욕심 많고 탐욕스런 왕자였다. 우여곡절 끝에 그는 두 형을 따돌리고 소원대로 조선의 왕이 되었다. 왕위에 오른 뒤 세종은 변신을 거듭했다. 그는 민본(民本), 즉 백성을 위한 정치에서 자신의 존재 이유를 발견했다. 이러한 변화는 그가 유교 경전과 역사서를 깊이 연구한 결과였다.

세종은 유교 경전을 통해 자신의 철학적 토대를 구축했다. "백성은 나라의 근본이다. 그 근본이 튼튼해야 나라가 평안하다"(『서경』). 이 한 구절이 세종의 통치 지표가 되었다. 백성의 요구를 해결해주는 데 왕의 존재 이유가 있다는 것은 그의 신념이 되었다. 바로 그러한 맥락에서 세종은 단 한 사람의 억울한 백성도 생기게 방치해서는 안 된다고 확신했다.

그런데 백성이란 무엇인가. "그들은 무지하나 하늘의 뜻이 그들을 통하여 나타나므로 영험하다." 백성의 양면성을 이보다 더 적절하게 표현할 수는 없을 것이다. 세종은 이러한 성리철학에 깊이 공명했다. 그리하여 "백성의 무지"를 해결하기 위해 많은 노력을 기울였다. 백성들의 무지를 방관하는 것은 잘못이므로, 백성들이 잘잘못도 가릴 줄 모르는 상태에서 범죄를 저지르고 처벌을 받는 상황이 반복되는 현실은 용납할 수 없다는 것이 세종의 통치 철학이었다.

세종은 백성들 대다수가 글을 읽지 못한다는 현실에 주목했다. 이 문제를 궁극적으로 해결하려면 백성들이 쉽게 배울 수 있는 우리 문자가 필요했다. 왕이 심혈을 기울인 끝에 "훈민정음"을 창제한 뜻이 바로 여기에 있었다. 그러는 사이 세종 자신은 당시 수준으로 볼 때 세계에서 가장 탁월한 언어학자로 발돋움했다.

사회적 약자를 보호하라

세종의 소통은 구호의 차원을 벗어나 실천성을 획득했다. 그는 주요 정책을 입안할 때마다 그것이 장차 백성들에게 미칠 영향을 세심히 따져보았다. 백성들의 첨예한 이해관계가 걸린 문제라 생각된 공법(세제)을 바꿀 때는 주민 투표까지 실시했다. 왕은 십만 명도 넘는 전국의 백성들에게 찬반 의견을 물었다. 집계 결과 과반수 이상이 새 법안에 찬성한 것으로 나타났으나, 세종은 "아직도 반대하는 사람들이 많다"며 연구 보완을 명령했다. 이렇게 해서 여러 해 뒤에 새 법이 실행되었는데, 누구도 감히 반대하지 못할 정도로 절대적인 지지와 찬성을 확보했다.

세종은 전국의 감옥도 자신이 직접 설계했다. 조선 초기의 감옥은 위생 조건이 열악해, 죽거나 몹쓸 병을 얻는 죄수들이 많았다. 감옥의 이러한 참상은 국법의 근본 취지에서 크게 어긋난다는 것이 세종의 판단이었다. 그래서 왕은 전국의 감옥을 전면적으로 개혁하기로 결심했고 마침내 실천에 옮겼다.

또한 세종은 사회에서 가장 업신여김을 받는 관청 여종(官婢)들의 근무

조건도 개선했다. 왕은 "그들도 내 백성"이라는 소신을 가졌기 때문에, 그들 여성이 안심하고 아이를 낳아 기를 수 있게 장기간의 출산 및 육아 휴가를 지급했다. 역사상 위엄을 자랑하는 동서양의 제왕은 많았지만, 세종처럼 백성을 내 몸처럼 보살핀 왕은 드물었다.

세종의 시대는 아무런 문제도 없었다는 주장을 하려는 것이 아니다. 그때도 흉년이 주기적으로 되풀이되었고, 뜻밖의 불상사도 되풀이되었다. 세종이 아무리 정성을 다해 정치에 임했다 하더라도 시대와 제도의 한계를 모두 넘어설 수는 없는 일이었다. 하지만 그 한계를 초극하기 위해 세종이 보인 초인적인 노력과 정성은 후세를 감동시키기에 충분했다.

인재들과 함께 새 역사를 창조하다

세종은 "독불장군"이 아니었다. 그는 인재를 발굴해 그들을 전문가로 양성하고, 마땅한 실무를 맡겨 큰 성과를 내게 했다. 인재라면 출신도 따지지 않았고, 과거 행적도 불문에 부칠 정도로 관대했다. "나라의 쓰임을 받지 못한 인재가 길거리를 배회하게 해서는 절대 안 된다"는 것이 세종의 굳은 신념이었다.

왕이 발탁한 대표적인 선비가 황희였다. 서자 출신인 황희에게는 불법과 부정부패 사건으로 얼룩진 과거가 있었다. 공신이었던 박포가 유배되었을 적에는 그 아내와 간통했다는 소문까지도 파다했다. 하지만 세종은 황희의 정치력을 믿어 요직에 등용했다. 황희는 본래 "소인"이라는 혹평을 받았던 사람이지만 노년에 그가 은퇴하자 모두들 입 모아 "훌륭한 재상"(眞宰

相)이라 칭송했다. 세종을 만났기에 황희의 인생은 바뀌었고, 마침내 조선이란 나라를 반석 위에 올려놓았다.

세종이 집현전을 통해 많은 인재를 키운 사실은 유명하다. 성삼문과 신숙주를 비롯한 집현전 학사들은 왕의 총애 속에서 유교 경전과 역사를 집중적으로 연구했다. 경전 공부로 그들의 철학적 토대가 완성되었고, 역사 연구를 통해 그들은 허다한 국책 사업의 내실을 기했다. 그들에게 역사는 사례 연구의 보고였고, 지식의 융합을 가능하게 했다. 그리하여 세종 시대에는 숱한 창의적 발명과 발견이 이뤄졌다. 세종은 마치 훌륭한 오케스트라단의 지휘자처럼 자신이 양성한 전문가 집단을 조화롭게 이끌며 무에서 유를 창조했다.

세종의 소통 리더십

그가 왕위에 올랐을 때의 조선은 어느 모로 보든 변변한 것이 없었다. 그러나 세종의 리더십이 본격적으로 발휘되자 모든 것이 달라졌다. 백성에 대한 사랑(仁)과 정의감(義)으로 충일한 세종은 소통의 달인이 되어 이전에는 상상조차 못하던 문명을 창조했다. 한글, 측우기, 자격루, 『칠정산내외편』 등 문물과 제도가 완비되었다. 그가 키운 인재들이 각 방면에서 나라를 떠받쳤고, 온 백성이 기뻐했다.

세종은 인류 역사상의 어느 제왕과 견주어도 특출한 왕이었다. 여기서 이루 다 말하지 못했지만, 약점과 고난을 극복한 한 인간으로서도 그의 삶은 인상적이었다. 세종처럼 한다면 누구라도 반드시 성공할 것이다. 그의

"소통 리더십"은 합리적이면서도 감성의 흐름을 놓치지 않았고, 지식의 전문화를 꾀하면서도 융합의 필요성을 충족시켰다. 그리하여 과거의 특정한 모습을 재현하는 것이 아니라 미래를 여는 새로운 문명 창조로 나아갔다. 만일 그가 다시 태어난다면 당장에라도 다시 나라를 맡길 만하다.

박정희의 불통 정치

우리 사회에는 박정희를 추종하고 미화하는 사람들이 아직도 많다. 그의 인기는 하늘을 찌를 정도로 높다. 왜 그럴까. 박정희(朴正熙, 1917-1979)의 일생은 욕망의 구현을 위한 변신으로 점철되었다. 이것은 복잡다단했던 20세기 한국 사회의 자화상이기도 했다. 그리하여 많은 한국인들은 그의 일생에서 자신의 정체성을 재발견하기도 하고 쉽게 매혹된다. 사람들은 박정희를 냉철히 분석하지 못한 채 막연하게 매료되었다. 엄밀히 말해, 다들 그의 주술에 사로잡힌 것이다.

　　일제 시기 그는 초등학교 교사로 직업 세계에 뛰어들었지만 곧 일본군 장교로 변신했다. 일제가 패망하자 그는 천연덕스럽게도 광복군의 일원이 되어 돌아왔다. 대한민국 국군 장교로 변신한 그는, 세상이 좌익으로 기울자 이번에는 그쪽을 기웃거렸다. 거의 패가망신할 뻔하지만 동지들의 목숨을 판 대가로 요행히 살아남았다. 그러자 그는 반공 전선에 합류해 금세 장군까지 올라갔다. 하지만 그의 사전에 만족이란 없었다. 전후의 혼란을 틈타 쿠데타를 일으키고 대통령이 되었다. 그것도 두세 번으로 그치지 않았다. 헌법까지 바꿔서 권력의 철옹성을 쌓고 영구 집권을 스스로 보장했다.

그의 일생은 생사를 넘나드는 모험적 곡예의 연속이었다.

그의 집권 기간은 "조국 근대화", 즉 산업화의 시기였다. 당연히도 그는 그 "기수"를 자처했다. 그와 그의 추종 세력은 산업화에 미친 그들의 막대한 공로를 내세워 군사 독재 정치의 어두운 그림자를 제거하고자 했다. 그러나 이 문제는 쉽게 지나칠 수가 없다. 왜냐하면 박정희의 개발 독재는 그들의 선전과는 달리 한국 현대사에 깊은 시름을 더했기 때문이다.

박정희는 문제적 인물이었다. 말년의 그는 "한국적 민주주의"라는 궤변을 앞세워 "유신 체제"라는 독재 체제를 확립했다. 하지만 불과 수년 뒤에 심복의 총탄에 쓰러졌다. 변신과 곡예의 귀재도 운명의 쓴잔을 끝내 피하지는 못했다. 그러나 꺼질 듯했던 "박정희 신화"는 상당한 생명력을 과시한다. 그런 점에서 적극적인 계몽이 필요하다. 좁은 지면에 많은 이야기를 담을 수는 없을 것이다. 박정희에 관한 총평에 이어 그의 오도된 역사관을 파헤침으로써 진실에 한 걸음 다가서려고 한다.

사람들은 그가 청렴결백한 멸사봉공의 화신이었다고 주장한다. 설사 독재를 했다 한들, 그것은 조국과 민족을 위한 그의 충정 때문이었단다. 그가 아니었더라면 우리는 아직 보릿고개를 넘기지 못했을 거란 추측까지 나온다. 이런 주장 덕분인지, 박정희는 여론 조사에서도 역대 대통령들 가운데 인기가 제일이다.

그러나 어떤 경우라도 독재는 미화될 수 없다. 국가 원수 모독죄 따위의 가소로운 죄목을 들먹이며 그가 긴급조치권을 마구 발동한 사실을 잊어서는 안 된다. 야당과 언론뿐만 아니라, 학생과 민주 시민이 그의 공포 정치에 시달렸다. 1979년 가을, 심복 김재규의 총탄에 쓰러지던 마지막 순간까지도 박정희는 자신의 영구 집권 체제를 강화하느라 혈안이 되어 있었다. 우국충정과는 애당초 거리가 멀었던 그의 독재 정치는 역사상 많은 후유증을 남겼다. 전두환 군부 독재의 등장과 5·18민주항쟁의 피 어린 역사도 그의 역사적 오류가 낳은 병폐였다.

박정희 덕분에 이만큼 잘살게 되었다는 주장은 실로 한심하다. 그는 수출 만능을 부르짖으며 재벌을 키웠다. 거기서 한국 사회의 허다한 고질병이 싹텄다. 산업 시설이 특정 지역에 편중되어 지역 갈등의 골이 더욱 깊어졌고, 재벌의 전횡, 극심한 대외 무역 의존도로 인해 남의 눈치만 살피게 되었다. 신자유주의가 이토록 기승을 부리고, 농촌 공동체가 해체되고, 환경오염이 도를 넘게 된 것도, 그 단초는 그가 첫 단추를 잘못 꿴 데 있다.

그는 돈을 몰랐다고 우겨대는 이도 있지만, 새빨간 거짓말이다. 그의 아들딸들은 수백억대 유산을 물려받았지 않나. 방송국에, 대학교, 장학 재단에다 무슨 재단에 이르기까지 막대한 재물이었다. 그 일부는 신군부가 침탈했다지만, 남은 재산을 차지하려고 독재자의 유족들은 갖은 추태를 다 보였다. 허구로 가득 찬 박정희 신화, 모두의 불행이다. 민주주의의 파괴자, 지역 갈등과 양극화의 주범, 환경 문제의 원인 제공자 박정희. 오늘도 그 뼈다귀를 어루만지며 야심을 키우는 늑대들이 어슬렁거린다. 불멸의 박정희 신화는 망자에게도 수치다.

박정희의 비극은 그의 잘못된 역사관에서 비롯되었다. "우리의 반만년 역사는 한마디로 말해서 퇴영과 조잡과 침체의 연쇄사였다." 박정희는 『국가와 혁명과 나』(1963)라는 책에서 자신의 역사관을 그렇게 요약했다. 이 책에서 그는 우리 정치사를 강대국에 굴종해온 치욕의 역사로 간주했다. 외래문화만을 맹목적으로 받아들인 개성 없는 사회, 줄곧 원시 수준에 머문 빈곤한 나라, 게다가 골육상잔의 늪에 빠진 침체의 역사. 이것이 박정희의 가슴에 새겨진 한국사였다.

부지불식간에 박정희는 일제의 식민사관을 무비판적으로 받아들인 것이었다. 식민사관의 포로였던 박정희는 당파성과 노예근성을 우리 역사의 대표적인 악덕으로 간주했다. 자주 정신과 개척 정신의 결핍 역시 한국사의 심각한 문제점이라고 말했다. 과도한 이기심과 불로소득만 탐내는 사회 풍조도 한국사의 병폐라고 했다. 박정희의 부정적 역사 인식은 과도했다. 그는 우리 모두를 명예심조차 잃어버린 비굴한 군상으로 몰아세웠으니, 우리의 역사적 전통을 깔보아도 너무 심하게 깔보았다. 그에게 남은 선택은 오직 독선과 아집의 철권 통치였다. 5·16군사쿠데타 직후 그가 쓴 책 『우리 민족의 나아갈 길』에는 가령 "민주주의라는 빛 좋은 개살구는 기아와 절망에 시달리는 국민 대중에게는 너무 무의미한 것이다"라는 섬뜩한 언사가 있다. 민주주의란 당시 한국 사회에 불필요하다는 말이다. 앞뒤 맥락으로 보아 누구든 박정희를 반대하면 "당쟁"과 "이기심"의 화신으로 취급되어 마땅했다. 실제로 그는 정적을 무자비하게 탄압했다.

그가 세상을 뜬 지 30년이 되었지만 집권 여당 주변에는 그를 떠받드는 이들이 아직도 많다. 심지어 어느 고위 당직자는 만일 박정희가 야당의 주장에 굴복했더라면 근대화는 불가능했다는 식의 위험한 발언까지 서슴지 않는다. 하지만 독재자의 엉터리 역사관이 빚은 비극적 결과로서 우리는 사회적 갈등과 분열에 오래도록 시달리고 있다. 지도자의 역사 인식 여하에 공동체의 미래가 좌우된다.

세종과 박정희는 결정적으로 다르다

두 사람 모두 역사를 좋아했다. 지나간 우리 역사를 함부로 무시했던 박정희는, 후세의 역사가들이 자신이 위업을 높이 평가하리라는 기대를 품었다. 막무가내의 건방진 태도였다. 매사에 신중했던 세종은 후세 역사가들의 날카로운 비판을 두려워했다. 그는 지나간 우리 역사를 누구보다도 존중했다. 역사를 시금석으로 삼아 그는 현재를 돌아보았고, 미래의 중요한 국가 시책도 역사적 사실을 근거로 점검했다. 중국 역사에도 능통했던 세종은『자치통감훈의』라는 이 방면의 결정판을 출간할 정도였다. 박정희의 비뚤어진 역사관이 그를 자만과 방종으로 이끈 것과는 천양지차가 있었다.

이러한 차이는 세종의 소통과 박정희의 불통으로 귀결되었다. 세종은 역사상의 백성을 하늘로 삼고 그 의견을 중시했다. 비록 그는 신분 사회라는 시대적 한계를 완전히 청산하지는 못했지만 차별의 완화를 위해 백방으로 노력했다. 심지어 범죄자와 최하층의 인권과 복지까지도 그는 중시했다. 박정희가 차별과 억압의 정치를 당연시한 것과는 달라도 너무 달랐다. 우리의 선택은 너무도 자명하지 않은가.

14장_국민의 고단한 삶을 이해하는 공감과 포용의 리더십

—— 정대화
(상지대 교수)

대한민국의 자화상

우리나라는 짧은 기간에 상당한 발전을 이루었다. 한국전쟁으로 모든 것이 잿더미로 변해버린 상황이었다. 외국의 원조에도 불구하고 보릿고개에 유리걸식하던 상황을 감안하면 오늘의 한국 경제는 정말 경이로운 상황이 아닐 수 없다. "한강의 기적"이 결코 헛말은 아닌 것이다.

경제 발전은 말할 것도 없거니와 정치 발전도 괄목상대할 수준이다. 얼마 전까지만 해도 군인들이 권총차고 정치하던 시절이었고 30년 이상 계속된 고문과 데모의 악순환이 한국 정치에서는 일상적으로 익숙한 풍경이었다. 그런데 지금은 제법 번듯한 모양으로 정치하고 있다. 경제 발전이 "한강의 기적"이라면 정치 발전은 무슨 기적일까? 한강에 속한 "여의도의 기적"이라고 할까, 아니면 "거리의 기적"이라고 해야 할까?

그렇다. 우리는 과거 오랫동안 보잘것없는 나라로 업신여김을 받았다. 그러나 지금은 세계 여러 나라의 사람들로부터 경제 발전과 민주화를 동시에 성취한 나라로 평가받고 있다. 더구나 제3세계의 관점에서 본다면 한국의 상황이 너무 부러울 것이다. 몇몇 나라에서는 한국의 모델을 따라 배우겠다는 분위기도 있는 모양이다.

그러나 우리의 기적과 성공은 매우 어두운 뒷그림자를 가지고 있다. 산이 높으면 골짜기가 깊다고 했던가, 빛이 강하면 그림자가 진하다고 했던가. 우리 상황에는 겉으로 드러나는 성공에만 심취하기에는 회피하기 힘든 짙은 그림자가 드리워 있다. 이것이 우리나라의 현실이다. 뚜렷한 성취와 깊은 좌절로 근대화의 명암이 선명하게 갈리는 분열과 대립의 상황이 외면할 수 없는 우리의 맨얼굴이다.

영화 필름을 천천히 돌리듯 잠시 우리의 일상생활을 되돌아보면 또 다른 우리를 발견할 수 있다. 우리 국민들은 모두 매우 부지런하게 살아간다. 그러나 부지런한 것이 아니라 쫓기듯 살아가고 있다. 우리는 어른 아이 할 것 없이 매우 열심히 공부하고 생활하고 있다. 그러나 열심히 공부하는 것이 아니라 마지못해 공부에 내몰리고 열심히 생활하는 것이 아니라 아등바등 살아가고 있다. 우리는 다른 사람들의 눈에 적극적인 국민처럼 비친다. 그러나 적극적인 것을 넘어 경쟁적인 데다 전투적이어서 매사를 사활적인 자세로 접근한다고 보는 것이 옳다. 죽기 살기로 공부하고, 죽기 살기로 직장 생활하고, 죽기 살기로 기업을 운영한다고 해야 우리 삶을 제대로 설명하는 것이다.

그 결과 우리는 행복한가? 이렇게 죽기 살기로 공부하고 일하는데 마땅히 행복해야 하지 않겠는가? 수출도 많이 하고, 전 세계에 이름을 날리는 유수의 대기업도 몇 개씩 거느리고, 수많은 사람들이 애용하는 좋은 제품도 만들고, 국민 소득도 올라가고, 강대국들과 어깨를 나란히 하고 있으니 의당 즐겁고 행복해야 할 것이다. 운동 경기를 하면 못해도 세계 10위 안에는 들고, K-pop에다 걸그룹에다 온갖 한류 열풍이 우리를 들뜨게 한다. 보기만 해도 즐겁고 신난다. 텔레비전 방송을 보면 마치 천국 같고 지상낙원 같다. 그러나 텔레비전을 끄고 내 개인의 생활을 되돌아보면 실상은 너무 다르다. 마음은 고단하고 몸은 아프다. 늘 쫓기듯 살고, 여유는 없고, 어딘지 모르게 불안하다. 원인은 어디에 있을까?

20세기 대한민국 형성사

대한민국은 역동적인 국가다. 역동적이라는 말은 에너지가 충만하다는 뜻이고, 발전 지향적이라는 뜻이고, 변화의 폭이 상당히 크다는 뜻이다. 조용히 안온하게 살아가는 것이 아니라 뛰어다니면서 산다는 뜻이고 하루도 쉬지 않고 일한다는 뜻이다. 그 과정을 찬찬히 되돌아보자.

우리는 100년 전 조선이 망하고 일본의 식민지로 전락하는 국권 침탈의 과정을 겪었다. 그냥 조용히 식민지가 된 것이라면 그나마 다행이었겠지만 실상은 그렇지 않다. 주변 강대국들의 비신사적인 침략 행위가 줄을 이었고 이에 대항하여 동학혁명과 의병 운동이 있었다. 국권 상실 직후에는 다양한 독립운동이 전개되었고 드디어 기미년 독립운동이 일어났다. 동학혁명이 얼마나 치열했으며 그 결과가 얼마나 참혹했는지 우리는 그 실상을 정확하게 모르고 있다.

일본의 식민지 지배라는 것이 일본이 조선의 주권을 대신하여 우리를 보호해주고 우리가 편안하게 먹고살 수 있도록 지켜준 것이었다면 그나마 다행일 것이다. 그렇지 않았다. 일본은 우리가 가진 모든 것을 빼앗아갔고, 우리를 인간으로 대한 것이 아니라 지배의 수단으로 간주했으며, 우리를 침략 전쟁의 도구로 동원했다. 물자의 공출이나 문화재 약탈은 말할 것도 없거니와 징병과 징용, 정신대와 위안부 등 조선의 모든 사람들을 전장으로 총동원했다.

그러다가 해방을 맞았다. 얼마나 기쁘고 신났겠는가? 조선의 모든 백성들이 전국 방방곡곡에서 조선 독립 만세를 소리 높여 외쳤다. 그러나 기쁨과 환희도 잠시뿐, 우리가 두 팔을 번쩍 들어 만세를 외칠 때 우리 옆구리에 무수히 많은 총알이 날아왔다. 우리의 만세 소리는 곧 고함과 고통의 아비규환으로 바뀌었다. 누구도 예측하지 못한 가운데 해방은 분단과 전쟁의 지옥으로 돌변해버렸다. 누구는 대한민국 정부 수립을 축하하고 기념한다지만 그 과정이 얼마나 치열하고 참혹했는지 한 번쯤 돌아볼 필요가 있다. 한국전쟁은 1950년에 시작되었지만 전쟁 이전에도 우리는 전쟁과 별반 다를 바 없는 엄청난 갈등 속으로 깊이 빠져들었다. 1946년 대구사태, 1948년 제주4·3항쟁과 여순사태, 유격전 등 목숨을 건 사건들이 줄을 이었다.

드디어 전쟁이 끝났다. 그러나 전쟁은 분단을 고착시켰으며 동시대 민족 구성원들의 가슴에 지울 수 없는 상처를 남겼다. 모든 것이 파괴된 상황에서 살림살이는 고단했다. 정치는 국민들의 갈등을 해결해주지 못했고 부정과 부패는 일상이 되어 특권과 반칙이 난무하는 저열한 시대로 변질되었다. 윗물이 혼탁한 시대에 새 물이 맑을 수는 없었다. 구시대는 결국 4월혁명이라는 국민들의 저항에 의해 무너졌지만 분단이 초래한 비대화된 군부의 정치 개입으로 민주화는 다시 좌절되었다. 군사 쿠데타는 고단한 국민들에게 새로운 시대를 약속하는 것처럼 보였다. 그러나 군사 정치가 우리에게 보여준 것은 경제 성장의 미명 아래 구시대의 부정과 부패에 신악의 논리를 더하여 더욱 구조화된 특권과 반칙의 사회였다.

군사 정치는 정치의 군사화에 이어 사회의 군사화를 강요했다. 남북 대결의 논리는 한층 강화되었고 지역 대결의 논리가 추가되었다. 재벌 체제가 구축되었고 사회적 불평등은 더욱 심화되었다. 정치가 사라진 자리를 군사적 논리와 반민주적 행정이 대체하면서 도덕과 윤리는 현실을 모르는 사회 부적응자의 푸념으로 치부되었고, 목표는 수단을 상쇄하고 결과는 과정을 생략했다. 이긴 자가 선이고 가진 자가 득세하는 정글의 법칙이 우리의 삶을 지배하게 되었다. 이 어둠의 시대는 부마항쟁과 10·26에 의해 무너졌지만 신군부에 의해 그 체제가 다시 승계되었고, 신군부는 6월항쟁에 의해 다시 부정되었지만 군부는 노태우 정권으로 다시 재생산되었다. 이 군부가 3당 합당으로 다시 수명을 연장하면서 문민정부가 시작되었다. 참으로 비극적이고 불행한 역사가 아닐 수 없다.

이렇게 우여곡절을 거쳐 결국 민주화는 시작되었다. 그러나 민주화는 구체제를 청산하지 못하고 구악을 단절하지도 못한 상태로 군사적 지배의 논리와 병존하게 되었고, 이러한 모순적인 과정이 필연적으로 민주화를 변질시킬 수밖에 없었다. 민주 세력이 정치 군부와 공존하는 과도기가 만들어지면서 정치 군부는 과거의 책임으로부터 자유롭게 되었다. 군부는 아무런 죄의식 없이 기득권을 보호받으면서 질서 있게 퇴각했으며 군사적 논리와 구시대의 기득권 구조는 그대로 유지되었다. 더구나 민주 세력과 정치 군부가 힘의 균형 상태를 유지하는 상황에서, 정치 군부에 의해 급속하게 성장한 재벌 집단이 정치적 통제를 벗어나 상대적으로 자율적인 공간을 확보함으로써 재벌의 급성장이 이루어지는 기현상이 나타났다. 그 결과 민주화의 최대 수혜 계층이 재벌 집단이라는 평가가 등장했다. 또한 재벌 집단의 급성장은 중소기업의 몰락, 지역과 농촌의 몰락, 비정규직의 확대를 통해 사회 양극화를 부추겼다.

현재는 군사 정치의 외피를 벗었을 뿐 보수 반공의 이데올로기로 무장한 과거의 기득권 세력이 정치 군부를 대체한 재벌 집단의 이익을 옹호하면서 사회적 지배 체제를 유지하고 있는 형국이다. 과거 군사 독재에 저항했던 민주 세력은 두 차례의 집권 경험을 가졌지만, 분단 시대의 대결 논리와 재벌 체제의 기득권 논리를 대체할 새로운 대한민국의 비전을 능동적으로 제시하지 못한 채, 방어적인 저항의 논리에 의존하고 있을 뿐만 아니라 다수 국민들의 고통을 해결할 아무런 전망을 제시하지 못하고 있는 실정이다.

무엇이 문제인가?

정치 군부는 총칼을 걷고 병영으로 돌아갔다. 정치는 정상적으로 작동되고 있으며 선거는 법에 의거해 정기적으로 시행되고 있다. 언론 자유는 보장되고 있으며 수출도 잘 되고 있다. 북한이 남한에 간첩을 파견하는 일도 없고 휴전선에서 무력 분쟁이 일어나는 일도 없다. 지난 100년을 되돌아볼 때 참으로 오래간만에 태평성대를 목도하고 있는 셈이다. 그러나 우리는 이리저리 치이면서 고단하게 살아가고 있다. 도대체 세상은 아무 문제도 없는데 우리는 왜 이렇게 정신없이 살아가는 것일까? 이유를 묻고 답하기에 앞서 살아가는 것 자체가 고달픈 우리 상황을 생각해보자.

국민을 거부하는 정부

경제 발전과 민주화를 이루었고 모든 것이 정상인데 왜 세상살이가 힘들까? 정부가 국민의 뜻을 거슬러서 거꾸로 가기 때문이다. 우리가 익히 알고 있는 것처럼 물을 거슬러가는 것이 얼마나 힘든가? 요즘 우리 사는 것이 이와 같다. 민주주의는 국민이 주인 되는 정부이다. 민주 공화국은 국민의 뜻이 제도적으로 관철되는 국가다. 그러나 이명박 정부에서 국민은 주인 노릇을 하지 못하고 있으며 정부는 주인인 국민의 뜻을 거슬러 거꾸로 가고 있다. 대통령은 국민의 소리에 귀 기울이지 않고 있다. 정부는 국민을 위해서 일하지 않는다.

150년 전 미국의 링컨은 민주주의를 국민의, 국민에 의한, 국민을 위한 정부라고 정의한 바 있는데 이 정부는 국민이 주인 되는 정부, 국민이 참여하는 정부, 국민을 위해서 일하는 정부를 일찌감치 거부해버렸다. 노동자, 농민, 서민, 지역민은 사실상 이 나라의 국민이기를 거부당했다. 오로지 정부는 재벌과 기득권층을 위한 정부임을 선언해버렸다. 이렇게 잘못 태어난 정부 때문에 국민들이 입는 피해가 한두 가지가 아니다. 이명박 정부는 이 책임을 반드시 져야 할 것이다.

무능한 국회

민주화가 되었고 정치도 정상적으로 가동되는 것 같은데 세상은 왜 이렇게도 시끄러울까? 앞에서 말한 것처럼 일차적으로는 국민을 거슬러가는 정부가 문제지만, 정부와 국회가 필요한 사회적 조정 기능을 못하기 때문이기도 하다. 특히 국회는 제 밥벌이에는 맹수지만 사회적 현안에 대해서는 사실상 식물적일 정도로 소극적이기 때문이다. 새누리당이야 정부와 한 짝이니 그렇다고 치더라도 야당이 제 역할을 너무 못한다.

정부가 국민의 소리에 귀 기울여야 하는 것은 불문가지 상식이지만, 정부가 제대로 하지 못할 때 국정 운영에 동반 책임을 지고 있는 집권 여당이 그 역할을 보완해주어야 한다. 그러나 집권 여당은 권력의 들러리이자 거수기를 자임할 뿐 정당으로서의 독자적인 역할을 전혀 수행하지 못하고 있다. 정부와 여당이 이 지경이라면 당연히 야당이 필요한 감시자 역할을 수행해야 한다.

그러나 야당의 태도가 야당답지 않다. 야당은 의석수가 적을 때는 의석수를 핑계 삼아 무능하고, 의석수가 균형을 이룰 정도로 제법 확보된 때는 수권 야당 흉내를 내면서 제 역할을 포기한다. 이런 야당은 오로지 집권을 위한 권력 투쟁에 몰두한다. 이렇게 되니 국회는 권력 투쟁으로 시끄럽고, 정부와 정치권이 외면한 국민들은 거리에서 시끄러울 수밖에 없다.

모든 부담은 국민에게로

개명 천지 현대 국가에 살고 있는데 살아가는 것이 왜 이렇게 분주하고 번거로울까? 정부가 해야 할 일을 정부가 하고, 국회가 해야 할 일을 국회가 하고, 야당이 해야 할 일을 야당이 한다면 국민들은 국민으로서의 책무만 수행하면 될 것이다. 아울러 언론이 국민들에게 제대로 된 보도를 해주고, 학교가 아이들 교육을 제대로 해준다면 더욱 좋을 것이다.

그러나 정부와 국회와 정당이 헌법과 법률에 명시된 역할을 제대로 하지 않으니 결국 국민들이 자구책을 마련할 수밖에 없다. 국민들은 정부의 잘못된 국정 운영을 감시해야 하고, 국회에 가서 요구를 해야 하고, 사회단체에 가서 하소연해야 한다. 그것도 안 되면 스스로 단체를 만들어 잘못된 일을 비판하고 여론을 환기시켜야 한다. 아이들 보육과 교육도 알아서 해야 하고, 자기에게 닥친 문제도 스스로 해결해야 하고, 보모의 병환과 형제들의 어려움 등 가족의 문제도 스스로 감당하면서 각자 도생해야 하니 분주하지 않을 도리가 없다.

사회적 불평등의 심화

국민 소득이 높아졌다는데 사는 것이 왜 이렇게 버거울까? 확실히 옛날보다 살기가 좋아졌다. 아파트 평수도 늘었고 승용차도 굴리고 집안에 가전제품도 많다. 외식도 가끔 하고 더러는 해외여행도 한다. 그렇다고 삶이 풍족한 것은 아니다. 특히 다른 사람들과 비교하면 사는 것이 더욱 힘겹다.

이유는 간단하다. 수출도 늘고 국내 총생산도 늘고 국민 소득도 늘었지만 돈이 한쪽으로만 흐르기 때문이다. 사회 양극화가 심화되었고 그 결과 사회적 불평등의 정도가 옛날보다 커졌다. 경제 성장으로 창출된 부가 국민들에게 고르게 배분되지 않고 주로 대기업과 정부 쪽으로만 흐른다. 적어도 국민 소득의 관점에서만 보면 정부와 대기업의 종사자들은 풍족한 편이다. 반면 중소기업 종사자와 자영업자들, 농어민들은 버겁고 서울과 대도시를 벗어난 지방과 농어촌은 더욱 버겁다. 도시의 성장이 지역의 희생 위에서 이루어지고 수출이 농어촌의 희생 위에서 이루어졌기 때문이다. 그러나 이로 인한 경제 성장의 효과가 지역 발전이나 농어촌 발전으로 환류되지는 않는다.

국민 소득 대비 고정 지출이 지나치게 높은 것도 원인이다. 대학 등록금과 사교육비를 포함한 교육비가 가계에서 차지하는 비중이 과다하고 아파트 등 주택 구입으로 인한 금융 부담도 매우 높은 편이다. 가계 부채가 1,000조 원을 넘어섰다는 언론 보도만으로도 가계 부담의 실체를 짐작할 수 있다. 가구당 평균 수천만 원의 부채를 안고 있는 셈이다. 배부른 돼지는커녕 배고픈 돼지가 되어버린 것이다.

과잉 경쟁 사회

사는 것 자체가 왜 이렇게 고달플까? 우스갯소리로 뛰는 놈 위에 나는 놈 있고 나는 놈 위에 노는 놈 있다고 하는데, 우리는 거의 놀지 못한다. 사실 우리는 평생 죽어라 일만 하면서 살고 있다. 우리 사회는 먹고살기 위해서, 살아남기 위해서, 성공하기 위해서 밤낮으로 일하는 병영식 사회 구조이고 휴식은 사치스런 고민으로 간주되는 사회적 분위기가 지배하고 있다. 경쟁이 곧 삶으로 간주될 정도로 과잉 경쟁 사회가 되어버렸다.

더구나 아이들 보육과 교육, 부모님 병환과 돌봄 등을 지원해주는 사회적 지원 체제가 없기 때문에 모든 사람들이 직장 생활과 보육과 부모 봉양을 스스로 감당해야 한다. 돈도 부족하고 시간도 부족한데 여가도 없고 여유도 없으니 스트레스를 받지 않을 도리가 없다. 많은 사람들이 만성 피로 증후군을 호소하고 암과 같은 성인병에 걸리고 우울증을 호소하고 자살이 증가하는 것도 이러한 사회 환경이나 사회적 분위기와 무관하지 않을 것이다.

과거 어느 기업의 전화번호가 8282였던 적이 있다. "빨리빨리" 처리하겠다는 의지를 표현한 것이었는데 지금은 없어졌다. 우리 사회가 밤새도록 술 마시는 사회가 된 것이나 노래방에서 고래고래 악을 쓰는 것도 이것과 무관하지 않을 것이다. 상당히 고달프고 적당히 미친 사회가 된 것이다.

전면적 불안의 사회

사는 것이 왜 이렇게 불안할까? 사람이 평생을 열심히 일할 수도 없고 평생을 긴장하면서 살 수도 없다. 일생을 사는 동안 도전 의식을 불태울 때도 있고 물불을 가리지 않고 모든 것을 바쳐 열심히 일할 때도 있지만 편안하게 살고 싶을 때도 있다. 그러나 이렇게 사는 동안에도 무엇인가 믿는 곳이 있어야 하고 안전장치가 있어야 안심하고 더욱 열심히 일할 수 있다. 그렇지 못하면 불안하기 짝이 없다. 어차피 사람은 세상에 홀로 선 고독한 존재라고 하지만, 이것은 철학적이고 정신적인 해석이고, 사회 경제적 측면에서는 협동과 지원 없이 살아가기 어렵다.

실제로 되돌아보면 우리 삶은 매우 불안하고 불안정하다. 어떻게든 살아가기는 하겠지만 앞날이 너무 막막하고 답답하다. 대학에 가는 일도 불안하고, 취직하는 일도 불안하고, 결혼하는 일도 불안하고, 집을 마련하는 일도 불안하다. 취직과 결혼과 주택 구입은 불안한 것이 아니라 불가능한 정도이다. 이것뿐만이 아니다. 아프면 어떻게 하나, 직장에서 밀려나면 어떻게 하나, 사업이 안 되면 어떻게 하나, 장사가 안 되면 어떻게 하나? 온통 걱정에 걱정뿐인데, 해결은 고사하고 누구도 지원해주지 않는다.

사건·사고의 나라

유난히 사건 사고가 많은 이유는 무엇일까? 우리나라에는 사람 사고도 많고 시설물 사고도 많고 사건도 많다. 김영삼 대통령 시절에 사고가 빈발했던 적이 있었다. 삼풍백화점 붕괴, 성수대교 붕괴, 건설 중인 신행주대교 붕괴, 경부선 구포역 기차 탈선 사고, 아시아나 항공기 목포 추락 사고, 대한항공 괌 추락 사고, 아현동 가스 저장고 폭발 사고 등이 연이어 발생하면서 사고 공화국이 되었다. 안전 불감증에 감염된 토건 공화국의 무리한 개발주의가 낳은 폐해였다.

그런데 지금은 토건 사고가 아니라 사람 사고가 빈발하고 있다. 자고 나면 자살이고 자고 나면 성폭행 사건이다. 질병 사고, 교통사고, 산업 재해도 다른 나라보다 많이 발생한다. 이혼도 많고 이사도 많고 이직도 많다. 안정된 것이라고는 하나도 없고 안심할 수 있는 것도 별로 없다. 태어나서 죽을 때까지 처절하게 경쟁하면서 살아남아야 하는데 사고가 없을 수 없다. 사는 것 자체가 전투인 사회에서 쌍방은 회복할 수 없는 상처를 강요당한다.

살아남은 사람은 겉으로는 멀쩡하지만 속으로는 상처투성이로 골병이 들고 인간성 상실의 아픔을 겪는다. 경쟁에서 패배한 사람은 사회에서 밀려나게 되고 결국 둘 중 하나를 선택한다. 패배를 자기 책임으로 돌려 스스로를 탓하면서 자해하거나 사회의 부조리와 모순의 책임으로 돌려 사회와 타인을 탓하면서 반사회적 범죄를 저지른다. 우리는 상처뿐인 영광을 향해 승자 없는 무한 전쟁을 치르고 있는 것이다.

부정부패 공화국

우리 사회는 왜 이렇게도 부패했을까? 썩어도 너무 썩었다는 말이다. 우리 사회의 부패 정도를 부패지수로 설명하면 실감나지 않는다. 몇 가지 사례를 들어보면 이해하기 쉽다. 노태우 정권 시절인 1988년과 1989년에는 제5공화국 당시의 권력형 부정부패를 조사하기 위한 특별위원회가 국회에서 구성되어 활동했고, 여기서 전두환 정권이 저지른 정경 유착 등 권력형 부패가 드러났다. 여기서 끝나지 않았다. 김영삼 정권 시절에는 전두환과 노태우 두 전직 대통령이 각각 5천억 원 이상의 불법 정치 자금을 수수했다는 사실이 폭로되었다.

대통령이 썩었는데 국회의원을 비롯한 정치가들이 깨끗한 정치를 할까? 권력과 정치가 썩었는데 정부가 공평하게 법을 집행하고 공무원들이 공정하기를 기대할 수 있을까? 권력과 정치와 정부가 썩었는데 민간인들이 정직하게 살 수 있을까? 윗물이 맑아야 아랫물이 맑은 법인데 우리 사회에서는 위에서 아래까지 통째로 썩어버린 것이다. 인사 청탁, 인허가 청탁, 납품 비리, 입찰 비리, 입시 비리, 촌지, 뇌물이 횡행하는 부패 공화국이 되어버렸다. 기름칠, 맨입, 윤활유 등 부패를 촉진하는 언어들이 일상화되었고 맑은 물에는 물고기가 살지 못한다는 말도 안 되는 말이 기막힌 처세술로 인정되었다.

그후 권력형 부패의 규모와 빈도는 눈에 띄게 줄어들었다. 그렇다고 우리 사회가 엄청나게 맑아진 것은 아니다. 통상 부패는 권력 부패, 정치 부패, 공직 부패, 민간 부패 등 네 유형으로 나뉘는데 권력형 부패나 정치 부패를 비롯해서 겉으로 드러난 부패는 상당히 줄어들었지만 그렇다고 맑고 깨끗한 사회가 된 것은 아니다. 우리 사회에서는 여전히 합법과 비합법을 막론하고 반칙과 특권이 최고의 힘으로 작용하고 있으며 최근에는 더욱 교묘한 방법으로 부패와 비리를 자행하고 있다.

이명박 정부 출범 이후 4대강 살리기 사업에 20조 원 이상의 국가 예산이 투입되었다. 부패 혐의로 구속된 최시중이 방송통신위원회를 통해 종편 사업을 강행했다. 사학분쟁조정위원회를 통해 30개 이상의 사학 비리 주범들이 학교로 복귀했다. 이명박 대통령은 2010년부터 교육 비리 척결을 줄기차게 주장했는데 대통령이 임명한 사학분쟁조정위원들은 사학 비리 주범들을 예외 없이 복귀시켰다. 저축은행의 탈법과 부패는 또 어떤가? 몇 가지 예에 불과하지만 이것이 대한민국 부패의 현주소다.

전반적 불신 사회와 그 뿌리

왜 우리는 협력하지 못하고 서로를 불신할까? 우리가 살아가는 방식을 보면 계몽주의 시대 영국의 사상가인 토마스 홉스가 말했던 "만인의 만인에 대한 투쟁"이 여기서 진행 중인 것 같은 느낌이 든다. 함께 살아가는 이웃이나 동료를 바라보는 눈빛이 따뜻하지 않고 서로 도와가면서 함께 살아간다는 생각이 없다. 사람들이 나빠서 그런 것이 아닐 것이다. 서로 불신하고 협력하지 못하도록 만드는 사회적 분위기가 문제다.

우리 사회가 움직이는 방식을 자세히 보자. 좁은 땅덩어리에서 남과 북은 얼마나 치열하게 싸우는가? 남과 북 사이에 믿음이 있을까? 아무런 믿음도 없고 서로를 극단적으로 불신하는데 협력이 가능할까? 우리는 북한이 어떤 달콤한 말을 하더라도 믿지 말라는 교육을 받으면서 자라났다. 어디 그뿐이랴. 영호남 지역 대결, 대기업과 중소기업의 대립, 자본가와 노동자의 대립, 여당과 야당의 대립 등 우리는 온통 비이성적이고 비정상적인 대립 투성이의 사회에서 살고 있다. 믿지 마라, 깨부숴라, 어떻게든 살아남아라, 고발하고 신고하라는 구호가 하루 종일 난무하는 나라에서 어떻게 신뢰가 형성되겠는가?

그러나 가장 큰 원인은 온갖 부정과 부패를 앞장서 저지른 독재 정권에 있다. 이들은 쿠데타나 부정 선거와 같은 불법으로 정권을 장악한다. 시작부터 그릇된 것이다. 정권을 운영하는 과정에서 민주주의 절차를 위배하고, 인권을 유린하고, 언론을 조작하고, 반대 세력을 탄압하면서 동류의 기득권 세력과 협력하여 정경 유착과 뇌물 수수 등 온갖 부정부패를 저지른다. 이런 나라에서 어떤 협력이 가능할까?

사람 사는 세상의 부재

왜 우리는 사람답게 살지 못할까? 우리는 가정과 학교에서 사람이 어떻게 살아야 사람답게 사는 것인지 제대로 배우지 못했다. 열심히 공부해라, 싸워서 이겨라, 1등 해라, 남에게 지지 말아라와 같은 말을 자주 들었다. 군대에 가도 그렇고 사회에 진출해서도 마찬가지였다. 사람이 태어나 성장하고 죽을 때까지 사람답게 살도록 가르치지 않는 것이다. 직장 생활을 하면 학교에서 배운 것은 모두 잊어버리라고 주문한다. 원칙을 말하면 융통성 없는 사람이라는 소리를 듣는다. 편법을 잘 구사하면 유능하다는 소리를 듣는다. 참으로 불행한 현실이다.

우리는 매우 궁금하지만 결코 질문하지 않는 질문거리들을 잔뜩 안고 산다. 학교에서 배운 대로 살면 안 되는 것인지, 착한 것은 무능한 것인지, 도덕적인 삶은 불가능한 것인지, 서로 협력하는 것이 무한 경쟁보다 더 나은 점은 없는지, 양보하면 반드시 손해 보는지 등등. 더 있다. 왜 북한에 대해서는 욕만 하는지, 정부는 왜 국민들을 억압하기만 하는지, 여의도 정치하는 사람들은 왜 맨날 으르렁거리기만 하는지 등등. 또 있다. 같은 기업인데 대기업은 왜 중소기업을 억압하는지, 정부는 왜 중소기업을 지원하지 않는지, 같은 직장에서 일하는데 정규직은 무엇이고 비정규직은 무엇인지, 주변에 먹고살기 어려운 극단적인 빈곤층이 널려 있는데 왜 정부는 이들을 방치하는지 등등.

우리는 사람답게 살고 싶다. 사람답게 사는 세상을 보고 싶다. 그러나 정부도 언론도 교육도 사람 사는 세상을 말해주지 않는 세상에 우리가 살고 있다. 열심히 공부하고 배운 대로 생활하는 세상, 열심히 일하고 편안하게 살 수 있는 세상, 나를 위해서 열심히 일하면서도 이웃과 사회를 생각할 수 있는 세상, 도덕과 원칙이 사회와 법률의 토대가 되고 그 토대 위에서 생활해도 이상하지 않은 그런 세상에서 살고 싶다. 누가 이것을 부정하고 거부하겠는가? 그런 정부가 먼저 들어서야 한다.

어떻게 해결해야 할까?

우리 사회에는 참으로 많은 문제가 있다. 많은 성취를 이루었지만 그 과정에서 더 많은 문제점을 안게 되었다. 성취가 많은 만큼 모순도 깊다. 성취 자체의 문제가 아니라 성취의 방법과 과정이 심하게 굴절되었기 때문이다. 이러한 문제점들은 독재 정치의 산물이고 또한 급속한 경제 성장의 산물이며 독재 권력이 재벌과 손잡고 정경 유착을 저지른 결과이다. 이것을 근대화의 그늘이라고 한다. 과거 한때 있다가 끝난 현상이 아니라 과거에 시작되어 오늘날까지 영향을 미치고 있으며, 과거에 형성된 구조가 오늘의 우리 사회를 지배하고 있다는 것이 문제의 본질이다.

해결 방안이 없을까? 왜 없겠는가? 우선 두 가지 처방만 하면 많은 문제들이 간단하게 해결된다. 소득 재분배 정책을 실시하면서 사회 복지를 강화하면 기본적인 문제들은 일차적으로 해결될 수 있다. 소득 재분배란 대기업과 정부로만 흐르는 돈을 사회 구석구석 고르게 흐르도록 물꼬를 트는 것을 말한다. 특히 중소기업과 자영업으로 돈이 흐르도록 해야 한다. 또한 서울과 대도시로만 집중되었던 돈의 흐름을 지역과 농촌으로도 흐르게 하면 된다. 원래 그렇게 고르게 흐르도록 되어 있던 것이 왜곡된 것이니 왜곡된 흐름을 바로잡아 정상화시키면 된다.

특별히 중소기업에 주목할 필요가 있다. 중소기업은 전체 기업의 99% 이상을 차지하고, 고용의 80% 이상을 차지하고, 내수 경제의 절반 이상을 차지하고 있기 때문에 중소기업의 활성화 없이 경제 문제를 해결할 수 없고 사회적 불평등을 해소할 수 없다. 300만에 달하는 중소기업의 숨통만 열어주어도 고용이 늘어나고, 질 좋은 일자리가 늘어나고, 가계 소득이 올라가고, 내수 경제가 좋아지는데, 왜 그것을 마다하겠는가? 정부가 고용 정책을 따로 세울 것이 아니라 중소기업 활성화를 통한 고용 증대를 추구해야 하고, 특별한 방법으로 질 좋은 일자리를 만들어내려고 할 것이 아니라 중소기업의 일자리를 좋은 일자리로 만들어야 하며, 부동산 부양책을 통해서 내수 경제를 활성화시킬 것이 아니라 중소기업 지원을 통해서 내수 경제를 활성화시켜야 한다. 당연히 왜곡된 조세 구조도 소득 재분배에 부합하는 방향으로 개선해야 한다.

사회 복지는 경제 정책과 별개의 것이 아니다. 모든 국민이 직장을 갖게 되고, 질 좋은 일자리를 통해서 적정 수준의 급여를 받게 되면 사회 복지의 토대가 마련된다. 별도의 특수한 복지 정책이 필요한 것이 아니라 고용이 복지이고 일자리가 복지라는 말이다. 대부분의 일자리가 중소기업에 있고, 대부분의 중소기업 일자리가 열악하므로 중소기업의 활성화를 통해서 고용을 안정화하고 일자리의 수준을 높이면 복지 수준은 자연스럽게 향상된다. 그런 연후에 고용과 일자리로 처방할 수 없는 여러 어려운 사회 계층에 대한 별도의 직접적인 복지 대책을 마련하는 것과 교육과 보육, 의료 분야의 복지를 강화하면 사회 복지의 기본 틀이 마련되는 셈이다. 따라서 중소기업 활성화, 조세 개혁, 사회 복지 강화가 고도성장 이후 한국 경제가 나아가야 할 정책 방향이 될 것이다.

그러나 문제는 여기서 시작된다. 이 처방을 모르는 것도 아니고 다수의 국민들이 간절하게 원하는 바지만 쉽게 실천할 수 없다는 것이 문제다. 이 처방을 선호하지 않는 집단이 권력을 장악하고 있고, 재벌과 기득권층의 저항이 있는 데다, 정치권과 정부가 기득권층의 이익에 복무하는 사람들로 채워져 있기 때문이다. 옳은 이야기다. 그러므로 이 일은 아무나 할 수 있는 일이 아니다. 무엇보다도 정부를 잘 구성해야 한다. 이렇게 하겠다는 사람이나 할 수 있다고 약속하는 사람을 정부에 앉혀야 한다. 12월 19일에 그렇게 하면 된다. 소득 재분배 정책을 실시하고, 중소기업을 활성화하고,

조세 정책을 개선하고, 사회 복지를 강화할 사람이 누구인지 가려서 뽑아야 한다. 재벌과 기득권층 나팔수를 찍어놓고 애걸복걸할 것이 아니라 우리 사회가 당면한 문제점을 정확하게 인식하고 제대로 추진할 사람을 뽑으면 문제의 절반 이상이 해결된다.

과연 누가 그런 사람일까? 어느 정당이 이 일을 제대로 추진할 수 있을까? 이 방향으로 국민들의 뜻을 모을 수 있는 사람이어야 한다. 재벌과 기득권층의 예상되는 반발을 통합과 균형의 관점에서 슬기롭게 해결할 수 있는 사람이어야 한다. 무엇보다도 분단 구조와 재벌 체제에 의해 왜곡된 우리 사회의 실상을 정확하게 이해하고 그 속에서 국민들이 느끼는 고통과 절망을 생생하게 체득한 사람이어야 한다. 이런 사람이어야 국민들의 생활을 이해할 수 있고, 국민들을 통합할 수 있으며, 반대 세력의 저항을 잘 관리할 수 있다. 가장 중요한 것은 이 과정에서 국민들의 지지와 참여를 이끌어내는 것이다. 이런 사람이 나라의 지도자가 되어야 문제를 풀어나갈 수 있다.

15장_한국 사회를 통합할 수 있는 정치적 리더십

———————————— 이인영
(민주당 의원)

새로운 통합의 과제

한국 사회를 통합할 수 있는 정치적 리더십은 두 가지를 추구해야 합니다. 하나는 시대정신 즉 가치의 통합을 추구해야 하며, 또 하나는 진영 즉 세력의 통합을 추진해야 합니다.

먼저 국민 통합을 위해 2012년 12월에 선출될 새로운 대통령은 반드시 사회 경제적 양극화를 해소하고 민족을 평화의 길로 안내할 수 있어야 합니다. 양자는 시대정신에 해당하는데, 한국 사회를 통합할 수 있는 정치적 리더십은 무엇보다 한국 사회가 당면한 시대적 과제를 잘 해결할 수 있어야 하기 때문입니다. 다음으로 여와 야, 진보와 보수, 평화와 대결로 나누어진 국론을 통합해야 합니다. 정치 세력 간의 차이를 존중하고 소통하면서 궁극적으로 나누어진 국민을, 유권자의 마음을 하나로 모아내는 길로 나아가야 합니다.

새롭게 선출되는 대통령은 사회 통합, 국민 통합을 잘 거쳐서 특별히 민족 통합의 길을 여는, 통일 시대를 여는 대통령이기를 소망합니다. 몇몇 사람들이 제게 "왜 이번에 민주당의 대선 후보 경선에 나서지 않느냐, 당신은 어떤 대통령을 지지하느냐"고 물어왔을 때 제 마음속에 묻었던 대답입니다. 통일이야말로 현 단계 우리 사회가 이견과 분열을 딛고 추구해야 할 궁극의 목표이고, 우리 국민이 하나 된 합의로 달성할 역사적 위업이라 여겨지기 때문입니다.

왜 평화와 통일이 우선인가?

사람에 따라서는 사회 경제적 양극화 해소가 가장 시급한 정치적·사회적 통합의 과제라 생각할 수 있습니다. 당연히 그럴 것이고 저도 많이 공감합니다. 경쟁 만능과 적자생존의 신자유주의 조류가 어떻게 우리 국민의 삶을 파괴해왔으며 급속하게 공동체를 붕괴시켜왔는지, 그 폐해가 얼마나 사회를 철저히 분열시키고 있는지, 저 자신 이미 잘 알고 있습니다.

그럼에도 제가 굳이 모든 논의에 앞서 평화와 통일로 가는 정치를 부각시키고자 하는 이유는 따로 있습니다. 미구에 닥쳐올 민족사의 운명에 대한 우리의 준비가 생각보다 너무나 취약하고 허술하고 나이브하기 때문입니다. 복지나 경제 민주화에 대한 논란에 비해 현저히 뒷전입니다. 조금만 지체해도 한반도 정세의 주도권을 상실하게 될 것임은 물론이고, 자칫하면 통일의 길은 완전히 물 건너갈지도 모르는데 말입니다.

운명의 시간이 밀물처럼 닥치고 있는 이때를 놓치면 통일의 기회는 썰물처럼 빠져나가게 될 것은 자명합니다. 만일 우리가 분열과 분쟁으로 허송세월하여 통일로 가는 절호의 기회를 역사적으로 실기한다면 얼마나 통탄스러운 일이겠습니까? 그래서 저는 통일을 위한 사회적 합의와 국민적 통합을 이루는 일이 제일 다급한 일이라고 생각합니다.

당연히 향후 10년은 정녕 우리 민족사의 분수령 같은 시간입니다. 돌아가는 정황은 우리의 선택에 따라 통일의 문을 열 수도 있고 다시 분단 항구화의 길로도 갈 수 있습니다. 그런데 10년의 시간은 결코 긴 시간이 아닙니다. 우리 각자에게, 개개인의 삶속에서 10년은 긴 시간이지만 국가나 역사의 운명 앞에 10년은 정말 찰나와 같은 시간이기 때문입니다.

그러나 우리는 아무런 준비도 되어 있지 않습니다. 반면 이번 대선은 한국 사회 구성원 모두가 운명의 문, 역사의 문으로 들어가는 관문과 같은 순간입니다. 이미 북한의 김정일 위원장은 김일성 주석에 이어 세상을 떠났고, 그의 사망에 연이은 김정은 체제의 등장으로 한반도 정세는 요동치기 시작했습니다. 단언할 수는 없지만, 북·중관계가 급격하게 활성화되고 있고 자칫 방치하면 한반도 정세의 주도권에서 남한은 완전히 밀려날지도 모르는 상황도 예견됩니다.

돌아보면 우리가 주도적으로 한반도 정세의 긍정적 변화에 기여할 수 있는 기회가 전혀 없었던 것도 아니었습니다. 국민의 정부에서 참여정부로 이어진 10년의 시간 동안, 논란은 있었지만 민주 정부는 일관되게 남북 관계를 평화적으로 발전시켜 왔습니다. 그리운 금강산도 갔고 꿈만 같았던 이산가족의 상봉이 일상화되기도 했으며 개성공단에는 분노와 눈물과 울음소리 대신 협력의 기계 소리가 들리기 시작했습니다.

우리가 한반도 정세의 주도권을 착실하게 발전시켰던 시간들이었습니다. 후세의 사가(史家)들은 이 시간을 "제1차 코리아 이니시어티브"의 시간으로 규정할 것입니다. 북한을 포함해서 미·중·러·일의 한반도 주변 국가와의 관계에서도 한국의 주도권은 분명히 살아 있었다고 생각합니다. 한번 상상해보십시오. 남북 관계가 착실히 발전해서 지금 이 순간을 맞이했다면 상황은 많이 다르지 않았을까요?

더구나 올해에서 내년까지의 시간은 전 세계 70여 개 국가에서, 특히 한반도를 둘러싼 미·중·러·일의 모든 나라에서 권력 교체를 둘러싼 선거가 있거나 권력 이양이 일어나는 때입니다. 이때를 잘 활용한다면 주변국들의 이해와 동의를 구하면서 더 성숙한 남북 관계를 발전시키고 협력과 교류의 수준도 높은 단계로 고양시킬 수 있지 않겠습니까?

그런데 이명박 정권에 와서 완전히 거꾸로 돌아갔습니다. 한순간에 먹통이 되었습니다. 200만 명에 달하던 금강산 관광객 수는 다 어디로 가고 단 한 명의 관광객도 금강산에 가지 못합니다. 국론은 평화냐 대결이냐로 완전히 분열되었습니다. 희망을 안고 들어갔던 개성에서 철수하는 중소기업들의 절망은 그냥 푸념 정도로 치부되었습니다. 그게 어디 중소기업만의 손해로 치부될 문제겠습니까?

하필이면 이런 때, 오랫동안 대화가 중단되고 왕래가 끊어지고 화해와 협력의 길이 봉쇄되면서, 북한의 눈은 중국을 향하고 있습니다. 민주 정부 시절 추진되었던 남북 교류와 경제 협력 사업이 중단된 결과입니다. 민족의 손실일뿐더러 뒤집어보면 남한에도 수많은 경제적·사회적 기회 요소를 상실하게 하는 잠재적 타격이 되지 않겠습니까?

개성공단이 중단될 위기에 처하면서 그 틈을 비집고 북·중 접경 지역의 특구 개발이 추진되고 있습니다. 한국은행 경제연구원의 최지영 연구원은 개성공단보다 더 파급 효과가 클 것으로 예상했습니다. 왜 이렇게 되었을까요? 아마 북한은 다른 선택의 여지가 없었을 것입니다. 우리 민족끼리의 협력을 통한 자립적 발전의 길이 하필 이 시점에 봉쇄되었기 때문입니다.

더 노골적으로 말하면 남한이 북한의 시장 경제화에 이니셔티브를 형성할 수 있는 가능성이 일순간 사라진 것을 의미합니다. 대결을 통해 버릇을 고쳐 북한을 변화시킨다며 인도적 지원조차 아꼈던 이명박표 대북 정책의 결말입니다. 그 책임은 북한에도 많이 있겠지만 그에 못지않게 이명박 정권의 무능에도 주된 책임이 있습니다.

북한에 대해 사실상 무대책으로 일관해온 결과가 한반도 정세에서 코리아 이니셔티브의 실종이라는 오늘의 사태를 야기한 것입니다. 정작 지금이 기회인데 이 얼마나 한심한 일입니까? 자신들이 입만 열면 떠들어댄 "잃어버린 10년"을 능가하는 완전히 "망쳐버린 5년"의 참상입니다.

다시 역사의 운명을 평화로 돌려 통일의 길로 역사의 수레바퀴를 절박하게 굴려야 합니다. 1948년 분단이 느닷없이 미·소에 의해 우리 민족에게 닥쳐왔다면, 미구에 닥쳐올 우리 역사의 운명은 어쩌면 미·중에 의한 분단 고착의 시간일지도 모릅니다. 그리고 우리의 순진함과 무지에서 비롯되는 제2차 분단 항구화의 길일지 모른다는 우려는 꼭 저만의 걱정은 아닐 것입니다.

이런 점에서 저는 극단적으로, 복지나 사회 경제적 민주화는 뒤로 할 수 있어도, 남북 관계의 발전을 개척하는 것은 조금도 지체할 수 없는 절체절명의 과업이라 생각합니다. 이 모든 운명의 끝은 2012년 대선의 첫 관문에서 우리가 어떤 열쇠를 선택하느냐에 달려 있습니다.

바로 이 운명의 열쇠가 2012년 12월에 선출될 대통령입니다. 그가 어떤 리더십의 소유자인가 하는 문제가 우리 역사의 운명을 결정해버릴 것입니다. 남북이 평화와 통일로 가는 문을 다시 여는 일이야말로 2012년의 제1의 시대정신입니다. 한국 사회를 통합해야 할 대통령이 반드시 갖추어야 할 정치적 리더십이기도 합니다.

국민 통합을 위해 고려할 점

가치의 균열

아시다시피 지난 10여 년간 한국 사회의 핵심적인 갈등 축은 크게 두 가지였습니다. 사회 경제적 양극화와 남북 관계에서의 국론 분열이 바로 그것입니다. 외환위기를 극복하고 햇볕정책을 추진하기 시작한 김대중 대통령 이래로 노무현 대통령과 이명박 대통령의 정부에 이르기까지 이것은 한국 사회에서 일관된 균열 축이었습니다.

1970, 80년대 그리고 1990년대 중반까지는 정치 영역을 중심으로 "민주와 독재"를 둘러싼 대립이 핵심적인 갈등 축이었습니다. 그러나 1990년대 말 이후 2000년대에 들어서 이 갈등의 축은 달라졌습니다. 사회 경제적 영역의 양극화와 민족 문제에서 남북 관계의 영역으로 갈등은 전환되었고 오히려 갈등의 폭은 확장되었습니다. 특히 이명박 정권에 들어서 민주주의 후퇴와 더불어 두세 배 이상 가속화되면서 이 두 균열 축은 우리 사회에 확고한 갈등 요인으로 자리 잡았습니다.

무엇보다 양극화가 심화되면서 사회 갈등과 분열의 골이 깊어졌습니다. 이른바 신자유주의 시장 경제의 조류는 금융 자유화와 금융 경제의 실물 경제에 대한 지배력 강화, 고용 불안형 노동 유연성 추진, 대기업 집단의 규제 완화, 부자와 재벌의 감세 추진, 공공성 축소와 민영화, 시장 추종 작은 정부, 서민과 중산층의 복지 축소, 그리고 강자와 붙으면 무조건 얻어터지는 FTA의 추진으로 급물살을 탔습니다.

시장에는 툭하면 몇 천억씩, 몇 조씩 먹고 튀는 투기성 외국 자본으로 혼란과 위기가 오고, 1995년 금융 자유화 조치 이후 외국 자본에 의한 국내 자본의 침식은 얼마나 되는지 파악조차 되지 않고 있습니다. 심지어 이런 풍조로 인해 기업 내부에서도 실물 경제보다는 땅 투기나 돈놀이로 단기 이익을 극대화하는 조류가 만연해졌습니다. 사내에 150조가 넘는 돈이 쌓여 있어도 투자는 어디론가 사라졌고, 무엇보다 일자리는 늘어나지 않을 뿐더러 비정규직은 800만 명이나 되었으며, 쌍용차와 같은 살인적 정리 해고와 명예 퇴직으로 정규직도 죽어나갈 지경이 되었습니다. 비즈니스 프렌들리 정책에다 법인세 등의 인하로 70조 가까운 세금이 증발했고, 부자와 대기업은 신이 났지만 납품 단가 후려치기, 영수증 떠넘기기, 변칙적 결제 수단 등으로 중소기업과 자영업은 힘들어졌습니다. 집이 있는 사람은 집으로 돈을 불려나가도, 정작 집이 필요한 사람은 용산참사로 화염 속에 실려나가야 했습니다. 독과점의 방어막은 사라져서 콩나물, 두부, 떡볶이, 오뎅까지 중소기업은 설 땅을 잃었고, SSM의 출현으로 골목길 슈퍼마켓과 재래시장 상권에는 탄식만 깊어집니다. 툭하면 인천공항이다 KTX다 팔아치우려 들고 공공성은 상업성에 점점 밀려나면서 정부와 국민의 재산은 시장의 탐욕스런 욕망의 대상으로 전락했습니다. 정부 내의 개발 성장 권력은 더욱 강력해져 모피아와 토건족은 기득권을 강화해도, 사람을 보살피고 공동체를 지탱하는 사회 정책 분야의 사회 투자 권력은 약해진 것이 작은 정부의 실체입니다. 멀쩡한 4대강에는 30조의 돈을 흘려넣어도 반값 등록금, 무상 보육비, 무상 급식, 공적 의료 서비스의 확대에 드는 20조는 포퓰리즘이라며, 말하자면 서민과 중산층의 구들장에는 연탄불 한 장 넣어주는 데 인색합니다. 죽겠다고 아우성치는 민생을 외면한 채 "복지를 각자 알아서 돈으로 사라" 하고 "능력에 따라 누리라" 한 선동의 결과, 155만의 기초생활수급자 외에 185만 달하는 차상위 계층을 포함하면 빈곤층은 400만으로 늘어났습니다. 게다가 최후의 결정판은 FTA로 엄습해옵니다. 무역에 도움이 된다고도 하지만, 한-EU FTA와 한미 FTA는 얼마 전 우리나라를 강습한 볼라벤과 덴빈처럼 IMF의 서너 배에 달하는 양극화의 태풍을 예고하고 있습니다. 세계 경제가 2008년 이후 모두 궤도를 수정하고 있음에도 한국 경제는 재벌과 부자를 위한 "줄푸세"를 외치며 서민과 중산층, 중소기업과 자영업의 고통을 외면하고 있습니다.

다른 하나는 미련한 이념 대결로 몰고 간 남북 관계를 둘러싼 갈등입니다. 우리 모두는 북한이 민주주의와 시장 경제의 길로 나서길 기대합니다. 빠르고 정확하게 더 많이 움직이길 기대합니다. 이것은 진보와 보수를 떠나, 한국 사회를 넘어 국제 사회의 공통된 바램일 것입니다. 그럼에도 남북 관계 발전을 둘러싸고 심각한 갈등을 겪고 있습니다. 한 진영은 화해 협력을 통해 평화롭게 해결하고자 했고 다른 진영은 힘의 우위에 입각한 대결을 통해 북을 굴복시키고자 했습니다.

문제의 심각성은 지금도 지속되는 이 갈등의 이면에 제2차 분단의 과정이 방치되고 있다는 점입니다. 북한의 중국화 가능성은 점증하고 있습니다. 이는 곧 제2차 분단 항구화의 확고한 과정이기도 하다고 생각합니다.

제가 보기에 북한은 김일성·김정일 부자 시절보다 독자적 길을 가기가 취약한 상태이기 때문입니다. 이미 남한이 신자유주의 도입과 FTA로 제2차 미국화에 진입했고 이제 북한이 중국화하면, 이는 필연적으로 남북 분단의 항구화 과정과 결부될 것입니다. 아시다시피 북한은 지난 20년 넘는 시간을 고립화로 일관했습니다. 누구의 책임을 탓하기 전에 객관적으로 결과적으로 그러했습니다. 미국에 비둘기파 정권이 들어서면 남쪽에 대결 정권이 들어섰고, 남쪽에 햇볕 정권이 들어서면 미국에 매파 정권이 들어서면서 평화를 통한 개혁과 개방의 운명과는 어긋나버린 것도 큰 장애였을 겁니다. 소련이 붕괴했고 중국도 황해와 서부 개발로 주력하던 시기에, 중국 쪽으로 조금 숨통이 트여 있던 상황이, 그동안 북한이 스스로 표현한 "고난의 행군" 시간이었습니다. 그런데 이제 중국이 동북아로 확장하고 있습니다. 북한도 다른 선택의 여지가 없을 겁니다. 10년을 더 고립 속에서 그들의 체제와 사회를 지탱하기는 물리적으로 쉽지 않은 일입니다. 중국의 손을 잡든가 무너지든가 아니면 전쟁을 선택하든가. 우리는 최악의 상황에 만전을 다해 대비해야 하지만, 어느 경우도 일어나지 않도록 다른 길을 개척해야 합니다. 그리고 이것은 고스란히 우리의 능력 여하에 달려 있습니다. 정말 이 세 가지 경우는 어느 경우도 도움이 되지 않고 바람직하지도 않습니다. 중국화해서 분단 항구화의 길로 가는 것은 역사의 불행이고, 북한 체제의 조기 붕괴는 설사 우리가 끌어안는다 해도 엄청난 비용과 여파를 감당해야 하며, 도발과 전쟁은 두말할 필요 없이 민족사와 인류사의 재앙과 같기 때문입니다. 이 시간 하나님의 뜻이 우리 민족의 평화와 통일에 있음을 확신한다면, 선택은 다시 화해와 협력의 추구를 통한 평화의 길뿐입니다. 개성 공단 두 개면 중국과 협력해도 중국화하지 않게 됩니다. 북한 체제가 무너

짐 없이 점진적 시장 경제의 길로 가도록 우리가 도울 수 있다면 독일보다 늦었지만 독일보다 훨씬 더 창조적으로 인류 평화에 기여할 수 있습니다. 하지만 그 기회가 많이 멀어져 있는 느낌입니다.

세력의 균열

사회 경제적 양극화와 남북 관계를 둘러싼 균열의 심화는 한국 사회의 주도권 구조와 대항 세력의 재편도 일으켰습니다. 1980년대와 1990년대 중반까지 한국 사회의 지배 구조는 미국-정치 군부-관료-재벌을 일렬로 하는 수직적 동맹이었습니다. 그리고 이 힘은 정치에서뿐만 아니라 사회 경제적 측면과 남북 관계를 둘러싼 갈등의 축에서도 고스란히 관철되었습니다. 그래서 그 반대편에 형성된 대항 세력은 야당과 재야, 학생과 노동자, 농민을 총 망라한 광범위한 민주대연합을 구축했습니다. 민주대연합도 마찬가지로 그 안에 정치 영역에서 독재와 민주의 대치 선을 중심으로 사회 경제적 갈등과 남북 관계를 둘러싼 갈등을 다 포함했습니다.

1990년대 중반 이후 IMF를 경험하면서 한국 사회의 패권 구도는 변화합니다. 수직적 지배 동맹 구조는 해체되고 방사형의 주도권 동맹이 형성됩니다. 군부는 퇴조했고 관료는 약화되었으며 재벌은 시장 권력으로 성장했습니다. 이들과 함께 미국과 민간인 정치권력이 교차적 조합을 형성했고, 여기에 언론과 지식인 그리고 일부 종교 세력이 합류하면서 새로운 주도권 동맹이 일종의 사회적 패권을 장악합니다. 이것은 민주와 독재의 대립 축과 달리 사회 경제적 요인을 중심으로 신자유주의 동맹 구조를 형성한 것이라 할 수 있습니다. 그리고 각 구성원들은 남북 관계에 대해 때로는 기본적 이해관계를 같이 하기도 하고, 때로는 경제적·인도적 차원에서 달리하기도 하면서 한국 사회의 주도권 구조로 자리매김했습니다. 당연히 그 반대편에는 반신자유주의 동맹을 구축하기 위한 시도가 있었습니다.

그러나 주도적 패권 세력에 비해 대항 세력의 형성은 분열적이었습니다. 민주 정부를 주도한 정치권력과, 신자유주의의 폐해를 삶의 현장에서 고스란히 뒤집어쓴 진보 운동 사이의 분열입니다. 이들은 갈등과 분열을 반복하다가 역(逆) 정권 교체를 맞게 됩니다. 그러나 범민주진보 세력은 이명박 정권 하에서 경험한 민주주의 후퇴, 사회 경제적 양극화의 심화, 남북 관계의 악화, 반환경적 개발 등에 반발하고 무엇보다 정권 교체를 위한 절박성으로 후보 단일화를 추진하며 이른바 야권 연대와 통합의 흐름으로 재편되고 있습니다. 저는 이 과정을 민주평화복지동맹의 형성 과정이라 명명하고 싶습니다. 이것은 성격상 제2차 민주대연합이고 복지대동맹이며 평화통일연대이지만, 그 내부에 경제 민주화 즉 사회 경제적 진보 체제를 형성하는 새로운 사회로 가는 반신자유주의동맹이기도 할 것입니다.

사회 경제적 양극화와 남북 관계를 둘러싼 갈등이 우리 국민을 분열시킨 가치와 관련된 것이라면, 이를 둘러싼 정치 세력의 편재(遍在)는 우리 국민의 분열을 구체화한 몸통과 같은 것입니다. 이로부터 가치는 물질화되고 운동을 하며, 그 분열과 갈등은 실체화되면서 한국 사회의 균열은 심화됩니다. 선거 때마다 정치권은 복지 대 반(反)복지, 신자유주의 대 반신자유주의, 대결 대 평화, 민주 대 반민주의 대결 구도로 진영화되고 유권자의 선택 역시 이렇게 분열해서 귀결됩니다. 따라서 한국에서 새로운 대통령은 분열된 가치를 통합하는 것과 더불어 이제 분열된 진영을, 분열된 사회 정치 세력에 묶인 국민을 통합해야 합니다.

이행의 통로

한국에서 정치 세력이 경쟁하면서도 국민과 소통하고 국민을 통합하는 정치적 과정은 선거입니다. 선거는 국론이 충돌하며 분열하는 양상으로 보이기도 하지만, 다른 한편으로는 민주적 절차에 의해 국론이 선택되고 결정되는 장이기도 합니다. 선거가 반복될수록 절차적 민주주의는 발전하고 있습니다. 거리에서 투쟁하며 죽기 살기로 전개되었던 과거의 양상과 달리, 우리는 선거를 통해 점점 더 패자가 승자에 대해 승복하는 정치 환경을 만들어가고 있습니다.

그러나 우리의 정치 환경은 승자가 독식하는 것을 넘어서 패자를 존중하고 패자와 더불어 공존하는 절차적 민주주의의 고도화, 성숙한 민주주의로는 나아가지 못하고 있습니다. 그래서 새로운 대통령은 우리가 가야 할 성숙한 민주주의를 향해 새로운 길을 안내해야 합니다.

지난 시기 한국에서는 국민이 자신의 의사를 표출하는 방식이 투쟁이고 항쟁이었습니다. 그 외에는 침묵하고 굴종해야 했습니다. 거리와 광장에 민주주의가 살아 있었고 파업 현장에 노동 3권이 있었습니다. 투쟁 없는 선거는 공허했고 툭하면 왜곡되었기에, 민주화로의 대변혁을 추구했던 사람들은 전민 항쟁의 대열에 나섰습니다. 말하자면 항쟁은 1970, 80년대식의 사회적 소통의 중심축이었습니다. 아무리 의회 민주주의를 신봉했어도 심지어 야당조차도 선거를 보조 축으로 이해했습니다.

선거의 영향력이 확대되고 정치가 제 기능을 하기 시작하면서, 무엇보다 선거를 통해 정권 교체가 일어나고 선거를 통해 다수 의석과 다수 지자체의 점유가 가능해지면서, 이러한 인식은 바뀌기 시작했습니다. 여전히 광장에서 집회하고 거리에서 시위를 해야 하는 영역이 존재하겠지만, 대중은 궁극적으로 투표를 통해 자신이 담아두었던 의사를 최종적·확정적으로 표출하기 시작했습니다. 전민 항쟁에서 선거 경쟁으로 중심이 이동한 것입니다.

이것은 대중의 행동 법칙이 되었습니다. 이명박 대통령에 저항해 촛불을 들고 거리에 나섰던 사람들은 김대중 대통령과 노무현 대통령의 빈소를 찾아 광장을 가득 메워 조문으로 항거했고, 그들은 전민 항쟁으로 나서는 대신 않고 집단 지성을 간직한 채 김제동과 함께하며 미디어법에 반대하는 마음을 품고 있다가, 마침내 2010년 6월 2일 지방 선거에 투표로 궐기했습니다.

집회와 시위 그리고 선거가 선순환하며 절차적 민주주의에 따른 주권 행사의 행태가 새로워진 것입니다. 그리고 마음에 들지 않는다고 타도하지 않는, 절차적 민주주의의 규범을 확고히 지켜나가고 있습니다. 정권은 심판했지만 축출하지 않았고, 정권은 축출하지 않았지만 복지에 대한 사회적·정치적 요구를 쏟아내고 지지했습니다.

그 힘으로 세상은 바뀌었습니다. 성장과 개발 일변도에서 일자리, 교육, 복지로 사람의 삶을 챙기는 패러다임의 전환을 시작했습니다. 2010년 지방 선거는 1987년 6월항쟁으로 독재에서 민주로 이행했던 것만큼이나, 한국 사회가 복지 사회로 가는 전환기적 연대로 값지게 기록될 것입니다. 그런 측면에서 복지는 새로운 사회적 합의였으며 시대정신이었습니다. 새누리당조차도 보편적 복지와 경제 민주화를 이야기하게 만든 힘의 원천은 바로 선거를 통한 정치적·사회적 승인이었다고 생각합니다.

이런 점에서 한국의 새로운 대통령은 국민 통합과 사회적 소통을 위해 민주주의 절차를 확고히 지켜내야 합니다. 그리고 그 절차를 통해 표출된

집단 지성을 수용하고, 그 절차에 담겨 형성된 시대정신에 반하려 해서는
안 됩니다. 이것을 외면하는 것은 무력으로 민주주의를 압살했던 과거 군
사 독재 정권이나 일방통행 식의 권위주의적 통치의 21세기식 변종일 뿐
이기 때문입니다.

정권 교체, 새로운 시대를 향한 열망

2012년 정권 교체는 정권 교체 그 자체만으로도 절차적 민주주의 발전에
큰 획을 긋는 사건이 될 것입니다. 민주주의 이행론의 세계적 석학 쉐볼스
키는 두 번의 정권 교체가 민주주의 이행에서 지니는 가치에 주목했다고
합니다. 두 번의 "turn over"는 권력 교체의 안정성을 의미하는 것으로 이것
이 있으면 선거 민주주의가 확립된 것으로 판단하는 것입니다. 그런 점에
서 1997년 정권 교체와 2002년의 정권 재창출에 의해 절차적 민주주의가
완성되었다는 우리의 기대는 성급했습니다. 이명박 정권에 의해 보란 듯이
무너졌습니다. 쉐볼스키의 가설대로라면 2012년의 정권 재탈환으로 민주
주의의 형식은, 절차적 민주주의는 완성될 것입니다. 꼭 가설에 의존하지
않더라도 사회적 패권의 교대와 새로운 균형이 일어나게 될 것임은 자명합
니다. 이미 유권자의 세대 교체 현상은 가속화되고 있습니다. 모바일 정치
혁명과 동행하면서 말입니다. 즉 민주주의의 불가역적 상황이 확립될 것이
라고 생각합니다.

 2012년의 정권 교체는 복지를 넘어 경제 민주화의 중대한 계기입니다.
우리는 그동안 보편적 복지의 깃발을 꽂고 반쪽의 사회 진보를 구현했습

니다. 그러나 궁극적 진보 체제는, 아무리 개량이라 하더라도, 복지의 확대를 넘어 그에 상응하는 진보적 경제 구조를 만드는 것입니다. 세계적 차원에서 사회 경제적 정세는 자본주의 발달의 궤도를 수정해야 하는 터닝 포인트에 들어섰습니다. 저는 개인적으로 이 정세가 주변부에 머물던 한국이 예속 경제 혹은 외세 의존적 경제 체제에서 탈출할 수 있는 절호의 기회라고 믿습니다. 물론 이 점은 자본주의 종주국들에서 일어나는 자본주의 체제 수정에서 비롯된 것입니다. 자본주의 4.0이든 책임지는 자본주의든 새로운 시도와 재편이 있을 것이고, 정권이 마음만 먹으면 한국은 이 틈을 이용하여 독일이나 북유럽식의 새로운 시장 경제의 모델을 선도할 수도 있습니다.

2012년 정권 교체의 여부는 통일이냐 분단이냐의 갈림길로도 직결됩니다. 앞에서도 이야기했듯이 향후 10년 내의 정세에 우리가 잘못 대처하면 민족의 운명은 항구 분단의 길로 재전락할 수 있습니다. 제가 2010년 10·3전당대회 때 부분적이지만 (항구적이지 않은) 김정일 위원장의 리더십 변동 가능성을 제기했을 때 사람들은 믿지 않았습니다. 그러나 이미 북한 정권의 변동은 현실이 되고 있습니다. 김정은 체제의 안정화 여부나 시장 경제로의 전환 여부 등은 한반도 전체 정세에 필연적으로 영향을 미칠 것입니다. 이 모든 것은 10년 내에 결판납니다. 이 시간에 남북 관계가 평화롭게 발전하지 않고는 통일은 불가능하며, 특히 순기능의 통일은 단언컨대 없을 것입니다. 북한은 지난 20년 동안 이미 고립된 나라였습니다. 10년을 더 고립되어 지낼 수는 없을 겁니다. 개인에게 10년은 길지만 역사나 국가의 운명에서 10년은 정말 짧은 시간입니다. 통일을 준비해야 합니다.

끝으로 한 가지만 더 보태겠습니다.

앞에서도 이야기했듯이 북한의 고립화는 곧 사회 경제적 측면에서 친 중화 경향의 내재적 과정이기도 했습니다. 이러한 경향은 한국과 미국의 매파와 비둘기파 정권이 교차 출현하면서 심화되었습니다. 북한에게는 다른 선택이 있을 수 없습니다. 중국과 같이 가거나 남쪽에 의해 개혁 개방의 길로 나서거나 둘 중 하나입니다. 저는 중국이 대국주의의 유혹에 빠져 동북아 패권주의의 길로 이탈하지 않기를 바랍니다. 그러나 이명박 정권과 같은 무책임한 대결 정책을 5년만 더 반복한다면 역사는 완전히 망가지게 될 것임이 자명합니다. 1948년 미·소에 의한 제1차 분단을 막지 못했는데, 미·중에 의한 제2차 분단 장기화의 길을 방치해서는 안 됩니다. 결국 이제 통일의 운명은 한국 사회의 평화 통일 역량이 주도할 수밖에 없습니다. 완전히 우리의 책임이며 임무 교대라 할 수 있습니다. 한 가지만 보태면 계급 투쟁의 제도화 경향처럼 통일 운동의 정치화 과정은 궁극적으로는 권력을 통해 결정 나게 될 것입니다.

통일 정치 역량을 준비해야 합니다. 물론 노동과 함께 가야 합니다. 이 것을 위해 나라의 평화와 조국의 통일을 염원하는 기독교인들이 간절하게 기도했으면 좋겠습니다. 이런 과업은 개인의 힘으로 되지 않기 때문에 정당의 힘으로, 새로운 유권자 세대에 혼을 불어넣어 추진해야 합니다. 앞으로 저는 10년간 이 일에 모든 것을 걸자고 제안합니다. 가령 한반도경제발전 5개년계획을 4차 년도에 걸쳐 20년 동안 대통령의 임기와 함께 꾸준히 추진하면 큰 도움이 될 것이라 생각합니다. 이런 준비는 대통령보다 정당이 해야 할 일입니다. 통일시대민주주의 정당, 이런 것을 함께 만들면 어떨까요? 이 과정은 민족 구성원 모두에게 유익합니다. 북은 북대로 개혁 개방의 과정에 유익합니다. 남한도 재벌, 중소기업, 청년 일자리, 심지어 토건 재벌에게도 유익합니다. 수출에도, 복지를 위한 추가 성장에도 돌파구를 마련할 것입니다. 그 관문이 12월 대통령 선거입니다.

저는 이렇게 통일 시대를 여는 대통령을 원합니다. 많은 사람들은 2012년 대선의 의미를 정권 교체 자체에 봅니다. 그러나 우리는 2012년을 점령해서 정권 교체를 넘어 세상을 바꾸고자 합니다. 저는 2013년 체제의 수립으로 이전 사회와는 질적으로 구분되는 새로운 사회로의 깊이 있는 (근본적) 이행을 꿈꿉니다. 그리고 그 한복판에 한반도 평화와 통일을 통한 대변혁, 대도약의 꿈을 심고자 합니다. 그런 대통령의 출현을 위해 전력을 다할 것입니다.

16장_한반도의 화해, 평화, 통일의 리더십

김민웅
(성공회대 교수)

대통령 선출은 우리의 가치관 반영

누구나 아는 바지만, 한국 정치에서 대통령이 차지하는 비중은 결정적이다. 대통령에게 집중되어 있는 권력뿐 아니라 그의 철학과 세계관에 따라 정치의 우선순위가 정해지기 때문이다. 이런 점에서 보자면 대통령을 뽑는다는 것은 우리의 현재와 미래를 어떻게 만들 것인가에 대한 이 시대, 우리 사회의 요구, 그리고 기대를 확정하는 문제가 된다.

따라서 누가 대통령이 되어야 할 것인가에 앞서, 우리가 바라는 것이 무엇인가를 점검하는 일이 먼저다. 이명박이 선출된 밑바닥에는 경제적으로 좀 더 낫게 살고 싶다는 욕구가 깔려 있었고, 다른 가치는 중요하지도 않고 별 볼 일 없는 것으로 간주되었기 때문이다. 그런데 나타난 현실은 어떠했는가? 이미 예견되기도 했고, 또 우리가 몸소 겪은 일이지만 이명박으로 대표되는 가치와 정책은 철저하게 "기득권 세력의 특권적 위상 강화"로 압축되었다.

서민들의 민생적 고통과 요구를 이용해서 선출된 대통령이 막상 뽑히고 나서는 토건 자본을 비롯한 "자기들끼리의 잔치"를 벌였던 것이다. 뿐만 아니라 민주주의의 기본 가치들을 도처에서 짓밟고 인간과 역사에 대해 성찰적 깊이를 가진 교육이나 문화, 인물들의 제거 작업을 진행하면서 이 사회를 황폐화시켰다. 오늘날 우리 사회가 직면하고 있는 각종 범죄와 폭력, 인문 정신의 고갈은 모두 이런 가치관과 정치가 결합함으로써 생겨난 것들이다.

이명박과 개신교

정신적 가치의 힘을 믿는다는 개신교의 주류 세력이 이런 인물에게 몰표를 던지는 지경까지 몰려간 것을 보면, 이는 종교적 차원에서 자기 배반이라 할 수 있다. 게다가 고통받고 힘겹게 살아가는 이들에 대한 보살핌과 연대의식을 강조해야 하는 기독교가 정반대의 지점에 서 있는 인물과 세력에게 정치적 지원을 보냈다는 것도 마찬가지의 모순을 드러낸다. 따라서 이명박 정권 중에 한국 교회에 대한 젊은 세대의 사회적 반감이 깊어진 것은 당연한 현상이라 할 수 있다.

대통령 하나를 잘못 뽑아 겪게 되는 곤경은 무엇보다도 남과 북의 관계 개선에서 전혀 진전을 보지 못하고 도리어 관계가 악화된 사실에서 고스란히 집약된다. 남과 북의 국제적 위상이나 내부의 경제, 그리고 정치적 미래는 어떻게 분단 체제를 극복하고 평화를 정착시키면서 통일의 기반을 마련하는가에 달려 있다. 이 문제의 돌파구를 열지 못하면 군사적으로나 외교적인 차원에서, 또한 경제적인 차원에서도 우리는 엄청난 압박과 부담을 지면서 살아야 한다.

우리 삶을 기본적으로 규정하는 분단의 적대적 구조가 발생시키는 문제는 하나 둘이 아니다. 남과 북의 주민들이 서로 오가면서 삶을 보다 풍부하게 할 수 있는 기회가 원천적으로 봉쇄되어 있고, 군사적 비용의 계속적인 증가는 다른 부문의 재정 확보를 가로막고 있으며, 남북의 통합적 역량을 기반으로 펼쳐 보일 수 있는 미래에 대한 정치적 상상력은 억압되어 있다.

분단 체제에 대한 빈약한 인식 수준

우리 사회에서 평화 교육의 가치, 비폭력에 대한 인식, 민족 공동체의 내부적 화합, 한반도 산하 전체에 대한 지식과 애정의 수준은 대단히 낮다. 놀랍게도, 일상의 현실 속에서는 분단 체제를 거의 의식하지도 못한 채 살아가는 실정이다. 서로 대치하고 있는 북의 현실에 대한 구체적인 정보도 제대로 없고, 또 그것을 알려고 하지도 않는다. 북의 주민들이 어떤 교육과 문화, 경제와 삶을 살아가고 있는지 이미 다 알고 있다는 투다. 그들이 어떤 책을 보고, 어떤 드라마와 대화, 어떤 식사를 하면서 친구들과 만나는지, 어떻게들 사랑하면서 살아가는지 전혀 궁금해하지 않는다. 완전한 무시와 무지에 빠져 있는 것이다.

이러고도 북과 만나 대화를 하고 화해를 도모하면서 하나의 민족 공동체가 되어갈 수 있을까? 그나마 간신히 유지되던 금강산 관광이 막힌 지 벌써 얼마가 되었는가? 이러면서 한반도에 대한 중국의 영향력이나 키워주고, 분단 구조가 미국 군수 산업의 시장을 위한 제물로 바쳐지는 중이다. 일본은 또 어떤가? 영토 분쟁과 관련된 대응을 보면, 일본이 우리를 어떤 자세로 대하는지 분명하지 않은가? 만약 통일 한반도였다고 해도 이랬을까?

한반도의 분단 상태는 우리의 힘과 미래를 계속 옥죄이고 있는데 이걸 풀 생각은 하지 않고 있다. 마치 엄청난 병에 걸려 있는데 계속 진통제나 맞으면서 이 일 저 일에 바쁜 것이나 다를 바 없다. 그러는 동안 몸은 또 얼마나 망가져가고 있겠는가? 더욱 심각한 것은 몸이 망가져간다는 사실조차 아예 모르고 있다는 점이다. 병을 고치자는 권유를 받아도, 이 병이 우리에게 얼마나 심각한 사태를 몰고 올 것인지 관심도 없고, 치유하는 노력 자체를 소중하게 여기지도 않는다.

사실 사태는 이보다 더 심각하다. 분단이라는 현실과 마주해서 이것을 어떻게든 해결하자고 말하는 이들에 대해서 우리 사회의 시선은 차갑다. 경제 문제가 급한데 무슨 소리냐, 찌질한 북한과 하나가 돼서 어떻게 하겠다는 거냐, 통일 그거 되겠는가, 그냥 우리끼리 편하게 살지 뭐 복잡하게 통일이냐, 등의 반응인 것이다.

분단에 대한 의식 부재, 무엇이 문제인가?

이런 현실이 어떻게 형성되었을까? 이는 오랜 냉전 교육 때문이고, 남북 관계 개선이라는 중대한 작업을 가치 있게 여기지 않는 권력 때문이며, 이에 대한 문제 제기와 의미를 새겨나가는 노력을 포기한 언론 때문이다. 교회는 말할 것도 없다. 평화와 통일의 의미가 기독교 신앙의 차원에서 얼마나 귀중한 일인지, 평화의 사도로서 개신교가 해야 할 일이 무엇인지를 일깨우는 강단이 부재하기 때문이다. 북은 타도의 대상이거나 멸시받아 마땅한 상대거나 또는 구제의 대상일 뿐, 북의 존재에 대한 형제애적 자세는 찾아보기 어렵다.

이와 같은 상황에서 이명박 정권은 골을 더욱 깊게 만들었다. 북에 대한 대응에서 물리적 강제력을 동원하는 것 외에 다른 발상을 하지 못한다. 우리 사회 내부에서 북에 대한 이해와 연구, 그리고 지식의 공유 작업을 위협시하고 대북 민간 접촉을 가로막은 지 이미 오래다. 한편으로는 정상회담을 해보겠다고 비밀 작업을 하면서 국민들의 분단 극복의 권리를 박탈하고 있는 것이다. 남북 관계에 대한 권력의 독점 체제가 이렇게 견고하게 서 있다.

분단 체제를 지배하는 권력의 독점 체제는 국가보안법에 의해 유지되고 있다. 하지만 북한과의 관계 개선이란 정부 차원만으로 가능한 일이 아니다. 남과 북 전체 주민의 자율적이고 자유로운 관계 구축이 가능해질 때 비로소 장기적이고 실질적으로 의미 있는 통합 과정이 이루어질 수 있다. 국가 보안법은 이것을 봉쇄하고 있다. 권력을 위한 안보일 뿐인 것이다.

김대중 대통령의 모험과 결단

돌이켜 보면, 김대중-노무현 시대의 남북 관계 개선은 냉전 체제 반세기의 역사에서 획기적인 진전을 보였다. 사실 이것은 쉽지 않은 선택과 결정이었으며, 결과적으로 한반도 전체와 동북아시아에 깊은 영향을 미쳤다. 남과 북의 군사적 대치가 즉각적인 전쟁으로 돌입하지 않을 수 있다는 것도 경험하게 되었고, 상호 교류를 통해 같은 민족인 동시에 함께 살아가는 공생의 길도 얼마든지 있다는 교훈도 얻게 되었다.

물론 이런 상태가 전부 만족스러웠던 것은 아니지만, 미국과 중국의 포위망이 쳐져 있는 상태에서 만들어낸 기회라는 점에서 대단히 귀중했다. 아니, 귀중하다는 말로는 그 중요성을 충분히 표현할 수 없을 것이다. 김대중 대통령의 방북과 6·15선언은 한반도 평화의 해결을 위한 세계사적 충격이었다. 위험한 모험인 동시에, 결과에 따라서는 대통령직 수행에 중대한 장애가 생길 수도 있는 결단이었다. 그러나 김대중 대통령은 그것을 해냈다.

오랜 세월 우리 시대를 고통스럽게 했던 분단 체제의 사슬을 풀어내는 돌파구를 목숨을 걸고 열어낸 것이었다. 이렇게 말해도 과장이 아닌 것은, 김대중 대통령 역시 분단 체제로 인해 여러 번이나 목숨을 잃을 뻔 했던 인물이기 때문이다. 분단을 돌파하지 않으면 민주주의도 없고 국가의 장래도 없다는 것을 그는 몸소 체험했으며, 분단의 적대 구조 속에서 죽어가야 했던 모든 이들을 위한 해원(解寃)의 과정을 창출해낸 것이었다.

한편, 노무현 대통령은 김대중 대통령의 남북 관계 개선 작업을 계승 발전시키는 데 있어서 초기에는 적절한 조처를 취하지 못했다. 남북 관계에 대한 유사한 역사철학을 가졌음에도 불구하고 노대통령은 김대중 대통령의 햇볕정책이 남긴 동력을 활용하기보다 이것을 사법적으로 처리하는 우를 범했으며, 이후 이것을 복구하는 데 시간을 낭비해버린 측면이 있다. 대단히 아쉽고 불만스러운 대목이다. 그러나 다행스럽게도 집권 말기에는 남북 관계 복원을 위해 노력함으로써 뒤늦게나마 상황 변화를 일정하게 가져오는 데 기여했다.

모두가 알다시피, 이런 노력의 축적을 일거에 뒤집고 남북 관계의 파탄을 가져온 것이 이명박 정권이다. 이는 우리 현대사가 통과해온 역경의 교훈 전부를 저버리는 일이자, 우리의 가능성을 근본적으로 막아버린 처사다. 이명박 대통령은 해보지 않은 일이 없는 경제 전문가인 양 성장 동력 운운하면서도, 진짜 성장 동력이 될 수 있는 남북 분단 해결과 평화 통일의 문은 꽁꽁 닫아버린 것이다. 더군다나 분단 체제에서 기인한 우리의 고통의 역사가 던지는 메시지를 거의 완벽할 정도로 뭉개버렸다.

분단 체제가 가한 고통과 희생이란?

그렇다면 김대중 대통령의 평화와 통일 정책이 실질적인 역사로 부상하기 이전에 우리는 어떤 일들을 겪었는가? 6·25전쟁은 말할 것도 없고 무고한 이들을 간첩으로 몰아 죽인 일이 어디 한두 번인가? 5·16군사쿠데타도 안보를 빙자해서 분단 체제를 정치적으로 이용한 결과로 일어났고, 1961년 「민족일보」의 조용수 사장도 이들 쿠데타 세력의 손에 의해 사법 살해를 당했던 것 아닌가? 이는 자신들의 쿠데타를 정당화하기 위해 저지른 범죄였다.

1975년 이른바 인혁당 재건위 사건으로 여덟 명의 청년 지식인들을 창졸지간에 사형대에 오르게 한 사건도 모두 분단 체제 아래서 이뤄진 간첩 조작 사건이었다. 1980년 광주 학살도 바로 분단 체제의 구조 속에서 "간첩의 사주를 받은 빨갱이 난동분자들의 폭동"이라는 낙인을 찍어서 벌어진 일이 아닌가? 분단 체제로 인해 억울한 옥살이를 한 이들이 한 둘이 아니며, 이것을 기반으로 해서 권력을 잡은 자들의 폭력과 기만, 부의 독점이 이 나라를 멍들게 하고 망친 것은 일일이 짚어낼 수조차 없이 많다.

그럼에도 분단 문제를 해결하고 평화와 통일의 기반을 만들어내는 일에 대한 의지는 별반 절박하지 않다. 지난 역사에 대한 망각의 문제만이 아니라 그 역사를 끊임없이 은폐, 조작, 왜곡하려는 세력 때문이다. 이른바 "과거사 문제"라는 용어를 쓰고 있는데 이는 잘못된 말이다. 모든 역사는 현대사다. 저명한 역사가 베네토 크로체의 말을 굳이 인용하지 않아도, 모든 역사는 오늘의 자리에서 되돌아보고 평가하면서 현재와 미래를 위한 교훈과 동력이 된다는 점은 자명하다.

이런 관점에서 보자면 우리나라에는 역사에 대한 논쟁과 성찰이 자리를 잡지 못하고 있다. 당장 먹고 살기 바쁜데 무슨 역사 타령이냐 하는 식이다. 이런 식이니까 친일파가 아직도 득세하고 유신 본당 세력이 권력을 다시 잡으려 들고, 권력 기구의 범죄가 감춰지는 것이다. 언론은 열심히 과거를 망각시키려 조정하고, 권력의 범죄는 다른 사건으로 덮어지는 사태가 계속 반복된다. 중고등학교 역사 교육에서 독립 과목이었던 한국 현대사는 아예 제외되고 말았다. 한국사의 한 대목으로 편입되어 그 비중이 현저하게 떨어지고 만 것이다. "역사 지우기"가 치밀하게 공작되고 있는 현실이다.

역사에 대한 기억 지우기와의 싸움

이런 상황을 극복하는 우리의 사회적·집단적 노력이 표현되고 모아지지 않으면, 역사의 기억과 논의 위에 서야 할 분단 체제 극복의 힘은 결집되기 어렵다. 아무리 집권자가 이런 방향으로 나아가려 해도, 김대중 정부 시절의 경험에서 보듯 이 문제를 힘 있게 추진할 수 있는 환경이 만들어지기 쉽지 않다. 따라서 민족의 화해와 평화, 그리고 통일을 밀고 나갈 수 있는 대통령의 선출 못지않게 그 이상으로 우리 사회가 이 문제에 대해 집단적인 열정과 요구를 만들어내야 하는 것이다.

이런 과정을 거치면서 우리 사회는 지난 역사의 시기 동안 분단이 가져온 문제가 무엇인지, 어떤 고통과 낭비, 희생을 치러왔는지, 누가 그런 체제 위에서 이익을 보았는지, 그래서 어떤 세력이 분단 체제 유지에 필사적인지 가려낼 수 있어야 한다. 이명박-박근혜로 이어지는 새누리당은 기본적으로 대북 적대적 역사관을 가지고 있으며, 분단 권력이 가해온 지난 시기의 역사적 고통과 희생에 대해 모르거나, 또는 왜곡된 인식을 지니고 있다.

5·16군사쿠데타를 최선의 선택이라고 우기는가 하면, 인혁당 사건 사형과 관련해서는 무죄 판결의 재심 결과를 가치 있게 이해하지도 않으며, 장준하 선생 의문사 사건도 그냥 넘어가고 있다. 기껏해야 "공산당의 밥이 되지 않기 위해 자신의 아버지 박정희가 개인적 희생을 무릅쓰고 결단한 일들"이라는 식으로 이 모든 잔혹하고 악랄했던 정치사에 면죄부를 부여하고 있을 따름이다. 이런 생각의 틀 안에서는 민족의 화해, 평화, 통일의 진로는 보이지도 않고 모색되지도 않는다. 그저 정치적으로 이용할 수 있을 때만 움직일 뿐이다.

교회가 해야 할 일

이런 인식에 대해 우리 사회가 단호한 비판과 정치적 응징의 자세를 갖고 있지 못하면, 분단의 고통은 계속 연장되고 말 것이다. 그리고 이와 같은 생각을 대중적으로 교정하는 사회적 논쟁의 과정을 거치지 않으면, 대통령 후보의 역사관과 철학은 의미 있게 검증되지 못하고 만다. 그리고 그 결과는 국민들에게 손해로 돌아가기 마련이다.

그러므로 거듭 강조하거니와, 어떤 대통령을 원하는가의 문제는 우리가 어떤 문제를 중요하게 논쟁하고 가치 있게 여기는가가 바탕이 되어야 한다. 개신교 교회가 이런 문제의식을 가지고 우리 사회에 발언하고 중심이 되어야 할 가치를 부각시키는 노력을 하지 않는다면, 우리의 역사는 또다시 후퇴하고 말 것이다.

그렇다면 개신교가 할 수 있는 일은 무엇일까? 적어도 두 가지다. 하나는 지난 역사에서 분단 체제 유지를 강제화해온 권력이 저지른 일들에 대한 역사 교육을 담당하는 일이다. 본질적으로 기독교는 강한 자들에 의해 희생된 이들과 함께 하는 종교다.

이런 관점에서 역사 교육은 기독교의 의무이기도 하다. 인혁당 재건위 사건도 단지 사법 살인 정도가 아니라, 판결은 사법부가 했지만 사형 집행 결정은 대통령이 했다는 지점을 주목하고, 그 책임의 중심에 박정희가 있었다는 사실을 우리 사회와 공유해야 한다. 이런 작업은, 예수가 죽임을 당한 것이 십자가이며 그 십자가 처형의 결정은 로마 제국이 했다는 것을 인식하는 일과 동일하게 중요하다.

한국 교회는 위선자와 강도가 되고 있는가?

기독교의 핵심에는 제국이 아닌 하나님 나라에 대한 선택과 열망이 자리 잡고 있다는 사실에 근거해서, 무고한 이를 죄인으로 몰아 죽이는 권력과 국가 또는 힘을 가진 자들의 편을 들 수는 없다. 이런 행위는 무고한 이들의 아우성을 들으시는 하나님 나라와 대적하는 일이기도 하다. 그런데 오늘날 한국 교회는 버젓이, 당당하게 십자가 위에서 무고한 이들을 처형시키는 권력과 짝하는 일을 서슴지 않는다. 이들은 입술로는 하나님 나라를 고백하면서 실제적으로는 강한 권력을 탐하는 위선자다.

이런 성격의 개신교의 위력이 커지면, 같은 가치관을 지지하는 후보가 생기게 되어 있다. 하지만 이런 일은 성전을 강한 자들의 성채로 만들어버려 예수께서 "강도들의 소굴"이라고 질타하셨던 사태를 그대로 반복하는 일이나 다름없다. 말하자면, 지금 개신교는 강도가 강도를 알아보고 서로 손을 잡고 우리 사회를 자신들의 사유물로 삼으려는 작업을 하고 있는 격이다.

여기서부터 분명하게 돌아서서, 예수의 말씀대로 억울하게 희생당한 세상의 작은 자들과 함께하고 평화의 사도가 되는 것이 교회도 살고 이 나라도 사는 길이다. 그와는 반대로, 회칠한 무덤 같은 위선자와 삯군 목자가 되어 강도의 무리와 하나 되는 교회는, 예수를 탄압하고 예수를 따르는 이들도 죄인으로 몰아 권력자들이 주도하는 재판정에 세우는 자들일 따름이다.

우리가 펼쳐야 할 운동

따라서 우리가 원하는 민족의 화해와 평화, 통일의 지도력을 가진 인물을 뽑으려면, 개신교 내부에서 새로운 방식의 운동을 펼쳐야 한다. 이렇게 해야만 개신교의 여론을 움직여서 오늘날 분단의 시대에 교회가 어떤 지도자를 원하는지가 선명하게 그려질 수 있다. 이것은 역사의식의 문제, 신학의 문제 이전에 신앙 양심의 문제이며 특권화된 세력이 지배하는 교회의 기존 질서를 변모시키는 작업이다.

그렇기 때문에 쉽지 않은 작업이고 반격을 각오해야 하는 일이기도 하다. 하지만 이런 새로운 운동을 전개해나가는 일이 곧 대선 과정에서 개신교의 정치 참여가 공유해야 할 지점이며, 또 그렇게 해야만 우리가 원하는 인물이 대통령으로 선출되었을 때 그가 한반도의 평화를 위해 국가적 동력을 가지고 추진할 수 있도록 도울 수 있다. 사람 하나 대통령에 세워놓고 알아서 다 하시오, 하는 태도는 안 되는 것이다.

개신교 내부에서 지난 시기의 교회 지도자들이 저지른 죄와 과오를 통렬히 비판하고, 과거와는 다른 가치관과 자세를 가지고 이 나라의 역사적 생명력을 살리는 토론과 교육, 여론 확산 등을 해나가는 작업은 단지 대통령 선출로만 그치지 않고 교회 자신을 위해서도 반드시 감당해야 할 바다. 이런 기준과 역량을 대선 과정에서 신속하게 성장시키고 집결시키기는 어렵다 해도, 이런 노력이 가시화된다면 여기에 결합하고자 하는 시민 사회의 역량은 충분히 존재하고 있다.

또한 이렇게 전열이 정비된 개신교는 대선 후보자들에 대한 검증 작업을 보다 공개적이고 권위 있게 해나갈 수 있을 것이다. 지난 시기의 역사에 대해 어떻게 생각하는지, 억울한 희생자를 양산한 문제적 사건에 대한 책임은 누구에게 있는지, 분단 체제가 가한 고통과 모순은 무엇인지, 대북 관계의 중심에는 무엇을 세울 것인지, 평화와 통일을 위해 국제 관계는 어떻게 풀어나갈 것인지 냉철하게 물어야 한다.

이런 대통령이어야

앞에서 나열한 검증과 논쟁의 토대 위에서 대통령 후보자 자신도 무엇을 어떻게 해나가야 할지에 대해 보다 분명하고 구체적으로 준비할 수 있을 것이며, 혼자 생각했던 것 이상의 내용을 자신의 정치에 포함시킬 수 있을 것이다. 이런 작업이야말로 교회가 할 수 있는 일이자 기여다. 나아가서 이런 요구에 부응하는 인물은 보다 선도적으로 분단 체제를 돌파하는 의지와 정책을 펼쳐보이게 될 것이며, 그것이 우리의 삶을 가로막고 있는 구조적 요인들을 해체시키는 결과로 이어질 것은 당연하다.

결국 분단의 해소와 평화 통일의 책무를 감당할 수 있는 대통령은 국가 안보를 앞세워 분단 체제를 정치적으로 이용해왔던 역사에 대해 단호한 비판적 자세를 취하는 동시에, 평화와 비폭력의 가치를 존중하고 대화를 통한 남북 관계의 실질적 진전에 최고의 우선순위를 부여하는 인물이어야 한다. 이 작업 하나에만 성실하게 매달려도, 그것이 우리 사회 곳곳에 얼마나 중대한 변화와 파장을 몰고 올지 알 수 없다.

또한 교육과 문화, 언론과 법 제도는 바로 이런 기준에 맞춰 변모하게 될 것이며, 모든 국가적 차원의 정책과 개발 구상도 통일 한반도를 염두에

두고 정비될 것이다. 또한 남과 북의 자유로운 교류와 상호 개방의 노력은 그동안 이질적으로 공존해온 민족 공동체 내부에 새로운 사상적 논쟁과 역사의 미래에 대한 비전을 만드는 창조적 긴장을 낳을 것이며, 우리의 움직임은 동북아시아의 질서 재편에서도 상당한 주도권을 행사할 것이다.

우리는 역사의 현재적 의미에 민감하고 분단 상황으로 인해 억울한 희생자가 된 이들의 고통에 대해 공감대를 가지며, 국제 관계의 운영에 대한 지적 수준이 높고, 분단 체제 돌파에 대한 강력한 의지가 있는 대통령을 원한다. 그리고 이런 일들을 해나가기 위해서 미래의 대통령은 지속적이고도 광범위하게 국민과 소통하는 역량도 가져야 하며, 분단 질서를 지탱하는 법과 제도를 빠르게 청산해서 민족의 에너지가 멋지게 발휘될 수 있는 상상력도 풍부하게 지녀야 한다.

개신교는 바로 이런 대통령을 만들기 위해 우리 내부의 가치관을 점검하고 이것을 후보에게 묻고 따져 그의 생각과 능력을 증명하도록 압박하고 또 지원해야 한다. 다시는 폭력과 억지, 사리사욕과 왜곡된 역사의식으로 이 나라를 어둠의 시대로 전락시키는 인물과 세력의 손에 국가의 중책을 넘겨주어서는 안 된다. 이런 비극은 박정희, 전두환, 노태우, 이명박으로 족하다. 물론 이 계보에 속해 시대를 거꾸로 돌리려는 자들 역시 우리의 선택에서 배제되어야 한다.

우리는 대통령 선출을 위해 표의 권리를 행사하고 나서는 희생되고 이용만 당하는 것이 아니라, 대통령이 우리를 위해 전심전력 봉사하고 희생적 헌신을 다하는 그런 나라를 보고 싶다. 이런 대통령과 함께 남과 북을 자유롭게 오가면서 동아시아의 평화 국가, 복지 국가, 문명국가의 자부심을 펼치고 싶다. 교육의 권리가 모두에게 주어지는 사회, 인간이 인간답게 살아가는 사회를 위한 교육으로 높은 인문 정신의 국가로 우뚝 서고 싶다.

이런 나라의 일원으로 살아가는 꿈이 현실이 되도록 자신을 바치는 그런 대통령, 어디 없나요?

정치하는 교회 투표하는 그리스도인
2012년 대선과 한국 개신교회의 정치 참여

Copyright ⓒ 새물결플러스 2012

1쇄 발행   2012년 10월 8일

지 은 이   김근주, 김민웅, 김응교, 김지방, 김형원, 김회권, 남기업, 백승종
           양희송, 이인영, 정대화, 정윤수, 조희연, 차정식, 최규창, 최병성

펴 낸 이   김요한
펴 낸 곳   새물결플러스
편   집   정모세·정인철·최율리·이지형
디 자 인   엔터디자인
마 케 팅   이성진
총   무   윤미라

홈페이지   www.hwpbooks.com
이 메 일   hwpbooks@hwpbooks.com
출판등록   2008년 8월 21일 제2008-24호
주   소   (우)158-718 서울특별시 양천구 목1동 923-14 현대드림타워 920호
전   화   02)2652-3161
팩   스   02)2652-3191

ISBN 978-89-94752-26-6   03340

책값은 뒤표지에 있습니다.